LA DICTATURE DE LA BABYCRATIE

Jusqu'où peut nous mener
la pédagogie positive ?

Renaissance
du Livre

Renaissance du Livre **RL**

Drève Richelle, 159 – 1410 Waterloo
www.renaissancedulivre.be
 Renaissance du Livre
 @editionsrl

La dictature de la babycratie
Illustration de couverture : © Maxime Berger
Couverture et mise en pages : Philippe Dieu (Extra Bold)
Achevé d'imprimer en octobre 2019 par l'imprimerie VD, Temse (Belgique).

ISBN : 978-2507-05657-5
DÉPÔT LÉGAL : D/219/12.379/16

© Renaissance du Livre, 2019
Tous droits réservés. Aucun élément de cette publication ne peut être reproduit, introduit dans une banque de données ni publié sous quelque forme que ce soit, soit électronique, soit mécanique ou de toute autre manière, sans l'accord écrit et préalable de l'éditeur.

LA DICTATURE DE LA BABYCRATIE

Jusqu'où peut nous mener la pédagogie positive ?

Bruno Humbeeck

Illustrations : Maxime Berger

TABLE DES MATIÈRES

INTRODUCTION	7
LA BABYCRATIE : DE QUOI PARLE-T-ON ?	17
Un néologisme né d'un autre	17
D'OÙ VIENT LA BABYCRATIE ?	23
Premier ingrédient : un pouvoir flottant	23
— Les pérégrinations de Kratos	23
— L'injonction à l'optimisme perpétuel	26
— Le bonheur du Soi : l'individualisme triomphant	28
— Les dieux sont vaincus : le divin enfant cède face à l'enfant roi	30
Deuxième ingrédient : une autorité mouvante	32
— Une tyrannie chasse l'autre	32
— L'autorité renversée : la preuve par les bottes	34
— Une autre illustration dans une histoire de cochon	37
Troisième ingrédient : une puissance démesurée	39
— La bienveillance est-elle soluble dans la punition ?	39
— Des affects tout-puissants	44
— Focus sur le développement optimal de l'enfant	55
LES BABYCRATIES COMME CREUSET DES ÉMOCRATIES	63
L'émocratie pour le pire, la démocratie émotionnelle participative pour le meilleur	68
Les inconvénients de la zénitude	77

Les pièges de l'émocratie	81
— L'effet portemanteau	81
— La cascade des émotions	91
— L'effet caisse de résonance	109
L'enfant épeurant, exaspérant et/ou désespérant	120

LA PÉDAGOGIE POSITIVE COMME FORME IDÉOLOGIQUE PRIVILÉGIÉE DES BABYCRATIES — 145

Le positif-assertif est-il inattaquable ?	145
Le salut de la pédagogie par la pédagogie positive	150
Quand l'enfant et l'adolescent se mettent à faire autorité	154
L'humour et le jeu comme réponses à tout…	163
— L'humour d'abord…	164
— Le jeu…	170
L'art de composer des fourre-tout à prétention scientifique	176

L'ÉCOLE CONTAMINÉE : QUAND LA BABYCRATIE S'ÉBAUDIT DANS LE CHAMP SCOLAIRE — 189

Le retour à l'ère du Montessorien	190
— Montessori et le parent « hélicoptère »	203
— Montessori et le parent « drone »	209
— Montessori et le parent « curling »	212
Céline Alvarez : l'art de recycler du Montessori en l'assaisonnant de neurosciences	218

CONCLUSION — 233

INTRODUCTION

S'autoriser à ne plus supporter des enfants que l'on aime par-dessus tout quand ils se montrent exaspérants, se permettre de les envoyer promener quand ils accaparent excessivement notre attention, prendre la liberté de ne pas les écouter quand ils se révèlent résolument inintéressants, ne pas se mettre à leur service quand leurs exigences nous paraissent absurdes ou disproportionnées, leur faire savoir sans retenue à quel point ils peuvent se montrer contrariants quand leurs façons d'agir chamboulent systématiquement tous nos projets, demeurer sourd à leurs émotions quand celles-ci se manifestent à tout bout de champ de manière spectaculaire et impérieuse…

Voilà un panel de tentations auxquelles chacun doit régulièrement se soumettre une fois que, « devenu parent », il s'est donné pour mission essentielle de transformer cette petite boule de cris, de pensées incontrôlées, d'émotions mal calibrées et de mouvements désordonnés que l'on appelle un enfant en un adulte suffisamment épanoui pour trouver, dans le monde complexe qui est le nôtre, une place qui correspond partiellement à ses attentes puériles tout en ne s'éloignant pas trop de celle qui définit globalement nos aspirations d'adulte responsable.

Les parents « suffisamment bons », comme le dirait Winnicott, éprouvent nécessairement tous, de temps en temps, l'envie de jeter leurs enfants par la fenêtre. Rien de plus normal à cela. L'éducation n'est pas un long fleuve tranquille et les enfants peuvent mettre beaucoup d'énergie pour ne pas avancer dans la direction qu'on leur indique, au rythme que l'on souhaite leur voir adopter et par la voie que l'on juge la plus recommandable.

Il est alors tout à fait salutaire de se réserver le droit d'être tenté, juste dans sa tête évidemment et généralement furtivement, de les « envoyer promener » quand on ne parvient pas à les faire obéir, alors que l'on sait à quel point c'est « pour leur bien » ou, à tout le moins, nécessaire dans la perspective de leur bonheur futur. Il est également très sain d'éprouver de manière transitoire l'envie de « s'en délester » quand ils ne parviennent pas à exprimer d'une façon socialement acceptable des émotions que l'on était sans doute prêt à « accueillir », mais pas sous cette forme.

Dans le même ordre d'idées, un parent n'a aucune raison de se culpabiliser quand il rêve de disposer du pouvoir magique de faire disparaître temporairement ce petit bout d'homme arrogant qui, par ses conduites, nous fait connaître continuellement sa ferme résolution de ne s'en référer à personne d'autre qu'à lui-même pour juger ce qui est bon et ce qui ne l'est pas. Aucune raison non plus de battre sa coulpe s'il se surprend à imaginer mille et une façons de confier à un autre que lui ce petit être envahissant qui décide tellement souvent de prendre toute la place et semble prendre un malin plaisir à le faire au moment précis où l'adulte désirait par-dessus tout avoir la paix.

Il n'est pas davantage question pour un parent de plaider systématiquement coupable chaque fois qu'il se met à regretter confusément de ne pas avoir fait naître un enfant muet, soit parce que celui-ci, refusant de dormir, a pris l'option, à quatre heures du matin de préférer le cri à la parole, soit même parce que, devenu parlant, le minilocuteur miniature paraît avoir décidé que tout ce qu'il pouvait dire devait nécessairement prendre le pas sur le silence ou faire systématiquement passer au second plan tout ce qui évoque de près ou de loin une conversation adulte.

Et la pédagogie positive ne fait alors sans doute sur ce plan qu'enfoncer le clou. Ne pas frustrer, laisser s'exprimer sans frein et sans fin, « accueillir » la colère de l'enfant, au même titre que chacune de ses émotions, comme un don du ciel, ne punir aucun de ses comportements quitte à ce qu'il ne sache plus identifier ce qui est attendu de lui, préserver l'estime qu'il a de lui-même au risque de cultiver son arrogance ou d'enterrer définitivement tout espoir qu'il identifie et corrige ses défauts... Tout cela épuise le parent et contribue à fabriquer des petits êtres parfois infâmes, généralement sans repère et souvent tyranniques qui, chaque fois qu'ils se frottent à une réalité qui les cogne, n'ont souvent comme seule stratégie que de chercher à la plier pour conformer le monde à leurs attentes.

C'est encore pire quand ces théories « du bonheur sans tache » que propose la psychologie positive prennent les habits de la pédagogie pour mieux dire aux parents ou aux enseignants ce qu'ils doivent faire pour ne plus mettre au monde que des enfants continuellement heureux et destinés à le demeurer sans faille jusqu'à la fin de leur vie. Pris au piège de cette course effrénée, les parents et les enseignants, à bout de souffle, finissent par ne plus pouvoir eux-mêmes respirer pour avoir voulu mettre des enfants ou des élèves en situation de bonheur perpétuel, de contentement constant, de satisfaction éternelle ou de joie continue.

C'est pour rompre avec ce salmigondis d'happy pédagogies qu'il apparaît de nos jours salutaire, dès ses premiers pas de parents, non seulement de se donner le droit, juste par la force de l'imaginaire, d'envoyer symboliquement son enfant « par la fenêtre », mais aussi, tout au long du parcours, de se reconnaître le droit de « respirer » tout autant que son enfant. Ce n'est aucunement la marque d'une faille parentale, ni l'indice d'une faiblesse éducative, ni le symptôme d'une maladie pédagogique. C'est même plutôt un signe de bonne santé. Seuls les parents mal assurés dans leur rôle et dans leur fonction refusent d'éprouver ce double sentiment. Faisant raisonner dans leur tête une petite voix qui leur répète sans cesse « Sois parfait(e), soit fort(e), fais un effort… », ils prennent alors l'habit inconfortable de ces hyper-parents qui, à force de se montrer trop exigeants vis-à-vis d'eux-mêmes, finissent par le devenir également par rapport à leurs enfants, et mettent sous tension un acte éducatif qui gagne pourtant tellement à être réalisé dans le calme et la sérénité.

J'ai récemment publié un ouvrage qui invitait les parents à « laisser leurs enfants respirer[1] », celui-ci en constitue en quelque sorte le prolongement. Dans un contexte d'hyper-parentalité, c'est en effet toute la famille qui risque de manquer d'air chaque fois que l'on y soumet l'éducation à des contraintes excessives, déraisonnables ou disproportionnées. Même chose quand l'école prend la tangente et que, sous la double pression d'enfants qu'ils

---

[1] Bruno Humbeeck, *Et si nous laissions nos enfants respirer ? Comprendre l'hyper-parentalité pour mieux l'apprivoiser*, Renaissance du Livre, 2017.

perçoivent comme des tyrans et de parents qui leur donnent l'impression d'avoir couvé cette tyrannie, les enseignants craquent en se consumant lentement ou en s'enflamment brutalement parce qu'ils ne parviennent plus à identifier les moments où, pour enseigner, il leur paraît nécessaire de se montrer exigeants. Les parents et les enseignants, en laissant leurs enfants ou leurs élèves respirer, doivent y trouver l'opportunité de retrouver leur souffle. Faute de cela, ils risquent de se transformer en simples bonbonnes d'oxygène et de ne pas songer, eux-mêmes, à se donner de l'air.

C'est en écoutant tous ces récits de parents épuisés par leur souci de perfection, déboussolés par l'injonction qu'ils se donnent à eux-mêmes de ne jamais punir, laminés par leur souci d'être toujours à l'écoute, usés par leur volonté de délivrer une éducation optimale, éreintés à force de se courber devant les exigences de leurs enfants que l'idée d'écrire ce livre consacré à la « babycratie » m'est venue. C'est aussi en prêtant une oreille attentive à un grand nombre d'enseignants qui avaient de plus en plus l'impression d'assimiler les vacances scolaires à de trop courtes périodes de convalescence que j'ai compris l'urgence d'écrire un ouvrage qui casse un peu les codes de la pédagogie positive en mettant notamment un bémol sur une partie de ses revendications principalement quand, portées par Montessori, remises au goût du jour, et Céline Alvarez, habile à refaire du neuf avec du vieux, elles se font, de manière souvent simpliste et réductrice, agressivement exclusives, épouvantablement prescriptives et résolument excessives.

En proposant d'accompagner le parent et l'enseignant dans cette épreuve quotidienne à laquelle ressemble parfois, et même parfois souvent ou souvent parfois, l'acte d'éduquer un enfant ou de tenter de lui transmettre des connaissances, cet ouvrage vise essentiellement à leur permettre de prendre un peu de hauteur pour observer ce qui est véritablement en jeu dans l'acte éducatif quand celui-ci est soumis au *diktat* du bonheur absolu, de la satisfaction instantanée et du contentement permanent de l'enfant.

Ainsi envisagé, ce livre permet de cheminer pas à pas avec le parent et de l'accompagner, sans brutalité, en mettant de la légèreté là où la lourdeur empêcherait d'avancer. Vous ne trouverez pas ici de « petits trucs », pas d'«astuces », pas de « procédures » qui, dans la lignée de la pédagogie positive, sont si souvent livrés comme des manières de faire « clé sur porte » et qui, quand ils ne marchent pas – ce qui est si souvent le cas – laissent le parent désemparé, coupable de ne pas être ce papa positif ou cette maman positive, ce parent toujours zen, qui, à force d'écouter les émotions de son enfant, en a fini par oublier complètement les siennes et qui, à force de s'incliner face aux exigences de son enfant, finit, en avançant courbé, par ne plus voir le mur contre lequel il finira bien, s'il ne relève pas la tête, par s'écraser.

Il ne sera pas davantage question ici de « trouvailles pédagogiques » ou de procédés miracles à travers lesquels le plaisir d'apprendre s'imposerait magiquement. De telles suggestions pédagogiques trop simplistes, en niant la difficulté du rôle et en minimisant l'ampleur de la tâche, laissent trop souvent l'impression que tout est simple, qu'« il n'y a qu'à » pour que l'enfant – et plus tard, l'adolescent –, se mette en marche. Une pincée de Montessori, un zeste de Céline Alvarez, un soupçon de Steiner et tout se fera tout seul... L'enfant avancera et l'adolescent arrêtera *illico* de faire du sur-place et, si cela ne fonctionne pas, il n'y aura évidemment qu'un coupable : l'enseignant inadapté, incapable d'adopter ces méthodes pseudo-nouvelles qui ont certes eu tout leur sens dans l'histoire de la pédagogie et une signification essentielle dans son évolution, mais ne gagnent certainement rien à être présentées comme des méthodes exclusives sous les formes radicales que tend à leur donner la pédagogie positive. Ici aussi, dès lors qu'elles sont présentées comme infaillibles ou réduites à des formules simplistes, les techniques pédagogiques menacent d'écraser l'enseignant coincé entre les exigences parentales, quand ceux-ci, mal renseignés par des livres réducteurs, ne mesurent plus la difficulté de la tâche de l'enseignant, et les résistances de l'enfant – ou de l'adolescent –, quand, comme c'est souvent le cas, il peine à apprendre ou refuse d'être enseigné...

Dans le monde scolaire, cet écrasement constitue le vecteur principal de ce qui constitue la pénibilité de la fonction enseignante. C'est là qu'il faut, dans de nombreux cas, chercher l'origine de l'essoufflement professionnel qui menace tant d'enseignants ou de directeurs d'école. Les plus exposés sont par ailleurs sans doute, à cet endroit, ceux qui montraient à l'origine les signes les plus tangibles de motivation. Pour eux, confrontés chaque jour à une cohorte d'enfants ou d'adolescents rétifs à apprendre, le risque de se sentir déconsidérés, parce qu'ils ne se sentent pas reconnus dans l'ampleur de leur rôle et la difficulté de leur fonction, apparaît d'autant plus important chaque fois qu'ils se sentent pris au dépourvu par des résistances ou des critiques qu'ils n'avaient pas anticipées.

Combien d'entre eux ne rêvent-ils pas de confier leur classe pour une matinée seulement à un de ces parents donneurs de leçons armés de leur *Montessori illustré* et de leur *Freinet en dix formules* ou brandissant leur version opportunément parue aux Éditions LectureFacile des *Lois naturelles de l'enfant*, juste pour leur montrer à quel point l'acte d'enseigner ne s'improvise pas mais s'apprend lentement et de manière suffisamment rigoureuse pour se donner les moyens de comprendre, de connaître et d'analyser la façon la plus opportune d'enseigner un savoir qui s'organise en connaissance dans un cerveau prêt à la concevoir ?

Évidemment, quand le coup de pression se fait sentir de l'intérieur de l'école en colonisant la pédagogie scolaire à travers le retour en force de Montessori et la tentative de coup d'État de Céline Alvarez, la pilule est encore plus difficile à avaler. Prise d'assaut de l'extérieur, contaminée de l'intérieur, l'école, sommée de se mettre au pas de la babycratie, fait alors craquer de nombreux enseignants épuisés d'avoir l'impression d'être devenus à la fois l'esclave de leurs élèves et le bouc-émissaire de leurs parents.

Dans l'univers familial également, la pédagogie positive peut s'avérer terriblement écrasante. Cet écrasement y prendra alors le nom de « burn-out parental », de « ras-le-bol éducatif » ou d'« exaspération pédagogique », selon le terme que l'on voudra bien lui associer. Il se révélera de façon sourde ou brutale par une déprime longue durée ou par une succession de phases sporadiques de mauvaise humeur, selon la manière dont le parent s'autorisera à vivre son coup de mou. Le couple conjugal mis KO par le couple parental, lui, généralement ne s'en relèvera pas, parce qu'il ne songe même plus à le faire et que, les enfants canalisant l'essentiel de l'énergie, il n'en reste plus assez, ni pour nourrir la vie affective des conjoints, ni pour alimenter le souci de bienveillance réciproque, ni, bien entendu, pour stimuler une vie sexuelle suffisamment consistante pour souder le couple derrière un objectif qui ne concerne en rien les enfants.

Usé, anéanti ou carbonisé, le parent en viendra alors éventuellement à consulter un spécialiste en coaching parental « positif » qui s'attachera sans doute à suggérer de nouvelles pistes pour être de meilleurs parents et continuera ainsi à creuser le trou dans lequel le papa ou la maman (parfois les deux) ivre de perfection est occupé à s'enterrer.

Dans ce livre, il sera davantage question d'« autoriser » les parents à se permettre un zeste de « pédagogie négative », à se donner du lest en mettant leur préoccupation éducative en sourdine, à laisser faire de temps en temps les écrans, à s'accorder le droit au relâchement et à s'interdire de vouloir être un parent parfait à plein temps au service exclusif d'une graine de tyran. C'est par ailleurs ce que j'ai tendance à faire chaque fois qu'un parent consulte pour un « désordre éducatif majeur » et qu'à bout de souffle, il vient consulter parce l'éducation de ses enfants, terriblement décevante, lui donne l'impression de n'être plus qu'un immense fiasco. Pour ce parent-là, l'urgence, c'est de lui livrer une bonbonne d'oxygène et de l'autoriser à respirer.

Pour cela, il faut évidemment *illico presto* renoncer à l'abreuver de conseils issus de cette pédagogie positive qui, dans le terreau asséché de son négativisme, ne trouveraient qu'une terre bien peu fertile. C'est pour cela d'ailleurs qu'en pédagogie familiale, d'une manière générale, les conseils ne servent à rien. Ceux qui sont prêts à les entendre n'en ont généralement pas besoin et ceux qui en ont besoin ne sont pas prêts à les entendre.

Le premier bénéficiaire de cette manière de procéder qui remet en selle le souci d'épanouissement de l'adulte, c'est l'enfant qui, lors de la consultation, voit quelqu'un lui venir concrètement en aide en suggérant à ses parents de lui lâcher un peu les baskets, de cesser de temps en temps de mettre ses jeux sous surveillance et de renoncer à être ces « parents parfaits » dont il ne sait que faire, ces parents encombrants dont il rêve de se défaire sans oser imaginer s'en débarrasser. La pédagogie positive ne l'est généralement qu'envisagée du point de vue des parents. Vue à hauteur d'enfants, elle n'a souvent de positif que le nom et se révèle souvent, à travers l'importance excessive qui est donnée à tout, comme une source de tension dont il préférerait se passer. Aussi, lorsqu'un enfant perçoit que le thérapeute s'occupe surtout de ses parents, en les invitant à souffler, à ne plus se préoccuper exclusivement de son éducation et à se donner à eux-mêmes les moyens de s'épanouir individuellement ou en couple, l'enfant, percevant qu'il n'est plus l'unique centre des difficultés, le point focal des problèmes, se met à respirer mieux en rêvant librement à des jeux qui ne seraient pas qu'éducatifs, à un usage détendu des écrans, à une nourriture variée qui ne serait pas choisie exclusivement en fonction d'une norme d'hygiène alimentaire rigoureuse et de résultats scolaires qui ne seraient plus envisagés avec anxiété, au moindre fléchissement, comme une brusque poussée de fièvre.

Pas de trucs donc dans ce livre mais, je l'espère, des façons d'agir, de penser, de réagir qui permettent d'éclairer le parent-éducateur ou l'enseignant pour qu'il ne soit plus condamné à avancer dans l'obscurité parce qu'il se serait par exemple laissé aveugler par la lumière trop forte que portait sur l'acte éducatif une version outrageusement positive de tout ce qui favorise le développement affectif et cognitif de son enfant.

Armé d'une positivité à tout crin, le parent, ignorant non seulement où ses pas le mènent mais aussi où ils mènent ceux de son enfant, risque en effet de s'égarer avec lui chaque fois qu'il sera amené à confondre l'idée d'une éducation bienveillante soucieuse d'épanouissement avec celle d'une forme résolument positive de pédagogie qui ne se préoccupe souvent que de manifester ce bonheur de surface qui, par nature, en réclame toujours un autre, plus grand, plus sûr ou plus clinquant. La première accepte l'idée du trouble sans en faire une maladie, de l'insatisfaction transitoire qui aide à s'orienter, du doute qui permet d'avancer et du questionnement intelligent sur soi qui permet de progresser, à l'estime, en sachant mieux qui l'on est. La seconde se met à l'affût d'une douance qui fait toute une maladie de chaque trouble d'apprentissage, s'oppose à toute frustration affective en réduisant l'intelligence émotionnelle à la seule émotivité, remplit l'enfant de tellement de certitudes à propos de lui-même et du monde qu'il n'a plus à questionner ni l'un ni l'autre et, au nom de l'idée qu'il faut préserver une estime de soi tellement mal définie, encourage, pour le meilleur, à ne pas connaître ses défauts, pour le pire, à s'en contenter.

Ce livre consacré à la « babycratie » veut apparaître comme une véritable bouffée d'oxygène qui aide les parents et les enseignants à respirer chaque fois qu'ils se sentent étouffer à force d'éduquer… « J'ai tout fait pour toi… » « J'étouffais pour toi… » Si ces deux phrases s'emmêlent un peu trop souvent dans votre tête quand vous vous adressez à votre enfant, ce livre est sans doute fait pour vous. Plongez donc dedans sans modération et vous vous surprendrez, je l'espère, après chaque chapitre… à mieux respirer…

LA BABYCRATIE : DE QUOI PARLE-T-ON ?

UN NÉOLOGISME NÉ D'UN AUTRE

Quand une notion nouvelle apparaît, ce n'est généralement qu'en jouant avec les mots, éventuellement dans toutes les langues, que l'on parvient le mieux à en cerner les contours. C'est comme cela, en faisant naître les néologismes, que l'on définit les tendances émergentes dont on perçoit clairement le mouvement naissant sans pouvoir toutefois en déterminer suffisamment le sens pour en faire un mot amené à se répandre dans le langage courant.

Le néologisme apparaît alors comme un terme en mutation, suffisamment présent pour être nommé, mais insuffisamment installé pour être désigné par un mot. C'est pour cela sans doute que les sciences humaines en consomment en quantité.

Le terme « happycratie » est ainsi apparu récemment pour rendre compte d'une forme contemporaine d'injonction à l'euphorie perpétuelle qui tend à imposer à chacun une course effrénée vers un bonheur continu et, si possible, intense. Dans une happycratie, il est non seulement question d'être heureux mais aussi de se donner l'obligation de l'être.

Dans un tel contexte de quête permanente du bonheur, les pairs, transformés en juges, ne font pas de quartier. L'happycratie apparaît souvent comme un univers impitoyable. Sur le plan de l'image sociale, malheur au vaincu considéré comme responsable de ne pas s'être donné les moyens de découvrir ses propres voies d'épanouissement individuel, haro sur le jouisseur poussif déclaré coupable de sous-développement personnel et pas de pitié pour les infirmes du bonheur incapables, dans un monde de surconsommation, de profiter de tout ce qui semble leur être offert sur un plateau.

Se déclarer « mal heureux » dans une société d'abondance, c'est comme exposer une infirmité dans un univers d'athlètes, manifester un stigmate dans un monde sans aspérité ou montrer une fêlure là où tout est parfait. Cet aveu d'incomplétude démontre tout à la fois l'inaptitude à se servir de ce qui nous est donné, l'incapacité à se saisir de ce qui est mis à notre portée et l'incompétence de celui qui ne parvient pas à utiliser ce qui est mis à sa disposition. Une telle démission face au confort qui nous est promis, à la satisfaction qui nous est due et au contentement qui nous est offert apparaît à la fois totalement incongrue et fondamentalement inacceptable.

« Ne pas pouvoir se payer une Rolex à trente ans, c'est avoir raté sa vie », « Être incapable d'exploiter tout le potentiel d'un outil numérique, c'est se gâcher l'existence », « Ne pas être en mesure de s'offrir de la démesure en devenant "scandaleusement" riche »... Voilà le genre de formules que l'on ne peut entendre que dans une happycratie qui s'assume pleinement. L'affirmation d'un bonheur décomplexé y renvoie alors en miroir l'image en creux de celui qui n'a pas réussi à se parer des signaux ostensibles de l'opulence qui l'entoure, de celui qui doit se frustrer d'une part du confort qui semble lui être dû ou de celui qui doit se contenter d'une vie terne et sans éclat alors que tant d'expériences extrêmes sont mises à sa portée...

Évidemment, ce bonheur « clé sur porte » a un coût. Et le prix peut être très lourd. Naviguant de séances de coaching en cures de bien-être, en passant par les stages de remise en forme, les sessions de méditation et les thérapies de développement personnel, l'individu, sommé d'être heureux, participe pleinement à cette économie nouvelle, celle de l'épanouissement autocentré de soi comme centre de son monde.

Dans un tel contexte, les traversées du désert sont fréquentes. Au figuré, quand l'individu au bonheur chancelant est invité à se reconnecter à son Soi authentique. Au propre, quand pour se retrouver, il est convié à payer le prix fort pour une balade collective à travers laquelle il lui sera proposé de se recentrer sur lui-même en jouant une semaine par an au Bédouin dans une méharée de citadins en profond questionnement identitaire. Cela évidemment lui aura coûté un pont mais, c'est bien connu, quand on aime, on ne compte pas. Et quand l'objet de cet amour est essentiellement son Soi intérieur authentique, il n'est évidemment pas question de regarder à la dépense.

Voilà donc pour ce qui relève de l'happycratie, de son retentissement psychologique et de ses implications économiques… Or, comme j'ai eu l'occasion de le décrire longuement dans un précédent ouvrage, notre modèle social est également marqué par la pression éducative intense que les parents se mettent à eux-mêmes. Ce que nous désignons par le terme d'« hyper-parentalité » définit précisément cette tendance à focaliser l'attention sur la sécurité absolue, le développement optimal et l'épanouissement idéal de l'enfant.

Au contact de cette inflexion éducative, l'happycratie va inévitablement prendre une forme particulière. Avec l'hypertrophie de la fonction parentale et l'excès de pression que le parent fait peser sur le rôle qu'il se donne et la fonction qu'il s'assigne, la voie semble en effet toute tracée pour faire naître une société entièrement vouée au bonheur de l'enfant et essentiellement composée de parents totalement dévoués à sa réalisation.

Les parents « hélicoptères » n'y cherchent pas seulement à contrôler les mouvements de leurs enfants pour assurer leur sécurisation absolue, ils se mettent à tourner dans tous les sens pour s'assurer de sa parfaite stabilité psychique. Au moindre signe d'insécurité, ils consultent à tout va et cherchent à remettre leur enfant sous contrôle.

J'ai eu l'occasion de constater ce mouvement un jour où, alors que j'avais sommairement décrit au cours d'une conférence les caractéristiques de l'attachement insécure, certains parents avaient cru y voir le portrait de leur enfant. La séance de questions postconférence s'est transformée *illico* en thérapie de groupe pour parents inquiets. « Ne risque-t-il pas de devenir un infirme affectif ?

Comment le soigner ? Quel est le traitement ? Peut-on guérir ces handicapés de l'amour serein ? Est-ce ma faute, celle de son père, celle de sa mère ou alors celle de ce dessin animé que je lui laisse imprudemment regarder ? Je lui ai un jour raconté l'histoire du Vilain petit canard, est-ce à cause de cela ? Suis-je coupable ? Est-ce réversible ? Doit-on dès aujourd'hui le mettre sous perfusion affective et commencer le traitement ? » Face au flot de questions des parents hélicoptères tournoyant dans tous les sens, tout ce que j'ai trouvé à répondre pour calmer leur angoisse, c'est que leur enfant, même s'il devait avoir développé superficiellement des styles affectifs alternatifs, ne risquait en définitive pas grand-chose d'autre que de se montrer temporairement ou transitoirement un peu attachiants[2] et que ce trouble, passager, ne serait somme toute que légèrement incommodant pour eux-mêmes amenés pour un oui ou pour un non à refaire tourner leurs hélicos.

Dans le même ordre d'idées, les parents « drones », au sein d'une happycratie, ne cherchent plus uniquement à offrir à leur enfant ce qu'il y a de meilleur. Ils le font en s'assurant que ce « meilleur » soit avant tout un gage de bonheur. Ainsi, il ne s'agit plus seulement de lui trouver ce « stage qui tue » qui peut prendre des formes aussi diverses que « la méditation pleine conscience dès le plus jeune âge », « apprendre à parler avec les arbres dès six ans », « s'initier au yoga dès dix-huit mois » ou « apprendre tout petit à observer son nombril pour favoriser la quête de soi ».

Non, pour un parent drone immergé en babycratie, cela ne suffit pas. Il faut encore que ce stage apporte à l'enfant satisfaction immédiate, contentement sans faille et joie sans retenue... Bien entendu, cela relève souvent de la gageure tant il paraît souvent difficile de joindre ce qui est perçu comme utile par le parent à ce qui est vécu comme agréable par l'enfant... Et quand, comme nous le verrons, cette double exigence se met à contaminer l'école, le poids qui pèse sur une institution scolaire qui, au lieu d'être envisagée comme un lieu d'apprentissage collectif, n'est plus perçue

---

2   Le risque de devenir « attachiant » se manifeste notamment chez quelqu'un quand il se met toujours à la recherche de relations fusionnelles par peur d'être quitté. L'attachement insécure crée des formes d'hypervigilance qui sont assez difficiles à vivre parfois pour le partenaire.

que comme un espace de développement personnel au sein duquel il ne doit plus être question que de bonheur, la pression que le parent met sur l'établissement peut rapidement devenir la source de véritables tensions.

C'est encore plus vrai pour les parents « curling » qui, soucieux de tout faire pour garantir l'avenir de leur enfant, se mettent à balayer avec frénésie tout ce qui pourrait encombrer son chemin ou ralentir son cheminement sur ce qu'il voudrait transformer en voie royale vers un épanouissement complet. Porteuse de cet avenir, l'école doit, pour eux, remplir ses promesses sans faillir, tout en renonçant pourtant à se montrer contraignante. Il faut que l'enfant n'y apprenne qu'en s'amusant et, bien plus, qu'il le fasse spontanément en emmagasinant des savoirs utiles et exclusivement envisagés en termes de rentabilité cognitive et de retour sur investissement intellectuel.

Pas question d'y voir l'ombre d'un *Bob l'éponge* ou un petit bout de *Peppa Pig*, il faut, et ce n'est pas gagné, qu'il s'amuse en regardant *Kirikou*, *Les Ritournelles de la Chouette* ou la version dessin animé des poésies de Paul Éluard, parce que les « contenus éducatifs » y sont clairement déclarés et explicitement affirmés… Pour l'enfant, il faudra alors mettre beaucoup d'énergie pour satisfaire ses parents, en disqualifiant *Bob l'éponge* qui le faisait bien rire au bénéfice de dessins animés moralisateurs beaucoup moins drôles qui, nous le verrons, découragent l'esprit critique et stimulent le moutonnage au nom de « grands principes » adultes par rapport auxquels le petit enfant ne manifeste que très peu d'intérêt.

C'est donc pour définir cet environnement éducatif nouveau que le terme de « babycratie » a vu le jour… Là où l'happycratie désignait cette dictature latente du bonheur, générant chez chacun et chacune cette forme d'exigence personnelle à être heureux à tout moment et en toutes circonstances, la babycratie s'est imposée pour signifier cette tendance appliquée à l'éducation familiale et scolaire et la propension qui en découle à vouloir mettre au monde des enfants impeccablement heureux et surtout destinés à le rester, sans la moindre faille, jusqu'au bout de leur vie…

À l'happycratie, nous prenons donc le parti d'en accoler un autre, celui de babycratie pour signer l'émergence du règne de l'enfant et de son prolongement dans l'adolescence... et même, dès lors qu'il est question d'ériger le culte de l'épanouissement éducatif en mettant l'enfant au centre de tout, d'hybrider le premier avec le second, en proposant le néologisme de babe-happycratie ou d'happy-babycratie pour signifier ce culte de l'enfant heureux qui se propage à la même vitesse que se répandent ces pédagogies et ces psychologies dites « positives » à travers lesquelles chaque éducateur est invité à n'observer le développement de l'enfant et de l'adolescent qu'en se servant de lunettes roses...

Une telle injonction latente à l'euphorie perpétuelle n'est, comme nous le verrons plus tard, pas sans risque. Elle peut même se transformer en véritable tyrannie si l'on perd de vue le sens des limites en délaissant à ce petit morceau d'homme trop de pouvoir, en l'investissant d'une autorité excessive ou en lui donnant l'illusion d'une puissance infinie. Ce faisant, on n'aura en définitive pas fait grand-chose d'autre que de pousser un peu loin les différentes composantes qui expliquent comment, dans nos modèles sociaux, cette tendance pédagogique lourde s'est progressivement mise en place.

D'OÙ VIENT LA BABYCRATIE ?

PREMIER INGRÉDIENT : UN POUVOIR FLOTTANT

— **Les pérégrinations de Kratos**

Dans la mythologie grecque, Kratos est une divinité personnifiant la puissance et le pouvoir. Rejeton du Titan Pallas et de l'Océanide Styx, il est aussi le frangin de Niké (Victoire), Bia (Force) et Zélos (Ardeur). Pouvoir, victoire, force et ardeur, c'est en rassemblant l'ensemble de ces forces que l'on formait, au temps où la mythologie grecque dictait le tempo, un panthéon parfait susceptible de gouverner le monde et de le soumettre à la volonté impérieuse des dieux.

L'autorité que procurent une filiation divine et une fratrie solide permettait à Kratos de se poser comme un principe de commandement à la fois dominant et ferme. On ne conteste pas un dieu et d'autant moins s'il démontre une vitalité qui lui permet de s'affirmer victorieux, fort et ardent. Kratos, en colonisant le vocabulaire, a traversé les âges. Il s'est glissé partout pour désigner les endroits où le commandement visait à se concentrer, à s'installer ou à se mettre en place.

C'est pour cela que lorsque l'on cherche où se niche le pouvoir, on doit toujours se montrer particulièrement attentif à la manière dont le suffixe qui évoque le divin *kratos* trouve à se combiner dans un mot ou à se glisser dans un néologisme pour comprendre la manière dont le pouvoir et la puissance qui lui est associée circulent et concevoir ce qu'ils prennent prioritairement pour objets d'élection. Les dieux grecs ne sont pas morts. Ils se sont juste installés dans notre vocabulaire pour survivre et permettre à la mythologie de continuer à produire en sourdine ses effets sur l'être humain.

Ainsi, quand il est associé au *démos*, comme dans une démocratie, le *kratos* était censé adouber un nouveau mythe, celui qui suppose une véritable prise de pouvoir par le peuple. Or, on sait ce que l'on peut faire d'un mot quand on étend de manière exagérée sa signification en lui fixant des limites sémantiques floues et incertaines. C'est ce qui explique pourquoi la notion de démocratie fait autant débat à l'heure actuelle et c'est ce qui montre comment, en ce compris au sein des familles et à l'école, chacun éprouve le sentiment que l'idéal démocratique doit être retravaillé sans fin.

La démocratie n'est pas une évidence. Elle ne s'impose pas de manière naturelle, mais relève d'une construction sociale. Aucune société animale n'est instinctivement démocratique. C'est pour cela que lorsque les lieux de pouvoir vacillent, c'est l'idée même de démocratie qui, parfois, se met à chanceler.

La contestation de ce lieu théorique de centralisation du commandement se manifeste par ailleurs également par la prolifération de mots amenés à rendre compte des glissements d'un pouvoir qui, perdant sa souveraineté, se met à chercher des objets sur lesquels il peut se poser. L'apparition de néologismes constitue à cet endroit un indice particulièrement édifiant de ces formes de remodelage.

Acratie (absence d'autorité), adhocratie (management souple), aristocratie, autocratie, axiocratie (pouvoir à l'élite du peuple), biocratie (eugénisme), bobocratie, bureaucratie, calotinocratie (pouvoir des bigots), canaillocratie, cancrocratie, christocratie, cleptocratie, clérocratie, clitocratie (pouvoir des femmes), commissariocratie, cosmocratie, davocratie (pouvoir de la finance), démoncratie, démocratie, doxocratie (pouvoir de l'opinion), éditocratie, égocratie, émocratie, épistocratie, ergocratie, ethnocratie, eurocratie, expertocratie, fricocratie, gérontocratie, gynécocratie, hétérocratie, hiérocratie, holocratie, hystérocratie, idiocratie, imbécilocratie, inaptocratie, ineptocratie, isocratie, kakistocratie, médiacratie, médiocratie, mercatocratie, méritocratie, mollahcratie, moncratie, nomocratie, noocratie, nucléocratie, ochlocratie, opiniocratie, particratie, pédantocratie, phallocratie, philocratie, physicratie, ploutocratie, pornocratie, robinocratie, robocratie, sacerdocratie, sondageocratie, sondocratie, stochocratie, stratocratie, technocratie, tellurocratie, testocratie, thalassocratie, théocratie, timocratie, voyoucratie, vaginocratie, vulvocratie, logoscratie, vincratie…

Voilà 78 façons de décliner le pouvoir en l'associant au vide, à la bigoterie, à la finance ou à l'opinion publique, en le teintant d'eugénisme ou de conflits genrés ou en sous-entendant qu'il a été confié aux plus mauvais, aux bandits, aux voleurs ou aux canailles… Cette floraison des « craties », cette démultiplication de « kratos », cette prolifération du suffixe utilisé pour évoquer la source du commandement constituent sans doute à la fois l'indice d'une crise de légitimité du pouvoir et le signe d'un glissement permanent de l'autorité dans une société flottante qui se construit au sein d'un monde liquide (Zygmunt Bauman, 2004). Pour le dire autrement, quand le pouvoir se met à ondoyer, l'autorité ne sait plus très bien où se poser et les structures sociales, comme l'école où la famille, voient leur armature perdre de leur solidité.

Ainsi, aux formules surannées du style « Tu feras comme je le dis parce que je suis ton père » et autre « Sois sage et écoute bien Monsieur ou Madame » s'offrent en écho des phrases plus contemporaines du genre « D'abord t'es même pas mon père, t'es mon beau-père et puis je fais ce que je veux… » et autre « Pas question que je reste assis sans bouger plus de cinq minutes, c'est au-dessus de mes forces, et, de toute façon, je ne l'écouterai que s'il dit des choses qui m'intéressent » davantage en phase avec l'ère du temps.

L'objet n'est pas ici de réaliser l'examen sociopolitique de ce phénomène en essayant d'identifier d'où vient le glissement et de comprendre vers où il peut nous conduire. Non, notre propos centré sur l'évolution de l'éducation familiale et scolaire visera davantage à examiner la manière dont la circulation du pouvoir affecte un contexte éducatif fondé sur l'« hyper-parentalité » et consacrant le culte de l'« épanouissement performant ». Ce double pilier des conduites parentales face auquel doit si souvent céder l'offre enseignante.

— **L'injonction à l'optimisme perpétuel**
Pour évoquer ce changement de paradigme éducatif, les 78 déclinaisons reprises ci-dessus n'étaient apparemment pas suffisantes. Eva Illouz et Edgar Cabanas, en pointant du doigt la dictature du bonheur, en ont déjà, pour leur part, rajoutée une en parlant d'happycratie… Ce concept sous-tend l'idée que, dans nos sociétés occidentales contemporaines, c'est le bonheur qui a pris la main et que c'est désormais en son nom que l'on acceptera de se laisser gouverner. Le *diktat* du bonheur à tout prix, l'injonction à l'euphorie perpétuelle et la tyrannie du contentement constant se font sentir autant chez les individus que dans les groupes.

Une société de ce type tend à se mettre sous le joug d'une économie paradoxale qui, promettant le bien-être satisfait, attise en réalité les désirs, surfe sur les envies et crée des besoins pour maintenir chacun dans un état d'insatisfaction continue qui pousse à consommer toujours davantage dans l'espoir, systématiquement déçu, d'être enfin rassasié.

Le bonheur érigé en valeur morale, en norme économique, en socle pédagogique et en clé du développement psychique, induit une forme de tyrannie de l'optimisme de surface, une sorte de religion de l'individualisme altruiste à la sauce bouddhique et une forme de consommation hédoniste saturée de bonne conscience. L'optimisme superficiel comme exercice imposé s'affiche alors à coups de citations réductrices. Il voue alors à la géhenne les philosophes de la désespérance ou de l'absurde.

Haro sur Cioran, Schopenhauer, Camus, Onfray et Kierkegaard, ces empêcheurs de penser le bonheur de manière simplifiée parce que, exigeants avec l'esprit, ils expliquent à longueur de livres comment la réflexion, qu'elle prenne soi ou les autres comme objet, est toujours une construction complexe qui impose de prendre le temps de comprendre, de connaître et d'analyser le phénomène qu'ils étudient avant d'en envisager la synthèse et bien avant de prétendre produire, sous la forme d'un concept novateur ou d'une argumentation différente, une quelconque innovation. Vivent Salomé, Gounelle, Kotsou et autre Giordano, ces producteurs en chaîne de sentences positives qui légitiment des manières de ne cogiter qu'à coups de citations et privilégient à l'idée de faire penser leurs lecteurs celle de les pousser à dépenser leur argent pour acquérir des ouvrages vides, creux et simplistes dans lesquels leurs idées éculées croient pouvoir se répandre en faisant l'économie de la réflexion…

Il ne suffit plus d'imaginer Sisyphe heureux pour paraphraser Albert Camus, il faut maintenant le voir éternellement content, affichant un sourire béat qui manifeste son état de bonheur constant, distribuant les émojis satisfaits qui le revendiquent et multipliant les selfies qui l'attestent. Un Camus contemporain aurait certainement beaucoup de choses à nous dire à propos de cette joie mise en spectacle et de la façon dont elle prétend camoufler l'absurdité de l'existence en la faisant passer derrière la course effrénée à la consommation et la quête éternellement inaboutie d'une satisfaction constamment prise en défaut.

L'absurdité d'un contentement à la fois impossible et continuellement recherché comme artefact de l'absurdité existentielle, c'est un peu comme de l'absurdité mise au carré et cela constituerait sans doute une matière à penser infinie pour un esprit camusien soucieux de repérer l'absurde sous les décombres de la liberté mise à mal par les multiples aliénations que l'homme se donne à lui-même et de toute justice prise au piège de l'inégalité face à une hyperconsommation qui n'a de cesse de creuser de la distance sociale...

Il faut donc imaginer Sisyphe heureux et tout le temps content mais aussi, dans le même temps, concevoir Narcisse insatisfait et continuellement mécontent. L'individualisme forcené pousse ainsi chacun à se transformer en mécontemporain viscéral revendiquant essentiellement en faveur de sa personne des droits universels dont celui, bien dans l'esprit du temps, de droit au bonheur sans ombre et à la réalisation optimale de soi.

— Le bonheur du Soi : l'individualisme triomphant

Le bonheur terrestre doit bien évidemment, dans un tel contexte, être mis à portée de l'enfant. L'enfant n'est plus seulement une personne – cela on le sait depuis Dolto –, il se constitue d'emblée en individu et cela signifie notamment que le monde et les adultes qui le peuplent doivent s'adapter à son rythme, se conformer à sa vitesse d'apprentissage et, surtout, lui éviter toute secousse émotionnelle qui le laisserait penser que la réalité pourrait être source de tristesse, de peur, de dégoût ou de colère.

Fondamentalement ancrée dans l'idée de la finitude de chaque existence individuelle, l'éducation est envisagée comme une manière de réaliser la sculpture d'un Soi qui serait à la fois conscient de sa valeur, assuré de son unicité et rassuré quant à ses capacités de développement. Voilà ce que l'on attend d'une éducation positive conçue comme une véritable autoroute vers la réussite d'une existence dont le sens n'implique pas la recherche d'une signification, mais suppose l'idée d'une réalisation.

Se réaliser, mener une vie pleine, accomplie, intense à travers laquelle il devient possible de s'épanouir tout en manifestant l'étendue de son potentiel, voilà l'enjeu de l'éducation, qu'elle soit familiale ou scolaire. Dans un tel contexte, la famille sera chargée d'éveiller le potentiel cognitif de l'enfant dans sa profonde singularité et donc selon les formes particulières à travers lesquelles elles trouveront le mieux à s'exprimer. Quant à l'école, il lui restera à ne pas gâcher le travail en étouffant ce qui a été éveillé ou en ne poursuivant pas le travail entamé par le milieu familial.

L'enfant présenté comme surdoué, successivement désigné « précoce » ou « à haut potentiel » ou même, plus tendrement, par le sobriquet de « zèbre », se pose ainsi comme un défi posé à l'école suspectée de trop se soumettre au souci d'avancer « groupé » et accusée d'une trop faible attention portée à la spécificité des parcours individuels. Dilapideuse de talents, gaspilleuse d'intelligences, rabaisseuse de potentiel, gâcheuse de qualités, l'institution scolaire, trop ancrée dans l'ambition collective qu'elle se fixe quand elle se donne pour objectif d'éduquer des masses, est clouée au pilori pour son inaptitude à s'adapter au rythme particulier de ceux qui, victimes du poids de leur « douance », sont condamnés à ralentir le pas pour attendre le troupeau et, pire même, tolérer que celui-ci ralentisse parfois pour permettre à ceux qui sont en difficulté de rester dans le tempo.

La fable du pauvre petit « zèbre » qui s'ennuie de devoir attendre les moutons et qui, faute de mieux, se met alors à courir dans tous les sens en faisant n'importe quoi finit alors de culpabiliser les enseignants, ces stupides bergers, trop occupés par leur troupeau pour prêter une attention suffisante aux pitreries d'un cheval rayé qui demande juste qu'on avance plus vite ou dans une direction qui correspond davantage à celle que lui fixe la forme particulière de son intelligence. Bref, qui attend qu'on se préoccupe de manière plus exclusive de lui et qui exige que la réalité se mette à sa mesure pour lui permettre enfin de développer son potentiel en éprouvant le bonheur de se réaliser pleinement.

Un tel évangile de la réalisation personnelle ne plaide pas en faveur d'une école attentive à l'intérêt supérieur du collectif dès lors que celui-ci freinerait le plein développement du potentiel de quelques-uns, plus doués peut-être, mieux armés incontestablement dans les formes d'intelligence valorisées dans le monde de l'école et généralement issus d'un environnement social qui considère l'éducation scolaire comme l'alliée de celle de la famille, voire sa subordonnée. L'institution scolaire envisagée comme lieu d'épanouissement et comme source d'émancipation devra ainsi réussir la gageure d'être à la fois attentive à la socialisation de tous et soucieuse du développement de chacun.

Bonheur individuel et développement du potentiel singulier se fondent ainsi dans la notion d'épanouissement personnel à travers laquelle le bonheur se décline sur tous les tons et pour tous les dons. Un enfant tout le temps content doublé d'un élève éternellement satisfait, voilà l'acteur principal de la babycratie qui fait son entrée en scène dans le double champ de l'école et de la famille, ses deux bains de vie essentiels.

— Les dieux sont vaincus : le divin enfant cède face à l'enfant roi

L'acteur est là. Son trône est prêt. Reste à définir l'étendue de son royaume. La famille, l'école, dans un premier temps, avant que le monde socioprofessionnel ne se mette à ses pieds pour promouvoir sa réalisation et assurer son bonheur. Celui-ci est par ailleurs envisagé dans sa finitude dans la mesure où, pour un grand nombre, l'éternité spirituelle ou religieuse n'apparaît plus comme un réel sujet de préoccupation. L'enfant à éduquer ne l'est donc qu'en fonction d'un bonheur ici-bas à atteindre au sein d'un monde que l'on souhaite évidemment faire durer le plus et le mieux possible. D'où les préoccupations écologiques, celles qui, indépendamment de toute transcendance, entendent parier sur l'éternité du monde plutôt que sur un monde spéculant sur une éternité qui se situerait en dehors de lui.

La recherche du bonheur terrestre, le souci d'un épanouissement individuel terrien, la préoccupation d'un développement personnel strictement humain, tout cela va mettre hors-jeu toutes les formes de discours qui spéculent sur le sacrifice du présent au nom d'un avenir transcendant. Pas question d'être malheureux au bénéfice d'un bonheur paradisiaque qui ne serait pas vécu sur terre. Impossible de se satisfaire d'une promesse divine contre laquelle tout ce qui se vit d'humainement inassouvi serait racheté plus tard. Inacceptable de se laisser déborder par les frustrations terrestres au nom d'une divinité qui troquerait ces jours décevants contre l'éternité d'un bonheur béat.

Le divin n'étant plus souverain, aucune religion ne semble, dans nos sociétés occidentales contemporaines, en mesure d'influencer la manière dont le pouvoir conféré au bonheur donnera les moyens de le concrétiser. Les principales religions monothéistes, peu compatibles avec la manière dont on se représente le développement personnel de chacun, apparaissent ainsi, au mieux, en toile de fond pour parfaire le tableau, mais elles ne dictent plus leur loi et sont même tenues pour suspectes quand ce qu'elles promettent (sept vierges, le statut de justes parmi les justes ou le salut éternel) est repoussé dans un au-delà auquel seule la foi autorise la croyance.

Sommée de se mettre à hauteur d'hommes, la religion est d'abord celle qui se vit sur terre et se réalise dans le monde concret des réalités. La spiritualité suit exactement le même chemin. Il suffit, pour s'en convaincre, de prendre l'exemple du bouddhisme au réservoir duquel la psychologie positive est venue puiser sans limite, en le détournant pour cela de sa véritable essence. Le bouddhisme, ce n'est en effet pas qu'une formule de politesse qui permet de s'absenter de la vie pour ressentir la plénitude de la joie (*sic*). C'est, en principe, une attitude existentielle à travers laquelle toute émotion, en ce compris la joie, apparaît comme un piège pour un individu qui demeurerait contingent des vicissitudes d'un monde terrestre qui dilue sa vie spirituelle et délite son âme. La psychologie positive en a fait une porte d'entrée vers le bonheur, par la méditation, la pleine conscience ou toute autre forme d'exercice de pensée qui permet de se rendre le monde inoffensif parce qu'elle le met pleinement à notre portée, quand il est possible d'agir sur lui, ou nous met hors de son atteinte dès qu'il nous échappe.

Religion essoufflée, spiritualité détournée, il n'est pas étonnant que le trône vide après avoir adoubé son maître, le bonheur, se soit mis en quête d'un autre souverain à qui confier le pouvoir en même temps qu'on lui offre la béatitude. Kratos, ne sachant plus à quels saints se vouer, s'est ainsi décliné, comme nous l'avons vu, de 78 façons. Avec l'happycratie, on pensait être parvenu à le fixer un peu mieux, mais l'analyse du phénomène d'hyper-parentalité et des dommages collatéraux qui en découlaient nous a suggéré, en voyant se décomposer tous ces parents en quête de perfection éducative, l'idée de voir s'ériger un autre maître absolu sur le socle du bonheur continu : celui de l'enfant. Cet enfant, éternellement content, c'est celui auquel tant de parents, immolant leur propre souci de satisfaction continue, acceptent de sacrifier leur propre chance de bonheur en l'aliénant à celui de leur(s) descendant(s).

Sur le trône, ce n'est plus seulement l'enfant roi qui siège mais l'enfant heureux et amené à l'être continuellement par une parentalité sans aspérité qui se pose en vassal permanent de ce suzerain tout-puissant. La bienveillance éducative n'est pas dans ce contexte ce qui pose problème, mais l'attitude qu'elle induit quand, mal comprise, elle suppose l'asservissement constant à la joie de l'enfant, à ses besoins tout-puissants et à ses désirs impérieux.

DEUXIÈME INGRÉDIENT : UNE AUTORITÉ MOUVANTE

— Une tyrannie chasse l'autre

Le *pater familias*, à l'autorité incontestée, a de toute évidence vécu. Mai 68 l'a définitivement rangé au placard et, s'il tient à sa tête, le père contemporain a désormais tout intérêt à ne pas trop la ramener. Pas question pour lui de poser ses exigences d'un ton péremptoire en utilisant des formules impératives du style : « Tu feras comme je te le dis et sans discuter. Je suis ton père ! » Il risque en effet alors de se voir opposer plus souvent qu'à son tour des réponses prenant la forme de : « OMD, WTF (Oh My God, What The Fuck). Tu t'fais un gif ou quoi ? T'es pas mon daron. T'es juste le Sos à ma mère. Alors, ne la ramène pas en mode Thug. T'es complètement perché, ce que tu veux, je m'en balec. Tu cherches le clash ou quoi ? [3] » dont les nuances lui échapperont sans doute mais dont il comprendra aisément la tonalité générale.

---

[3] Pour ceux qui ne maîtrisent pas la langue ado, la traduction littérale donne à peu près : « Mais ce n'est pas possible ! Tu te fais un film ou quoi ? Tu n'est pas mon père, seulement l'ami de ma mère. Alors ne fais pas comme si tu étais le chef. Tu te fais des illusions. Je ne me soucie pas de ce que tu souhaites (plus littéralement traduisible par un « Ce que tu veux, je m'en bats les c… » nettement plus fleuri). Tu cherches le conflit ou quoi ? ».

« Il est interdit d'interdire. » Depuis Mai 68, l'ordre n'a plus bonne presse et c'est sans doute au sein même de la famille que le slogan a produit les effets les plus profonds. L'argument d'autorité devenu obsolète, il restait aux parents à utiliser la suggestion ou la persuasion pour tenter de se faire obéir. Aux impératifs « Va te coucher, il est l'heure » se sont alors substituées des opinions susceptibles d'être échangées du genre « Tu dois être fatigué, je pense que ce serait une bonne idée d'aller dormir… », des marchandages amenés à être discutés du style « Si tu vas dormir maintenant, demain on ira au cinéma voir *Toy Story* » ou parfois « Allez, encore trois dessins animés, après, tu le promets, on va au lit ? » et des questions auxquelles il est facile pour l'enfant de répondre par la négative puisque leurs formes « Tu n'irais pas dormir ? » et autre « Tu ne penses pas qu'il est l'heure d'aller se coucher ? » donnent l'impression de le lui permettre.

Aux ordres simplifiés bannis de l'arsenal éducatif ont ainsi succédé des opinions peu assertives, des formes grossières de marchandage ou des simulacres de question. Les résultats de cette sémantique précautionneuse ne se sont pas fait attendre. L'enfant y a tout naturellement découvert le poids de sa propre opinion, son aptitude à négocier et la liberté qui semblait lui être donnée de dire non. Il n'était, à partir de là, plus question pour lui d'obéir mais de discuter, d'entamer des négociations ou de répondre à des questions.

C'est comme cela qu'en prenant d'assaut la syntaxe et les tournures grammaticales, la mouvance autoritaire s'est profondément ancrée dans les modalités éducatives et dans les mentalités pédagogiques. Une révolution ne produit effectivement des effets durables que si elle imprègne le ton, la forme et la qualité des interactions de ceux qu'elle implique. Dans le cas présent, le mouvement révolutionnaire a pleinement produit ses effets. La révolution a en effet signé là un spectaculaire glissement d'autorité en colonisant les manières de se parler au sein des familles.

Or, l'histoire l'a suffisamment démontré, quand une révolution produit un renversement de l'autorité, ceux qui sont destitués prennent le risque qu'au propre comme au figuré on se paie leur tête. Au père sévère et autoritaire s'est ainsi substitué un papa complice, amusant, facile à tourner en dérision et acceptant facilement de jouer à être ridicule.

Tout cela, bien entendu, ne s'est pas réalisé brutalement. Le glissement s'est fait peu à peu, lentement, subrepticement, insidieusement. Le paternel chef de meute incontesté et autoritaire à la *Bonanza*[4] a d'abord continué à porter le chapeau en devenant Charles Ingalls à l'autorité douce avant de perdre définitivement son couvre-chef en se métamorphosant en Omer Simpson, ce roi nu, dépourvu de la moindre autorité et se vautrant avec une régularité de métronome dans le ridicule assumé.

— **L'autorité renversée : la preuve par les bottes**

Pour bien comprendre ce mouvement autoritaire, il suffit d'observer l'histoire d'une paire de bottes. On apprend beaucoup de choses sur l'évolution des rapports sociaux en regardant comment l'existence d'une famille s'organise autour de deux bottes crottées qu'il faudra bien se résoudre à nettoyer.

Dans les années 1940, il suffisait à Monsieur, l'heureux propriétaire des bottes, une fois revenu du champ, de les déposer dans le couloir. Aussitôt, Madame, sans moufter et sans rechigner, se mettait à les nettoyer. En ce temps-là, les bottes semblaient aux hommes disposer de la vertu d'être, magiquement et quasi instantanément, autonettoyantes… Et pour les femmes, cela semblait somme toute naturel de frotter la boue qui salissait les augustes chaussures de leur autoritaire mari. L'autorité masculine apparaissait sans faille.

Avec les années 1950, Monsieur a continué à déposer ses bottes crottées dans le couloir et la plupart des femmes, comme le faisaient leurs mères, ont continué à astiquer les chaussures boueuses de leur conjoint. Toutefois, elles le faisaient généralement en râlant et en maugréant plus souvent qu'à leur tour contre

---

[4] *Bonanza* est une série télévisée américaine créée par David Dortort et diffusée entre le 12 septembre 1959 et le 16 janvier 1973. C'est un western destiné à un public familial, qui a connu un succès considérable aux États-Unis, particulièrement entre 1964 et 1967. La série se déroule à la fin du XIXe siècle dans le ranch de la famille Cartwright, le *Ponderosa*. La famille est formée d'un veuf, Ben Cartwright, patriarche incontesté, et des trois fils qu'il a eus de trois mariages différents qui lui sont soumis comme on peut l'être à un puissant chef de clan.

ce fainéant de mari qui n'était même pas foutu de nettoyer ses godasses. L'autorité du père de famille a commencé, en sourdine, à être contestée.

Dans les années 1960, Monsieur, soucieux de manifester les signes de son autorité même s'il la percevait de plus en plus bancale, continuait, par esprit de résistance, à poser ses bottes dans le couloir, mais il était, plus souvent qu'à son tour, vertement remis à sa place par des phrases du style : « Tes bottes, tu les nettoies toi-même et, la prochaine fois, tu les essuies sur le paillasson avant de rentrer. On voit bien que ce n'est pas toi qui nettoies le couloir ! » Avec la révolution soixante-huitarde, l'autorité, devenue vacillante sous toutes ses formes, s'est singulièrement mise à tanguer au sein des familles

Avec les années 1970, il n'a plus été question pour Monsieur d'imaginer qu'un autre que lui-même songe à nettoyer les bottes qu'il aurait salies. Les bottes masculines ont alors définitivement cessé de leur paraître autonettoyantes et chaque homme a bien dû prendre le pli de remettre lui-même ses chaussures en état. Quant à Madame, il n'était plus question de songer qu'elle puisse se soumettre au point de s'astreindre une tâche aussi dégradante. Il n'était d'ailleurs plus question pour elle d'être à la botte de qui que ce soit... L'autorité partagée amenait chacun à se préoccuper du sort de ses propres chaussures.

Voilà pour les bottes au sein du couple. Examinons maintenant une autre paire de bottes, plus petites, celles de l'enfant. Là aussi, la manière dont elles seront nettoyées révèlent un glissement d'autorité. Jusque dans les années, il n'était en effet pas question d'imaginer un autre que lui-même prenant en charge ses chaussures. L'enfant obéissait naturellement aux injonctions de ses deux parents et, sans résister, nettoyait passivement ses bottes crassées qui se constituaient dès lors en parfaits emblèmes de sa servitude volontaire et de sa soumission assumée.

À partir de ces années de contestation, l'enfant, et plus encore l'adolescent, a commencé toutefois, au sein de la famille, à affirmer avec force son souci de liberté et sa réserve vis-à-vis de toutes les formes d'obéissance qui lui seraient imposées. Soucieux de démontrer à quel point il pouvait en avoir plein les bottes de l'autorité, il s'est alors mis à tout utiliser comme étendard de la liberté revendiquée, sa manière de s'habiller, en ce compris ses façons de se chausser.

À partir de ce moment, l'autorité a cessé de se constituer en exercice imposé pour prendre de plus en plus une forme négociée. Il n'était évidemment déjà plus question depuis longtemps, nous l'avons vu plus haut, pour le paternel de tenter de déléguer à qui que ce soit sa fonction de « nettoyeur » de bottes… Soucieux de la paix de son ménage et dépourvu d'une autorité suffisante pour imposer à son enfant de le faire, le prudent père de famille s'est mis de plus en plus souvent à adopter auprès de son enfant des techniques de médiation ou de suggestion visant essentiellement à éviter de provoquer la colère maternelle. Des petites phrases du style « Je te conseille de nettoyer tes godasses, sinon ta mère va encore râler… » suffisaient généralement, en brandissant la menace de déclencher la mauvaise humeur maternelle, à ce que le petit s'exécute… Ce faisant, le *pater familias* admettait implicitement que l'autorité avait non seulement changé de forme, mais aussi définitivement changé de camp… Le patriarcat affirmé a alors été présenté à l'enfant comme une forme de matriarcat larvé.

Progressivement, et les bottes vont aller dans le même sens, l'enfant et son confort vont prendre de plus en plus d'importance au sein de la famille. Sa prise de pouvoir et l'installation de l'autorité vont ainsi insidieusement se manifester à travers la manière dont lui-même et ceux qui l'entourent vont se comporter dans la prise en charge du nettoyage de ses chaussures.

Où dépose-t-il spontanément ses bottes ? Qui les nettoie naturellement ? Si les réponses à ces questions sont « N'importe où » et « Il attend qu'un de ses parents les nettoie », c'est là l'indice de la mise en place d'un glissement d'autorité susceptible d'évoquer l'émergence de ce que nous appelons dans ce livre une babycratie.

Dans un premier temps, cette forme autoritaire ne s'impose pas par la tyrannie. Elle s'immisce lentement et doucement dans les pratiques par la propension à trouver que les choses se font naturellement et à travers les « bonnes raisons » que l'on se donne de le faire... Ainsi en est-il des bottes et de leur tout jeune propriétaire amené à les remettre en état lorsqu'elles sont sales. Overbooké, celui-ci n'a désormais – les parents, ensemble ou séparément, en viennent souvent à le concéder – plus vraiment de temps à consacrer à une tâche aussi ingrate et improductive... Pas question de perdre du temps à laver des chaussures alors que l'on est attendu à un stage de méditation, un entraînement de taekwondo, une leçon de javanais ou même, c'est dans l'ère du temps, une manifestation « climat ». Pas question non plus de perdre son temps à récurer une godasse alors que l'on a rendez-vous en ligne pour jouer à une méga-importante partie de *Fortnite* ou pour échanger des propos d'une importance capitale sur les réseaux sociaux.

Et, c'est ainsi que, de fil en aiguille, le parent contemporain en est venu à nettoyer non seulement ses propres bottes mais aussi celles de ses enfants, parce que ceux-ci n'ont plus ni le temps ni l'envie de le faire... Et c'est maintenant l'enfant qui en pénétrant dans le couloir dépose ses bottes et se met à spéculer sur leur vertu autonettoyante... C'est comme cela qu'insidieusement l'autorité s'est déplacée au sein des familles manifestant la forme contemporaine qu'on lui connaît aujourd'hui.

— **Une autre illustration dans une histoire de cochon**

On trouve une autre illustration de ce glissement autoritaire dans les dessins animés proposés aux enfants de moins de cinq ans. Il n'est plus question désormais de Babar, ce célèbre dessin animé des années 1950 mettant en scène un papa éléphant qui ne se trompe évidemment jamais et se pose en exemple écrasant pour toute sa progéniture. Voici maintenant Peppa Pig, un dessin animé cochon, dans lequel le papa porc condamné à tenir le rôle de pitre permanent se ridiculise continuellement et, surtout, obéit constamment à ses enfants. Il suffit par exemple que George le petit dernier, une espèce de miniporcelet monomaniaque répétant sans cesse « Dinosaurrr grrr grrr » en exhibant son jouet préféré, réclame un saurien en forme de ballon de baudruche, de château gonflable, de cornet de glace ou de papier crépon pour que Papa Pig s'exécute et se donne les moyens de le lui trouver.

Quant à sa grande sœur Peppa, l'héroïne principale de ce dessin animé cochon, elle présente l'archétype de l'horripilant petit enfant roi en campant parfaitement le rôle d'une minitruie à la voix aigrelette et autoritaire, terriblement sûre d'elle et toujours soucieuse de voir le monde se mettre à ses pieds.

Un épisode illustre parfaitement cette tendance, c'est celui où Peppa Pig, qui n'est pas à une lubie près, se prend soudainement d'amitié pour une araignée. Pas celle qu'elle a visiblement dans le plafond, mais celle qui se balade tranquillement dans sa maison. Or, quand Peppa a une passion, c'est une règle impérative, toute la famille doit immédiatement se mettre à son diapason. Maman Pig, Papa Pig, George le petit monomaniaque au dinosaure, tout le monde est invité à suivre l'araignée dans sa balade domiciliaire et à l'observer tissant sa toile un peu partout… Tout cela n'est pas bien passionnant, mais l'épisode gagne soudainement en consistance quand l'indélicate arachnide décide de se faire une toile entre la voiture de Papa Pig et le mur du garage, alors même que celui-ci doit l'utiliser pour se rendre sur son lieu de travail. « Pas question de déranger Madame Araignée », décrète alors l'impérieuse Peppa rajoutant, dans le texte, de manière dictatoriale :« Tu n'as qu'à prendre mon vélo pour aller travailler… »

Et ne voilà-t-il pas que notre papa cochon servile s'exécute à nouveau instantanément en se rendant au boulot sur le minuscule tricycle de sa gamine, évidemment dix fois trop petit pour lui… Voilà donc la leçon du dessin animé reprenant les aventures de la famille Pig : si quoi que ce soit a de l'importance aux yeux de l'enfant, une toile d'araignée, un pipi de chat, un dinosaure en plastique ou une coquille d'escargot vide, il doit instantanément être investi d'une importance capitale par le monde entier. Il suffira alors à sa majesté d'élever un peu la voix pour que chacun se courbe devant la nouvelle idole adoubée par l'enfant. Papa Pig, en se couvrant de ridicule sur le tricycle imposé par sa despotique petite fille, joue là à chaque parent un fameux tour de cochon en induisant dès leur plus jeune âge dans l'esprit des tout-petits l'idée qu'ils peuvent sans limite se comporter en tyrans puisqu'ils ne trouveront jamais sur leur chemin que des parents complaisants.

Ces deux illustrations, en formes de bottes et de dessin animé, montrent clairement à quel point la prise de pouvoir et l'autorité qui lui est associée peuvent gagner en force quand l'une et l'autre sont investies d'une véritable puissance. C'est alors, quand cette puissance devient démesurée, que les dérives autoritaires se manifestent et se révèlent incontrôlables.

TROISIÈME INGRÉDIENT : UNE PUISSANCE DÉMESURÉE

Le mix d'une éducation bienveillante, d'une focalisation intense sur les affects de l'enfant, d'une attention soutenue vis-à-vis de tout ce qui paraît de nature à favoriser son développement optimal et d'un rejet massif de tout ce qui, au contraire, pourrait s'avérer susceptible de l'entraver contribue incontestablement à donner au pouvoir autoritaire de l'enfant sa pleine puissance.

— **La bienveillance est-elle soluble dans la punition ?**

Dès lors qu'il se met à considérer la punition et la sanction comme des formes d'éducation malveillante, le parent se prive d'un ensemble de techniques contraignantes qui, même si elles ne constituent en aucune façon la panacée en éducation, présentent néanmoins l'avantage, lorsqu'elles sont utilisées à bon escient, de limiter de manière drastique l'illusion de toute-puissance de l'enfant. Le sentiment d'impunité, l'impression que le poids de la sanction pèse davantage sur celui qui se culpabilise de la prononcer que sur celui qui est amené à la subir et la timidité avec laquelle les interdits sont posés, tout cela contribue à transmettre à l'enfant la conviction que tout lui est permis, que son pouvoir est sans limite et que son autorité ne risque pas d'être contestée.

> **LA MAMAN ET LE PETIT TYRAN…**
>
> C'est l'histoire d'une maman venue consulter parce que son enfant lui rendait la vie insupportable. Dès l'entame du premier entretien, elle me fit, en présence de l'enfant, la description d'un petit tyran de sept ans qui la sollicitait sans cesse, partout où elle pouvait se trouver, au point que, dès qu'elle n'était pas assaillie par lui pendant plus de trois minutes, elle ne parvenait pas à profiter de l'instant de répit qu'il lui laissait pour récupérer un peu mais se laissait au contraire gagner par une anxiété invasive.
>
> Après l'avoir rassuré sur le fait qu'il est tout à fait normal de ne plus supporter les gens qu'on adore quand ils envahissent physiquement à tout bout de champ nos territoires personnels ou qu'ils contaminent continuellement nos espaces de repli psychique, je lui demandai si elle disposait dans sa maison d'un coin à elle, inviolable, et d'un temps pour elle, non négociable. Après avoir réfléchi pendant plusieurs minutes, elle dut concéder qu'elle ne s'était réservé pour elle ni temps ni espace… Même aux toilettes, elle était pourchassée, dérangée et délogée par le minidespote qui avait pris le pouvoir sur l'ensemble du territoire et le gouvernait à chaque instant de jour comme de nuit…
>
> Pendant tout ce début d'entretien, le petit despote se tenait coi, manifestement sourd aux plaintes de sa maman aux abois. Il montrait ostensiblement que tout cela ne l'intéressait pas et que je n'allais, moi aussi, pas tarder à passer à la trappe, décapité, ajoutant mon corps gisant à l'impressionnant tas de psys que sa mère et lui avaient déjà usés… C'est souvent comme cela que pensent les tyrans aussi longtemps que leur pouvoir demeure incontesté. Ils coupent les têtes et accumulent les cadavres pour donner, par la terreur, de la puissance à leur autorité.
>
> Lorsque je suggérais l'idée à la maman de se choisir un endroit dans la maison qu'elle devrait imposer, pendant un quart d'heure, à son enfant de respecter comme un lieu sacré qui n'appartiendrait qu'à elle, nous nous sommes mis à réfléchir

longuement, explorant en pensée chaque pièce de la maison. Peu ambitieux dans un premier temps, nous sommes, au bout de notre examen, tombés d'accord sur le lieu. Ce seraient les toilettes.

Adoubées comme lieu saint inaccessible à tout profane pendant un quart d'heure par jour, elles deviendraient aux yeux de l'enfant des chiottes sacrées, érigées en territoire défendu, en lieu invulnérable. Ce premier exercice n'était évidemment pas une fin en soi. On ne consulte généralement pas un professionnel de l'éducation juste pour pouvoir aller aux toilettes tranquillement… Non, il s'agissait là d'un exercice qui, outre le fait qu'il me permettait de réaliser un diagnostic à propos de l'état des relations parentales, devait surtout, s'il réussissait, permettre à la maman envahie de gagner progressivement du terrain dans sa propre maison et d'y étendre progressivement sa zone de tranquillité.

Évidemment, les exercices les plus simples, dans le cadre de relations complexes, deviennent très vite étonnamment compliqués. Dès que je me heurtai aux premiers signes de résistance, je compris que ce ne serait pas simple. « Mais que va-t-il faire pendant que je ne suis pas là ? » me demanda-t-elle avec dans sa voix ce tremolo qui révélait l'intense culpabilité qu'elle ressentait à ne pas être disponible full time. Je tentai une réponse sur un ton évasif : « Je ne sais pas moi, rien, par exemple… s'il en est capable, c'est bien de laisser un enfant ne rien faire, le laisser s'ennuyer avec ferveur pendant un quart d'heure, c'est un bon exercice… » Elle me regardait fixement, incrédule, doutant en un seul coup des compétences que sa meilleure amie, en lui suggérant de venir me consulter, m'avait aimablement attribué.

L'apprenti tyran avait jusque-là assisté à l'entretien sans piper un mot, avec un visage fermé fixé sur la pointe de ses chaussures, indiquant par là que je pouvais y aller franco mais que jamais je ne parviendrais à trouver une faille dans cette espèce de citadelle dans laquelle il avait enfermé sa mère avant d'avaler la clé pour être bien certain qu'elle n'échappe pas à son pouvoir. Là, pour le coup, il leva la tête juste pour voir à quoi ressemblait cet énergumène qui semblait oser dire à sa mère qu'il était autorisé à ne rien faire, à s'emmerder en toute quiétude, à s'embêter sans frein pendant, merveilleuse perspective, un bon quart d'heure journalier...

Là où je proposais à la maman de gagner un peu de tranquillité, lui percevait déjà que je pouvais éventuellement l'aider à mettre sa maman au frigo, ou plus exactement à la séquestrer dans les toilettes pour que, chaque jour, pendant un quart d'heure, elle lui lâche un peu la grappe...

Mais ce n'était pas gagné, sa mère-citadelle acceptait le siège mais ne cédait pas, et comme je ne pouvais pas y aller au bélier, j'écoutai patiemment, sous le regard maintenant intéressé du petit Caligula en culotte courte, les arguments de Maman qui se mit en tête de me faire la leçon... « Vous savez l'ennui, pour un enfant, ce n'est pas bon. C'est à cet âge-là que le cerveau a le plus besoin de stimulation et, même pour la méditation, il a besoin de moi à ses côtés pour l'aider à se relaxer et à adopter les bonnes positions... »

J'aurais pu me lancer dans un long plaidoyer sur les vertus de l'ennui, mais je ne perdais pas de vue qu'il s'agissait d'une consultation et pas d'un échange entre collègues et puis je ne voulais pas perdre l'intérêt que j'avais suscité chez le petit Cali ou le mini Gula... Je suggérai donc une nouvelle piste... « Et si pendant les quinze minutes sacrées, il regardait un dessin animé... » Que n'avais-je pas dit là ? Les yeux du tyran en herbe se sont d'un coup illuminés, dans le même temps que ceux de sa maman-citadelle se sont assombris... C'était comme si je l'avais injuriée devant son enfant. « Mais les écrans, Monsieur, vous n'imaginez pas ? C'est catastrophique pour le cerveau d'un enfant... » Là, à défaut de bélier, je mis Caligula définitivement dans mon camp, c'est avec lui que je ferai tomber les murs de la citadelle... « Ce qui est catastrophique, ce sont les écrans tout le temps, pas les écrans de temps en temps. Donnez-moi les références des bouquins qui prétendent le contraire et si vous le souhaitez on les démonte ensemble », répondis-je en avançant doucement dans mon cheval de Troie improvisé...

Là, c'était définitivement acquis, le tyranneau venait de m'élever au rang de conseiller suprême. J'étais devenu son

Mazarin. Il ne nous restait plus qu'à enfoncer le clou et la citadelle, longtemps assiégée, tomberait enfin. « Qu'est-ce que tu aimes bien comme dessin animé ? » demandai-je alors à l'enfant qui maintenant s'engageait pleinement dans une conversation dont il percevait enfin le bénéfice qu'il pourrait tirer. « *Bob l'éponge* », répondit-il avec un merveilleux sourire d'enfant qui tranchait considérablement avec celui, sarcastique, qu'il arborait par intermittence pendant que sa maman dressait l'interminable liste de ses méfaits tyranniques...

Il ne me restait plus qu'à dresser la prescription : « Un *Bob l'éponge* par jour pendant que maman siège dans son espace sacré... C'est le début du traitement. Ensuite, on augmentera un peu les doses, progressivement, jusqu'à ce que chacun se porte bien... »

La maman, souriant de constater que tout cela amusait finalement son enfant adoré, tenta bien une dernière tentative de résistance. « Et s'il n'obéit pas et vient quand même me chercher aux toilettes... » « Eh bien, répondis-je tranquillement percevant à travers la détente que j'avais provoquée à la fois chez l'enfant et chez sa maman que j'avais gagné la partie, la punition sera très simple : "On supprime *Bob l'éponge*..." »

D'un seul coup, j'avais transmis à cette maman assiégée la double idée que les écrans ne sont pas, en eux-mêmes, toxiques, mais ne le deviennent qu'à travers l'usage immodéré que l'on peut en faire et que le mot punition n'est pas en pédagogie un gros mot, qu'il peut même être utilisé dans le cadre de toute éducation qui se veut positive sans souscrire à l'obéissance d'une pédagogie positive qui s'impose comme une religion.

En regardant sortir de mon bureau cet enfant tout sourire accompagné de sa maman détendue, j'éprouvais la délicieuse sensation d'avoir mis fin au règne sans partage d'un minuscule Caligula et, adoptant la technique du cheval de Troie, d'avoir débarrassé une citadelle du despote qui régnait sur elle.

Nous verrons plus loin dans ce livre ce que les punitions et les sanctions, quand on ne mélange pas les unes avec les autres, apportent à une pédagogie à la fois positivement vécue par l'enfant et suffisamment réfléchie par l'adulte. Transformer ces manières éducatives de réagir en failles ou en fautes, comme le font trop souvent ceux qui ont tendance à s'imaginer qu'être positif, c'est une façon de renoncer à s'opposer ou de s'obliger à se courber. Ceux-là, en confondant les intentions (qui doivent, elles, toujours être positives) avec les moyens (qui doivent, eux, toujours être nécessairement réfléchis en termes de plus-value éducative), ont vite fait de transformer les parents en sujets de leurs enfants.

— **Des affects tout-puissants**

En donnant à l'enfant la conviction que le monde entier se met en place en fonction de ses états émotifs, le parent lui transmet en même temps l'idée que les émotions, véritables forces motrices des comportements humains, disposent du double pouvoir de gouverner sans mal les conduites de l'entourage au gré de sa volonté et d'infléchir sans peine la réalité en fonction de ses désirs.

La colère toute-puissante parce que l'on craint tellement de la voir arriver que l'on cherche à anticiper tout ce qui pourrait la provoquer... La peur tyrannique que l'on cherche à éteindre à tout prix chez l'enfant en le préservant de toutes les expériences où elle risque de se manifester... La tristesse honnie qu'on voudrait éradiquer du paysage du petit humain parce qu'on ne l'a pas convoqué à naître pour vivre cela et qu'on ne veut pas la voir tacher le bonheur pour lequel il a été convié à exister... Le dégoût omnipotent qui permet à l'enfant d'évacuer toute expérience gustative qui l'éloignerait un peu de son cahier des charges... Et la joie, enfin, seule émotion fréquentable, que l'on cherche à provoquer sans fin et à produire sans frein en se pliant aux quatre volontés de l'enfant et en traquant tout ce qui pourrait lui apporter du contentement, de la satisfaction ou de la félicité, ces trois piliers reconnus des joies faciles...

Voilà la palette des émotions avec laquelle de nombreux parents tentent de peindre le paysage de leur enfant exclusivement à coups de couleurs gaies, en utilisant éventuellement les tons pastels et en gommant toutes les teintes trop sombres ou trop agressives... Très souvent, cherchant exclusivement la joie, ils se mettent alors à rêver pour lui d'une espèce de monochrome de couleur vive et l'enfant, percevant confusément cette volonté, devine qu'il peut alors leur en faire voir de toutes les couleurs.

Une émotion, gavée de puissance, parce qu'on mettrait trop d'énergie à l'éteindre ou à la provoquer chez l'enfant, se confond dès lors vite chez lui avec l'instrument d'un tableau de bord qui lui donne l'impression qu'il est en mesure de piloter ses parents. Une crise de colère, c'est le manche à balai, il affole aussitôt l'altimètre. Avec ses larmes de tristesse, c'est la manette de gaz qu'il active mettant le variomètre à rude épreuve. En percevant l'effet de ses frayeurs nocturnes ou de ses peurs diurnes sur ses parents, l'enfant découvre le palonnier qui lui permet de les faire virer de bord. C'est alors l'indicateur de virage qui se met à aller dans tous les sens. Reste à l'apprenti pilote des conduites parentales à découvrir les actionneurs hydrauliques à piston et autres instruments secondaires à chaque manifestation de dégoût et l'horizon artificiel, l'anémomètre et le variomètre n'auront bientôt plus de secret pour lui. Piloter ses parents deviendra alors un véritable jeu d'enfant. La joie lui permettra même, le cas échéant, de se mettre sur « pilote automatique » en amenant ses parents « hélicoptères » à se transformer pour lui en avions de ligne répondant strictement à ses commandes de chef de bord.

L'ENFANT PILOTE

Le pilotage parental, le petit Sylvain en était devenu un véritable expert. Profitant du divorce de ses parents, il avait même réussi à se rendre maître d'un embryon de flottille obligeant l'équipage de sa maman à prendre de l'altitude et celui de son papa à se hisser à sa hauteur. Ses crises de colère se multipliant d'un côté comme de l'autre, les deux parents en étaient venus à consulter ensemble en vue de trouver une solution. Le tableau du petit pilote triomphant, entouré de ses deux avions volant de concert autour de lui, indiquait d'emblée tout qu'il avait gagné en parvenant à recréer autour de lui la configuration familiale qui lui semblait la plus souhaitable.

« Je pense que notre séparation l'a rendu triste. Avant, quand la famille était unie, c'était un gosse super gai, une crème d'enfant, il était toujours content. Tout l'amusait. Maintenant qu'il a tout foutu en l'air, en ne pensant qu'à lui et à son bonheur égoïste, continua-t-elle en désignant le papa, amené sans ménagement à comparaître au banc des accusés, il est tout le temps triste et, comme il ne parvient pas à l'exprimer, cela se manifeste par ses crises de colère. Cela me semble évident. C'est là qu'il faut chercher l'origine de ses crises de colère. »

« Et vous, que ressentez-vous par rapport à cette séparation ? » demandai-je alors à la maman percevant à l'ensemble de son attitude non verbale qu'elle avait traversé l'épreuve comme on survit à un crash, en y laissant sans doute bien davantage qu'une carlingue froissée. « Moi, j'ai éprouvé une colère pas possible. Encore maintenant, je me sens furieuse dès que je pense à tout ce gâchis. On était une belle famille et il a tout foutu en l'air par pur égoïsme », dit-elle avant d'exploser en sanglots. Le pilote miniature prit alors la main de sa maman pour l'aider à atterrir. Son geste de consolation montrait qu'il avait bien saisi toute la tristesse qui se cachait derrière l'immense colère de sa maman.

Je demandai alors au papa, mis à l'écart de la scène par le rapprochement soudain de l'enfant et de la maman, comment lui-même vivait les choses. Il évoqua aussi la colère qui l'envahissait chaque fois qu'il sentait que son ex-épouse lui faisait porter le chapeau en lui taillant un costume de coupable intégral, alors que, pour lui non plus, les choses n'étaient pas si simples. Il évoqua alors avec une émotivité mal contenue l'anxiété qui l'envahissait souvent quand il songeait à son propre avenir, mais aussi à celui de la famille qu'il avait mis tant d'énergie à construire et, à travers elle, à celui de son fils. Là où il avait été question de tristesse chez la maman, il était maintenant davantage question de peur chez le papa. Toutefois, chez l'un comme chez l'autre, c'est la colère qui semblait avoir pris le dessus. La colère, véritable paravent émotionnel, permet souvent aux autres émotions, notamment la tristesse et la peur, de demeurer à l'état latent, tapie dans l'ombre de l'état émotionnel dont le siège se situe le plus près du cortex.

Le petit expert en pilotage, sentant que l'avion paternel perdait de l'altitude, actionna alors vigoureusement le manche à balai.

« Si tu as si peur pour nous, pourquoi tu ne reviens pas ? » En suggérant à son père de rentrer au bercail, le commandant de bord en culottes courtes montrait clairement son intention de prendre les commandes pour ramener l'avion à bon port. « Tu sais bien que ce n'est pas possible… Je ne peux pas… » tenta timidement le papa qui n'en menait visiblement pas large. En réponse, il entendit son fils lui opposer un cinglant « Pourquoi tu ne pourrais pas ? Rien ne t'en empêche », indiquant clairement la tendance de Sylvain à sortir de son rôle pour, sous le regard complaisant de sa maman, tenter de reformer sa flottille en lui redonnant son ancienne configuration.

« D'ailleurs, moi aussi, je suis triste et j'ai peur… c'est pour cela que j'ai des colères… Si tu veux que cela s'arrête, Papa, tu sais ce qu'il te reste à faire ! » Et voilà comment, en spéculant sur la puissance de ses émotions, un enfant se persuade qu'il est en mesure de piloter les conduites, les attitudes et les comportements de ses parents.

En tentant de se justifier, le papa n'aurait fait alors qu'enfoncer le clou. Un « Cet aspect-là de ma vie ne te concerne pas. Je comprends que tu souhaiterais que ce soit autrement, mais tu n'es en rien responsable des décisions que je prends. Elles ne dépendent que de moi et de moi seul » était à cet endroit incontestablement mieux adapté que le balbutiement hésitant que le papa, manifestement sous le coup d'importantes turbulences, essaya d'opposer au pilote qui semblait avoir maintenant carrément investi la tour de contrôle.

Mon rôle, à ce moment de l'entretien, a clairement été là de reprendre les commandes en autorisant S. à sortir du rôle d'enfant pilote qu'il s'était assigné. Pour cela, il fallait aussi l'aider à sortir du processus d'auto-aliénation parentale dans lequel il avait tendance à s'enfermer. Ce processus à travers lequel l'enfant tend naturellement à prendre le parti de celui de ses parents qui, à ses yeux, souffre le plus se manifeste souvent insidieusement, sans que personne, ni l'adulte qui le provoque, ni l'enfant qui le subit, en ait véritablement conscience.

Ainsi, par son acquiescement tacite, la maman, semblait démontrer, à bas bruit, sans rien dire, tout l'intérêt qu'elle-même pouvait trouver à confier les manettes de l'avion paternel à son petit garçon. Celui-ci revêtait alors son costume de pilote en prenant les commandes, parce que ses émotions, dans un premier temps sous forme de crises de colère, dans un second sous la forme de relais des émotions parentales, semblaient investies d'une puissance excessive et paraissaient dès lors peser davantage que celles des adultes sur leurs conduites et leurs comportements.

Ce n'est évidemment pas un problème d'accorder de l'importance aux émotions des enfants et c'est assurément une très bonne chose d'en favoriser et d'en protéger l'expression. Par contre, les difficultés commencent à se faire sentir quand on donne à cette expression, sans discernement, une puissance démesurée en transmettant par exemple à l'enfant l'idée que la simple manifestation d'un état émotif permet d'obtenir systématiquement et efficacement tous les résultats qu'il souhaite. Une colère automatiquement agissante, une peur nécessairement opérante, une tristesse outrageusement impérieuse ou un dégoût invariablement efficient peuvent à cet endroit très rapidement produire des effets désastreux.

Pour comprendre comment cela marche, il vous suffit d'imaginer qu'à chacune de vos colères, le monde se plie à vos exigences et que ceux qui subissent vos foudres se démènent *illico presto* à la seule fin de combler vos souhaits. Vous le constaterez très vite. Quel que soit votre tempérament initial, vous confondrez vite la colère avec une formule magique et vous apprendrez ainsi à l'utiliser comme un véritable sésame. À la moindre frustration, elle se déclenchera et fera de vous ce petit chef autoritaire, colérique et insupportable que vous méprisez généralement. C'est pour cela que l'on ne rend pas service aux gens, et particulièrement aux enfants, en leur indiquant que la colère constitue un bon moyen d'obtenir rapidement et assurément ce que l'on souhaite. En montrant subtilement, c'est-à-dire sans la dénier ou la tourner en dérision, qu'elle est inutile, vaine et inefficace, bref en la rendant inopérante, on fait au contraire la démonstration que, dans l'arsenal des conduites humaines, la crise de colère constitue généralement un coup d'épée dans l'eau ridiculement coûteux en énergie.

Même chose pour la peur. Imaginons que vous développiez une arachnophobie et que vous vous mettiez à hurler comme un(e) damné(e) chaque fois que vous rencontrez sur votre chemin quelque chose qui, de près ou de loin, ressemble à une araignée. Si, à la suite de votre cri, il se trouve toujours quelqu'un pour chasser l'araignée avec prévenance ou l'écraser avec virulence, votre corps retiendra la leçon et vous poussera instinctivement à vous égosiller en confondant avec une énorme tarentule le moindre minuscule acarien.

C'est un phénomène identique qui risque de se produire si, en manifestant de façon ostensible et spectaculaire votre dégoût, vous semblez soudainement investi du pouvoir d'amener les autres à mettre hors de portée de vos sens tout ce qui serait de nature à les contrarier. Si l'expression de votre dégoût vous donne par exemple le pouvoir de faire disparaître tout ce qui aux yeux de votre nez sent mauvais, vous prendrez l'habitude d'exprimer systématiquement votre répulsion avec une ostentation suffisante pour produire l'effet magique escompté.

Vous obtiendrez des résultats très similaires avec la tristesse dès lors que celle-ci prendrait la forme d'une injonction faite au monde à se conformer instantanément à vos désirs. S'il suffisait de manifester sans frein notre tristesse pour voir réapparaître les personnes chères que nous avons perdues, nous prendrions vite le pli de ne pas mettre de limite à l'expression de notre affliction. Ce n'est malheureusement pas comme cela que cela fonctionne et notre tristesse, si elle revêt une importance capitale pour nous aider à réagir et inviter ceux qui nous entourent à nous soutenir, ne dispose généralement pas du pouvoir de modifier magiquement la réalité qui a provoqué cette peine en nous. Une émotion ne permet pas de modifier le réel quand il se met à cogner, il peut tout juste nous inciter à adopter la bonne attitude pour y faire face et à réagir le plus adéquatement possible face à lui en nous incitant à prendre les décisions. Elle est également utile pour mobiliser l'attention de ceux qui nous entourent en stimulant leur empathie et leur bienveillance à notre égard.

La puissance d'un affect devrait ainsi n'être pensée qu'en fonction de la manière dont il est susceptible de nous inciter à prendre des décisions par rapport à ce qui nous arrive et sur la façon dont, en se communiquant aux autres, il nous aide à susciter leur sympathie parce que nous soupçonnons qu'ils sont en mesure de nous aider à dépasser le moment difficile. Il n'est pas question dans cette optique d'imaginer que l'émotion donne un quelconque pouvoir de rendre le réel conforme à ce que nous souhaitons et de contraindre les autres à agir sur la réalité pour qu'elle se plie à nos désirs.

Ainsi envisagé, l'affect, bouffi d'un excès de puissance, prendrait surtout de l'ampleur en gonflant ceux sur lesquels il cherche à porter. Et cette leçon-là, il est important que l'enfant la prenne précocement. Aucune émotion n'est suffisamment forte, quelle que soit l'intensité avec laquelle elle s'exprime, pour faire plier la réalité en la soumettant au gré de la volonté de qui que ce soit. S'émouvoir, ce n'est ni vouloir ni pouvoir, c'est seulement une façon de laisser le réel vibrer en nous pour qu'il incite les autres à agir en tenant compte de ce que nous vivons et nous invite nous-même à réagir.

C'est pourtant un message tout à fait contraire que nous transmettons à nos enfants quand nous essayons de gommer leurs émotions en prétendant effacer d'un coup de baguette ce qui les a provoquées. Les mamans spécialisées dans le « bisou magique », censé faire disparaître la douleur au moindre « bobo » de l'enfant, le savent bien, ce bisou devient complètement inopérant quand la douleur gagne en intensité et il ne présente par ailleurs aucune efficacité garantie quand la souffrance n'est pas strictement physique... Lucides, elles s'abstiennent dès lors généralement spontanément de distribuer des bisous magiques quand l'enfant vient de se fracturer une jambe ou s'il est sous le coup d'une peine véritable. Elles se contentent alors de l'embrasser pour le réconforter ou l'assurer de sa présence, mais sans prétendre aucunement à une éventuelle vertu magique du baiser... Et c'est sans doute mieux qu'il en soit ainsi. En se posant comme magiciennes du bisou, elles ne produiraient sans doute que le profond agacement que ne manqueraient pas de susciter ces pathétiques fées dont la baguette connaît de si lamentables ratés.

Cette tendance à se prétendre magicien ou magicienne, c'est également la tentation de nombreux parents lorsqu'ils tentent de démontrer à l'enfant qu'ils sont en mesure d'effacer tout ce qui peut être, pour lui, à l'origine d'une émotion comme la tristesse. C'est ce qui se produit par exemple chaque fois que leurs enfants sont attristés par la perte d'un animal familier. Le parent trop pressé de remplacer *illico presto* l'animal mort par un alter ego pense évidemment bien faire en évitant de confronter son enfant à une émotion qu'il imagine trop lourde pour lui. Adopter cette « stratégie de l'effacement magique de la cause » n'est cependant ni vraiment souhaitable pour le développement de l'enfant ni, par ailleurs, toujours réalisable. C'est véritablement « peine perdue » et c'est terriblement épuisant pour un parent de se mettre à l'affût de tout ce qui, dans le monde qui s'ouvre à l'enfant, pourrait provoquer chez lui de la tristesse, de la colère, de la peur ou du dégoût et de chasser les émotions en prétendant systématiquement en éteindre la cause.

La mort d'un animal de compagnie se révèle généralement pour le petit de l'être humain une expérience particulièrement édifiante. L'en priver n'est pas une bonne idée. C'est pour cela que je suggère toujours aux parents de s'assurer que l'animal qu'ils offrent à leur enfant soit suffisamment mortel. Je déconseille fortement sur ce point la tortue. Au regard de l'étonnante longévité de l'animal, leur enfant sera probablement mort avant lui et l'achat aurait alors été réalisé inutilement. Je déconseille aussi fortement d'offrir un animal mort. C'est à la fois cruel et inutile. Un animal mortel susceptible de trépasser dans un délai raisonnable permet par contre à l'enfant de « traverser l'épreuve » de la mort et de la séparation qu'elle impose en l'autorisant à vivre pleinement, dans un cadre affectif rassurant, la nécessaire tristesse qu'elle provoque.

C'est à cela que servent les animaux de compagnie – chiens, chats, cochons et autres – auxquels l'enfant est susceptible de s'attacher et c'est parce que les parents craignent de confronter leurs enfants à cette tristesse d'autant plus édifiante qu'elle est intense que l'on en trouve de moins en moins dans les milieux familiaux. On y trouve effectivement trois fois moins de chiens et de chats dans les familles qu'il y a une vingtaine d'années, alors que, dans le même laps de temps, le nombre de poissons rouges y a été multiplié par trente… Évidemment, on en conviendra aisément, on s'attache facilement à son chien ou à son chat et les échanges affectifs sous forme de caresses et de coups de langue contribuent certainement à renforcer le lien. Par contre, il faut être un peu « allumé » pour s'attacher à un goujon dans la mesure notamment où les interactions affectives nouées avec lui se réduisent généralement au strict minimum. Le parent soupçonne dès lors avec raison qu'en cas de disparition la peine sera moins grande pour l'enfant.

En outre, l'explication de la multiplication des poissons rouges dans l'univers familial trouve sans doute également son explication dans la stratégie à laquelle le parent a généralement recours pour soustraire son enfant à l'épreuve de la mort. Il la dénie. Avec un poisson rouge, le subterfuge passe généralement bien. Il suffit de remplacer le poisson défunt par un autre qui lui ressemble comme deux gouttes d'eau et le parent s'en sortira alors avec un « Tu vois, il n'est pas mort », qui consolera l'enfant à bon compte de sa tristesse, par ailleurs, toute relative…

S'il s'agit d'un chien ou d'un chat auquel l'enfant s'est attaché, l'opération sera incontestablement beaucoup plus délicate, et l'enfant, s'il dispose d'un minimum de discernement, ne sera probablement pas dupe de votre tentative de substitution. Et il n'est évidemment pas conseillé de tenter l'opération s'il est question de soustraire son enfant à la peine d'avoir perdu un de ses grands-parents. Une mamy ou un papy ne se remplace pas aussi facilement qu'un poisson rouge... Il faudra dès lors généralement accepter que l'enfant passe par la case « tristesse » sans tenter de lui éviter de traverser l'état émotionnel et, nous le verrons plus loin, sans même chercher à atténuer l'intensité de ce qu'il ressent.

Les enfants sont souvent débordés par leurs émotions lorsqu'ils perçoivent que celles-ci sont susceptibles de leur permettre d'obtenir efficacement les résultats qu'ils souhaitent obtenir. C'est alors que surviennent les crises de colère intempestives et face auxquelles les parents peuvent se sentir complètement désemparés.

Un exemple très concret pour illustrer ce phénomène est celui de la crise que pique le jeune enfant face aux étalages de bonbons – stratégiquement disposés à son attention aux abords des caisses – et que son parent refuse de lui acheter. Pour éviter cette colère, la plupart des parents auront le réflexe, avant d'entrer dans le magasin, de faire la leçon à leur progéniture : « *Fais gaffe, parce que si tu me fais encore une crise comme la dernière fois, je ne ferai plus jamais les courses avec toi ! Compris ?!* » et, arrivés à la caisse, c'est malgré tout le drame ! Ne restent alors que deux solutions pour réagir, tout aussi désagréables l'une que l'autre : soit le parent endosse le rôle de la figure insensible qui regarde, indifférent, la chair de sa chair s'époumoner et pleurer toutes les larmes de son corps en plein supermarché ; soit il incarne le rôle du parent faible qui finit par céder à tous les caprices de son bambin… Deux positions qui plongent souvent les parents dans un sentiment de médiocrité personnelle. Alors, que faire pour éviter de s'y retrouver pris au piège ?

Dans ce cas de figure, une prédiction assertive pratico-pratique vaut certainement mieux qu'une inconsistante leçon théorique articulée autour d'une menace qui, chacun le devine, ne sera de toute façon jamais mise à exécution. Il aurait en effet été préférable de préciser à l'enfant, avant même de rentrer dans la grande surface : « *Dans le magasin, tu vas avoir envie de plein de choses, de plein d'objets et c'est normal, mais tu n'en auras aucun. Cela va probablement te mettre en colère, mais sache que cela m'est égal. Je serai insensible à ta colère !* » Voilà comment, à travers une explication claire, un parent démontre à son enfant que sa colère sera fondamentalement inopérante, inévitablement stérile et immanquablement infructueuse.

Un cadrage superficiel qui peine à fixer des limites, des affects surinvestis qui gonflent les exigences… l'autorité et le pouvoir délaissés à l'enfant ne peuvent dans un tel contexte que gagner en puissance. Si, en sus, les parents mettent toute leur énergie à le mettre sur une voie royale destinée à le propulser dans un parcours aussi lisse que possible et à débarrasser sa route de toutes les embûches qui pourraient l'encombrer, l'enfant, à peine détenteur de son permis de conduire, éprouve le sentiment que l'on vient de lui donner les clés d'une Ferrari… Son sentiment de puissance, sur une telle ligne droite, sans la moindre aspérité, ne demande plus qu'à s'exprimer, plein gaz, à fond la caisse, sur une autoroute qui lui est entièrement dédiée et qui a été totalement aménagée en fonction de sa manière de conduire…

— **Focus sur le développement optimal de l'enfant**

L'enfance, dans une happycratie, décrit en quelque sorte la mise en route et les premiers pas d'un être humain naturellement en marche vers la réalisation de soi. Doté de ressources intérieures souvent cachées, généralement méconnues de lui-même, et donc à la fois inexploitées et sous-utilisées, l'enfant, grand d'une grandeur latente, est considéré comme le réceptacle d'un potentiel quasiment infini qu'il est amené à manifester au gré des expériences qui lui seront présentées et à découvrir au fil de son parcours d'apprentissage.

La psychologie développementale qui proposait, à travers l'identification de stades, d'indiquer les étapes d'un développement « normal » apparaît dans le paradigme contemporain complètement dépassée, rangée aux oubliettes de l'histoire de la psychologie... Place maintenant à la psychologie positive selon laquelle le développement de chacun, profondément singulier, ne demande qu'à rencontrer les conditions de sa réalisation pour se déployer pleinement.

Le développement n'est plus, dans un tel contexte, envisagé comme un ensemble d'aptitudes susceptibles de se réaliser en tenant compte d'étapes et de stades qui formeraient les marches d'un escalier identique pour tous que chacun serait amené à escalader plus ou moins vite et, comme la pédagogie différenciée le recommande, chacun à son rythme. Non, on parle maintenant de potentiel et celui-ci, différent chez chacun, ne demande qu'à être éveillé avant d'être exploité pourvu qu'on le place dans des conditions optimales pour qu'il trouve à se révéler.

La créativité qui se manifeste par explosion doit ainsi être encouragée sans frein, les intelligences qui, en prenant des formes multiples et singulières, se découvrent davantage qu'elles ne se mesurent, l'inventivité qui n'émerge qu'en dehors des sentiers battus doit être stimulée à tout va. Tout cela suppose que l'enfant n'inscrive plus son développement dans un programme, sans doute utile pour favoriser le développement de tous mais inadapté dès lors qu'il est question d'activer le potentiel singulier de chacun. Mort au programme pédagogique collectif donc. Vive le coaching éducatif individuel... Il n'est plus simplement question ici de pédagogie différenciée, mais d'une forme hypertrophiée de pédagogie ultradifférenciée qui prendrait la forme d'une éducation singularisée, d'un enseignement hyperindividualisé...

Dans un tel contexte, l'enseignant n'est plus théoriquement amené à s'adresser à une classe, mais il est littéralement sommé d'enseigner à une collection d'individus en adaptant non seulement le rythme qu'il prend pour le faire (cela, c'était déjà le cas dans l'enseignement différencié) mais aussi le fond de ce qu'il dit et la forme selon laquelle il s'exprime (cela, c'est typique de l'enseignement singularisé).

Il n'est pas étonnant que les parents soucieux d'inscrire leur progéniture dans cette forme d'enseignement susceptible de faire émerger son plein potentiel optent pour des écoles qui revendiquent leur autonomie par rapport aux programmes. En réalité, il s'agit moins pour eux de découvrir une école capable de s'émanciper de la notion d'éducation programmée que d'en dénicher une qui soit capable d'envisager cette programmation clé sur porte en l'adaptant à leur enfant dans une optique profondément individuelle.

Dans un tel registre, l'enjeu n'est plus pour un élève de réussir son cursus en réalisant un parcours plus ou moins formaté en avançant à son rythme ou à celui qui a été fixé pour lui par l'institution scolaire. C'est à l'école maintenant qu'il appartient de dessiner un parcours parfaitement adapté au potentiel singulier de l'élève. L'essentiel est de ne pas passer à côté de la martingale.

L'enfant n'évoque plus un puits sans fond à remplir (cela, c'est évidemment plutôt une bonne chose). Il suggère davantage l'image d'un puits de pétrole dont la richesse doit être exploitée jusqu'au bout, sous peine de donner l'impression d'une exaction lacunaire et d'un gaspillage inadmissible.

Un plein potentiel qui ne se révèle pas, une créativité qui ne s'éveille pas, un capital de capacités qui ne se réveille pas, c'est de la puissance qui sommeille. Des ressources cachées inexploitées, ce sont des ressources gâchées, gisant inutiles, dans les bas-fonds du cerveau d'un élève qui s'ennuie. Des compétences qui ne s'actualisent pas en performances, ce sont des aptitudes laissées en friche...

Tout ce capital cognitif de l'enfant, quand il ne se révèle chez l'élève, prend ainsi la forme d'un véritable trésor englouti. Le problème, pour les enseignants, c'est que les fonds marins peuvent parfois être très profonds et que les professionnels de l'éducation ne sont pas toujours équipés pour plonger en profondeur, qui plus est, en eau saumâtre dès lors qu'on se met à évoquer des apprentissages troubles ou, plus précisément, des troubles de l'apprentissage.

Tout cela rend le métier d'enseignant, de nos jours, particulièrement complexe. Chasseurs de trésors enfouis, arpenteurs des fonds marins, ils doivent agir comme de véritables révélateurs de potentiels et, à chaque échec de l'élève, sont condamnés à prendre sur eux pour n'avoir pas été en mesure de faire émerger avec suffisamment de puissance ce talent en jachère qui ne demandait qu'à être cultivé et d'avoir laissé mourir un plaisir d'apprendre qui ne demandait qu'à être nourri.

Sur le plan pédagogique, cette posture tient, dans un premier temps, parfaitement la route. Chaque enfant, dans un tel contexte, devrait en effet idéalement être assimilé à un bon élève virtuel… En soi, cela ne constitue d'ailleurs pas du tout un problème. Au contraire, cela revient même à considérer, en suivant Philippe Meirieu (2018), l'éducabilité de chaque élève comme un fait acquis. Là où les soucis commencent, c'est quand le parent se montre moins disposé à reconnaître chez les enfants qui ne sont pas les siens les ressources virtuelles qu'il attribue sans peine à sa progéniture.

Il n'évoquera pas alors le potentiel commun à chaque élève, mais préférera généralement parler de haut potentiel pour évoquer le sien en comparaison avec celui des autres qui serait, quant à lui, juste normal, banal, et se constituerait un peu comme un potentiel sans relief quand il n'évoque pas plus directement l'idée d'un potentiel plat qui, en quelque sorte, risquerait de tirer son enfant vers le bas… Affirmer « mon enfant est un haut potentiel » apparaît comme une tendance à consacrer sa singularité par le haut et cela contient toujours, vis-à-vis des autres, une forme de condescendance qui fait que si les échecs de l'un deviennent imputables à l'enseignant incapable de s'adapter ou écrasé par tant de hauteur, les échecs des autres passent volontiers pour être de leur ressort et inexorablement liés à leur faible aptitude congénitale ou acquise…

Je n'ai personnellement pas de souci à affirmer que « tous les enfants sont à haut potentiel », c'est même, dans le champ de la pédagogie que je défends, un véritable credo, mais cela revient à dire que « tous les enfants ont du potentiel » et cela, tous les parents des enfants dits « à haut potentiel » ne sont pas prêts à l'affirmer, parce que cela enlèverait de la puissance au leur, amené à rentrer dans le rang et à se fondre dans le groupe de ceux dont le « trésor englouti » est destiné à le demeurer indéfiniment.

L'affirmation du haut potentiel, ce n'est généralement qu'une façon de prôner dans le champ scolaire la sacralisation de la distinction comme valeur éducative en consacrant, sans oser l'affirmer pleinement, le souci de séparer le bon grain (qualifié dans ce cas de très bon grain) de l'ivraie.

Cet élitisme larvé peut produire un dégât considérable en ce compris auprès des enfants affublés de cette étiquette de haut potentiel qui se retrouvent soumis à la pression que fait peser sur eux le risque accru de décevoir les attentes démesurées dont ils sont l'objet.

DYLAN, LE GÉNIE ENSOMMEILLÉ QUI NE VOULAIT PAS ÊTRE RÉVEILLÉ...

« Je dois d'abord vous dire que Dylan est à haut potentiel », me dit d'emblée la maman comme pour fixer le cadre, imposer le non-négociable et définir les conditions de base. En écoutant le diagnostic maternel posé comme une évidence, je tourne mon regard vers la graine de génie venue en consultation pour « soigner » ce que ses parents considèrent comme un déficit d'estime de lui-même et je lui souris – je souris toujours aux enfants décrits comme à haut potentiel, pas pour me moquer d'eux bien entendu mais pour leur faire comprendre d'emblée que je pourrais ne pas être dupe, éventuellement me glisser dans leur camp et, s'ils le souhaitent, les aider à se débarrasser de ce manteau de prodige virtuel qu'on leur a précocement mis sur le dos, s'il le considère trop grand pour eux.

Le génie miniature, un adorable petit blondinet de six ans, me rend gentiment mon sourire. « Qui a diagnostiqué le haut potentiel ? » me risquai-je alors à demander à la maman... Je pose systématiquement cette question aux parents d'enfants surdoués juste pour le plaisir de voir leur regard s'outrer légèrement avant d'entendre l'éternel « C'est son enseignant(e) qui a soulevé l'hypothèse… » qui me répond quasiment chaque fois en écho.

Et voilà comment on fabrique artificiellement un surdoué de plus… Je rappelle que Dylan ne compte que six années à son compteur. Il est donc en maternelle et ne subit aucune évaluation. À mon avis, les enseignants de maternelle doivent de nos jours être équipés d'un puissant détecteur de génie. Je ne m'explique pas autrement le nombre de « candidats au potentiel surélevé » qu'ils révèlent aux parents.

Leur hypothèse est par ailleurs souvent – mais pas toujours parce que le parent, préférant se fier aux auspices de l'enseignant, ne cherche pas toujours à préciser davantage ce premier diagnostic qui leur convient parfaitement même s'il a été réalisé furtivement et à la grosse louche – confirmée en « diagnostic » par un test de QI mesurant non pas l'intelligence mais l'adaptation scolaire… Le serpent se mord alors immanquablement la queue et le « bon élève », bien préparé à activer les intelligences les mieux stimulées à l'école (l'intelligence verbale et mathématique), se voit aussitôt adoubé au rang de « haut potentiel » porteur virtuel d'un brillant avenir scolaire. Les parents sont contents et tout le monde, enseignant et psychologue compris, s'en trouve réjoui… L'enseignant, parce qu'en augurant du surdon, il perçoit qu'il se mettra plus facilement les parents en poche et passera plus probablement à leurs yeux pour un professionnel lucide et perspicace capable de percevoir le génie caché sous le salmigondis des maladresses et des tâtonnements bien légitimes de leur enfant. Le psychologue, parce qu'en confirmant la surdouance probable, il satisfait les parents et peut dès lors, sans scrupule, les inviter à payer comptant la consultation.

Enfin, tout le monde, c'est vite dit. Le petit Dylan, lui, n'y trouve pas son compte. Affublé du costume de génie potentiel, le voilà sommé de quitter la lampe dans laquelle il se trouvait si bien… Pour un génie, ce n'est pas une mince affaire d'être brutalement extrait de sa confortable lanterne, surtout lorsque l'Aladdin de service se nomme Papa ou Maman. Soudainement pris pour une lumière, il se condamne à exaucer leurs trois vœux les plus urgents : avoir un fils brillant, le voir réussir mieux que les autres et réaliser pour eux des performances qui confirment l'exception. La pression sur le petit génie est intense.

C'est pour cela sans doute que je le vois immédiatement soulagé lorsqu'il m'entend dire à ses parents : « Pour ma part, je ne vois pas devant moi un enfant à haut potentiel mais un petit gamin très mignon et sympa à l'intelligence on ne peut plus normale… » À ce moment précis, la maman me fusille du regard et, consternée, se met à regretter d'avoir suivi les conseils de son amie – les conseils des prétendues amies constituent apparemment la principale source de ma patientèle – qui lui avait suggéré de venir me consulter sous prétexte que je n'étais pas vraiment un psy… pas non plus complètement un pédagogue non plus, bref un être hybride, un psychopédagogue amené à poser sur son enfant un regard différent.

Pour le coup, le regard différent ne convenait pas du tout à la maman. « Qu'est-ce qui vous permet de dire cela ? Vous ne le connaissez même pas », m'interroge-t-elle alors brutalement. « Pourquoi, vous ne le trouvez pas mignon, pas sympa ? » répondis-je alors en regardant du coin de l'œil le futur petit génie démasqué qui observait, amusé, la manière dont je parlais de lui à ses parents.

« Si, si, bien sûr… Mais il a aussi un haut potentiel… » « Bien entendu, comme moi, comme vous, comme votre mari, comme à peu près chacun d'entre nous si nous sommes placés dans des conditions favorables de développement… » « Là, vous vous trompez Docteur (quand on veut me contredire, généralement, on se met à m'appeler docteur. Sans doute est-ce là une stratégie perverse pour me faire tomber de plus haut quand, déboulonné, je tomberai de mon piédestal). Pour Dylan et mon mari, c'est sans doute vrai, mais moi, je n'ai rien d'un haut potentiel. D'ailleurs, l'école, pour moi, c'était plutôt galère, j'étais une élève médiocre… pour tout vous dire, je ne suis pas intelligente. »

« Qu'est-ce qui vous permet de dire cela ? Vous donnez beaucoup de pouvoir à l'école, me semble-t-il, si vous décidez qu'elle seule est en mesure de déterminer qui est intelligent et qui ne l'est pas… » Là, pour le coup, la maman sourit… comme si elle avait compris qu'en décrétant le génie de son enfant, elle participait en réalité pleinement à sa propre disqualification. S'ensuivit un long entretien essentiellement articulé autour de la manière dont l'estime de soi de la maman peinait à se construire en raison de l'ensemble des avanies qu'elle avait subies et qu'elle subissait encore…

Dylan, l'ex-petit génie normalisé, constatait avec jubilation qu'il n'était plus le centre des débats et que c'est sa maman qui, mieux prise en charge, allait être mise en mesure, en respirant mieux, de le laisser souffler…

J'orientai donc la maman vers une collègue mieux outillée pour prendre en charge les adultes qui ne se définissent pas exclusivement comme des parents et comme il était, quand même, à l'origine de la consultation, je terminai l'entretien en posant à Dylan une double question. La première visait à vérifier s'il n'avait pas hérité de l'estime de soi en friche de sa maman. Je lui demandai simplement s'il serait copain avec un autre lui-même, une sorte de Dylan cloné, une copie conforme de ce qu'il est, qui lui ressemblerait, en tout, comme deux gouttes d'eau. Sa réponse sous forme de oui affirmatif et assertif m'indiqua que je n'avais pas à me faire de souci de ce point de vue. Dylan disposait d'une estime de lui-même suffisamment stable pour se considérer comme un ami souhaitable et parfaitement recommandable.

Comme seconde question, j'interrogeai Dylan pour connaître son dessin animé préféré. En répondant avec un large sourire « *Bob l'éponge* », Dylan finit de me rassurer. Apprécier *Bob l'éponge* quand on a six ans constitue selon moi un signe tangible d'excellente santé mentale. Je fis part de mon diagnostic à la maman ravie en lui suggérant de ne pas trop imposer à Dylan de fréquenter des psys. En outre, comme toute consultation digne de ce nom doit se clôturer par une prescription, je prescrivis la saison 7 de *Bob l'éponge* (à mon avis la meilleure) à raison d'un dessin animé par jour à prendre juste après le souper.

Dylan semblait, au vu de son large sourire, particulièrement satisfait des résultats de l'entretien. J'en étais, pour ma part, également content, savourant sans modération l'idée que le petit génie, rentré dans sa lampe, n'aurait plus à combler les désirs démesurés de ses parents…

En faisant passer le potentiel de l'enfant par-dessus tout ce qui pouvait en contrarier le développement, en se soumettant pleinement à ses affects et en débarrassant son éducation de tout ce qui pourrait passer à ses yeux comme une forme de contrainte, les adultes ont incontestablement contribué à donner une puissance démesurée au pouvoir donné à l'enfant et à l'autorité qui lui était accordée.

Sa majesté, devenue véritable Roi-Soleil, était maintenant confortablement installée dans son royaume. Couronné par ses parents qui acceptaient sans rechigner leur vassalité, adoré par des sujets qui se pliaient à ses quatre volontés, il avait tout pour régner sans limite. Le pouvoir, l'autorité et la puissance, les germes de la tyrannie, se concentraient maintenant dangereusement en lui. Restait à mettre en place au sein de la famille et à l'école ses deux bains de vie essentiels : un régime idéologique et une orientation politique à la mesure de la forme d'absolutisme à laquelle il aspirait et le tour serait joué. Sur le plan idéologique, la pédagogie et la psychologie positive allaient s'en charger. D'un point de vue politique, la démocratie en cédant définitivement le pas à l'émocratie devait permettre de jouir sans peine de l'étendue de son pouvoir.

LES BABYCRATIES COMME CREUSET DES ÉMOCRATIES

« QUI DONC POUR FAIRE CESSER CE MANÈGE ? »

« J'accueille ta colère, mais je te prie de te calmer et de m'en expliquer posément les raisons… » Le spectacle de cette maman à genoux parlant doucement à un petit monstre hurlant du haut de ses quatre ans, parce qu'elle avait eu l'outrecuidance de lui refuser un septième tour de manège, révèle à quel point l'enfer peut être pavé de bonnes intentions.

J'étais assis sur un banc, légèrement somnolant face à ce manège qui tournait inlassablement en exerçant sur mes pensées un effet hypnotique. N'ayant rien d'autre à faire, je me suis mis à imaginer ce qui devait se passer dans la tête de cette maman agenouillée face à son minisouverain ivre de colère.

J'ai alors entendu clairement ces multiples petites voix qui devaient raisonner sans fin dans le cerveau de cette maman en quête de perfection éducative.

« Tu dois être une bonne mère. Il a droit à ses émotions. Tu ne peux pas l'empêcher de les exprimer. Tu dois te mettre à sa place et comprendre que pour lui, arrêter de faire des tours de manège, c'est comme une déchirure. Demeure donc impeccablement positive et montre-lui à quel point tu peux être réceptive à une colère que tu ne condamnes pas. Pour cela, tu dois d'abord te mettre à sa hauteur, à genoux donc, et surtout, surtout, ne pas révéler par ta posture que tu représentes à ses yeux une autorité écrasante, opprimante, offensante. Ce serait absolument contre-éducatif. C'est comme cela qu'on éduque en demeurant à hauteur d'enfant. Cela signifie souvent renoncer à être debout et prendre une voix doucereuse, à la tonalité chantante, un peu artificielle sans doute, mais c'est comme cela que l'on indique que l'on est dépourvu d'agressivité... Or, il faut impérativement montrer que tu es calme, réceptive... Même s'il t'énerve un peu, voire beaucoup, il faut absolument faire taire ces petites voix dissonantes que ne mérite pas le moins du monde celui qui demeure, quelle que soit sa façon de se comporter, la chair de ta chair, le sang de ton sang, celui que son papa et toi avez tant désiré, tellement souhaité... Il est là, il faut le prendre tel qu'il est avec sa bouche qui se déforme à force de hurler, son visage défait par la colère, ses cris stridents, sa morve coulante et ses yeux effrayants à force d'être plissés de fureur... C'est ton enfant, même si, pour l'occasion, il faut bien le concéder, il ne se montre pas sous son meilleur jour. Peu importe, c'est le tien et tu dois l'adorer en toute circonstance... Il t'est interdit de ne pas le supporter tel qu'il est avec ses qualités et ses défauts, ses imperfections et ses outrances, ses défauts et ses outrecuidances... Jamais, jamais, il ne faut cesser de l'aimer. Toujours, toujours, tu dois être disponible pour lui, constamment à son écoute, totalement réceptive, intégralement accessible, absolument compréhensive...

Entendu, il t'irrite profondément quand il se met à pleurer comme un damné pour un de ces satanés tours de manège... Il a déjà fait le camion de pompier, Mickey, la moto, le canard déguisé en marin, le char d'assaut et l'avion de guerre... et maintenant, il veut, non, il exige plutôt, le carrosse tiré par les chevaux roses... C'est profondément agaçant mais tu ne dois pas le montrer, surtout ne pas ajouter ta colère à sa colère. Lui demander avec colère de cesser de se mettre en colère, c'est un geste éducatif éminemment paradoxal – cela, tu l'as lu souvent–, terriblement contradictoire – beaucoup de livres te l'ont expliqué –, et profondément antinomique – c'est écrit dans un grand nombre d'entre eux. Tu n'as quand même pas lu tous ces bouquins pour rien... Tu sais maintenant à quel point ce serait infiniment contre-productif que tu montres des signes de colère, des indices d'agacement, des traces d'irritation... Non, tu ne dois absolument pas t'énerver, rester zen, surtout rester zen, accueillir sans réserve sa colère, rester calme et entière, surtout ne pas te démontrer etc., etc. »

C'est fou la quantité de petites voix qui peuvent se mettent à jacasser dans le cerveau d'une maman gavée de littérature « psy » quand elle est confrontée à la réalité éducative que lui impose le petit bout d'humain bien réel qu'elle a face à elle. Toutes se démultiplient pour lui suggérer, de toutes les façons possibles et imaginables, d'être sans cesse à l'écoute de son enfant, de demeurer positive en toute circonstance et de conserver une zen attitude inaltérable. C'est sans doute vrai en théorie. Mais, c'est bien connu, tout le monde voudrait vivre dans ce pays qu'on appelle la théorie, tout y a l'air si simple et tout s'y résout toujours tellement facilement. Mais là, dans la réalité, c'est tout autre chose et c'est pour cela que toutes ces petites voix qui vivaient heureuses et insouciantes en théorie se mettent souvent à hausser le ton dans le cerveau d'un parent dès que celui-ci se heurte à un réel qui résiste et ne se conforme pas strictement à ce qui y était prédit et à ce qui y avait été prescrit.

N'ayant toujours rien à faire, après avoir fait le tour du cerveau de la maman aux genoux à terre, j'ai alors tenté de me projeter dans la tête du petit monstre vociférant. Là, j'ai découvert tout autre chose. Une sorte d'éruption volcanique, une espèce de désordre dans le chaos caractéristique des mondes en fusion. L'enfant ne pensait pas. Il ne réfléchissait plus. Il éructait. Il fulminait. Il vitupérait. Pas question ici d'une quelconque trace d'intelligence émotionnelle. Les appels au calme et à la communication de la maman venaient donc systématiquement s'échouer sur cette montagne de feu liquéfié, ils fondaient immédiatement dans la coulée de lave qui dégoulinait autour de ce minuscule, mais tenace, volcan en éruption.

L'impétueux petit être éruptif n'avait sans doute pas les idées claires. Tout son corps cependant, pris en otage par la violence d'une émotion qui s'exprimait sans retenue, se mettait à penser pour lui en interprétant la réalité qu'elle était en mesure de mettre en mouvement.

« Elle va craquer. Elle est déjà à genoux, elle finira par se coucher... continuons dans la même voie et sur le même ton. Je suis le maître absolu et j'ai décidé une fois pour toutes que ce manège devait encore durer... Elle finira par comprendre qui est le chef ici ! D'ailleurs, c'est chaque fois pareil, elle finit par craquer et même si elle ne craque pas complètement, elle se lance alors dans un délicieux chantage et elle me propose, en compensation de mon renoncement, une glace, une sucette ou un petit tour à la pêche aux canards... J'ai tout à y gagner... Je continue donc à hurler... Son calme est de toute façon sans limite... Pour quoi donc me priver ? Pourquoi ne pas même en rajouter une couche ? Je gagne de toute façon à tous les coups... Je ne me calmerai qu'une fois assis, triomphant, dans mon minicarrosse... Alors, et seulement alors, je gratifierais mon aimable sujet d'un sourire satisfait et je pourrais même, à chaque tour de manège, lui concéder un petit salut majestueux auquel elle répondra évidemment, en arborant la triste mine des soumis qui ont accepté volontairement leur servitude... Je veux bien à la rigueur me calmer un peu si j'obtiens en compensation le droit à une « pêche au canard » à laquelle les adultes s'arrangeront, quelle que soit la qualité de ma performance, pour me donner l'illusion que j'ai gagné et me laisser choisir un cadeau inutile qui n'aura sans doute aucune autre qualité que celle d'exprimer l'étendue de mon triomphe. » Dans le cerveau d'un enfant submergé par la colère, tout n'apparaît évidemment pas si clairement, mais je devine que globalement, c'est à peu près cela qui devait agiter les neurones du petit éruptif...

Quand on laisse les émotions piloter son cerveau, on doit en effet s'attendre à ce que le cortex, sollicité dans un second temps, ne trouve plus à interpréter qu'un matériel brut et se laisse essentiellement guider dans son analyse par la prise en compte des résultats que l'expression sans frein des affects a permis d'obtenir. Ce n'est sans doute pas comme cela que l'on cultive le mieux l'intelligence émotionnelle qui suppose au contraire que le cortex intervienne d'emblée dans l'analyse de l'émotion et canalise les manières les plus efficaces et les plus opportunes de les exprimer.

Pour le coup, en m'attardant à l'analyse de ce qui se passait probablement dans la tête du microcoléreux pendant sa crise, c'est mon cortex qui s'était mis à sa disposition pour traduire ce qu'il ne pensait que trop confusément pour être mis en mots.

En « accueillant » cette colère bras ouverts, la maman ne faisait en réalité que lui donner les pleins pouvoirs. Il y avait dans son geste quelque chose de pathétique et de désespéré, parce que la verbalisation de cette colère était à la fois impossible à réaliser par l'enfant et inutile dans la mesure où elle n'était que l'expression d'une exigence qu'il considérait comme impérieuse. La seule façon d'agir ou de réagir face à un tel déferlement, c'est précisément de ne pas « accueillir », mais de fixer clairement et fermement des limites qui ne pourront être négociées.

Je continuais pour ma part à somnoler sur mon banc… Ce qui se passait dans ma tête n'était pas nécessairement beaucoup plus clair que ce qui se produisait dans la tête de l'enfant… J'y revoyais la maman agenouillée face à son enfant-volcan et je me demandais : « Quand est-ce que ce cirque va cesser ? Comment aider cette maman à ne pas s'aplatir en prenant à ce point sur elle ? Si le monde à venir est un jour peuplé de tous ces monstres vociférant devenus adultes, devra-t-on apprendre à vivre à genoux ? Dans quelle société vivrons-nous si les émotions de chacun doivent être accueillies sans borne parce qu'enfants, ils auront été éduqués à ce qu'il en soit ainsi ? J'imaginais avec peur les colères d'un petit Trump en culotte courte… je me figurais, anxieux, les exigences impérieuses d'un Kim Jong-un miniature de cinq ans exigeant à coups de crises de colère qu'on multiplie autour de lui les feux d'artifice… Tout se mélangeait dans ma tête et le monde se mettait de plus en plus à ressembler à un manège dont l'un et l'autre ne voulaient pas descendre… C'est là que j'ai eu ma première vision de ce que pouvait être une « émocratie », sous la forme d'une dystopie qui décrit un monde au sein duquel les émotions devenues toute-puissantes prennent définitivement le pas sur les arguments rationnels…

Je revis alors le petit colérique de tout à l'heure. Il triomphait dans son carrosse aux chevaux roses. Sa maman, épuisée et vaincue, avait laissé un genou à terre en signe d'allégeance… elle répondait tristement à ses sourires et, à chacun des passages de sa majesté, levait automatiquement le bras. Tout à coup, le manège prit de la vitesse. Son altesse ne trouva pas cela à son goût. Son visage n'était plus celui du souverain satisfait mais du monarque effrayé... La maman se releva et émit alors un étrange sourire sarcastique... Le carrosse se mit à tourner de plus en plus vite... Les chevaux roses semblaient galoper allègrement... son excellence était maintenant terrorisée, il hurlait pour que cela s'arrête, mais le manège, sourd à ses cris, s'emballait littéralement... La maman riait maintenant à gorge déployée... et c'est au moment précis où le carrosse se démantibulait sous l'effet de sa vitesse excessive en envoyant valdinguer sa majesté que je me suis réveillé...

Le manège, fermé, avait depuis longtemps était déserté. La maman spécialisée dans l'accueil inconditionnel des émotions de son enfant était partie rejouer ailleurs son rôle de parent « positif » et sa majesté était sans doute repartie vers d'autres colères... Je n'osais pas imaginer à quoi risquait de ressembler la scène du coucher si, par malheur, son altesse devait décréter que la fatigue n'avait sur lui aucune prise... Pour ma part, j'avais assez dormi et je repartis donc travailler un peu plus sérieusement à l'examen de cette babycratie qui, si l'on n'y prenait garde, poserait les premiers jalons d'une émocratie tyrannique dont nos sociétés démocratiques auraient bien du mal à se relever.

L'ÉMOCRATIE POUR LE PIRE, LA DÉMOCRATIE ÉMOTIONNELLE PARTICIPATIVE POUR LE MEILLEUR

Dans la société des affects (Frédéric Lordon, 2013) au sein de laquelle nous vivons, il est indispensable de se montrer particulièrement attentif à tout ce qui distingue une émocratie d'une démocratie émotionnelle participative. La première, rongeant les socles de nos sociétés, consacre la tyrannie de l'émotivité pour tout le monde, tandis que la seconde, véritable second souffle de nos démocraties, se constitue sur la base d'une stimulation efficace de l'intelligence émotionnelle chez chacun. Or, cette distinction, essentielle de nos jours, repose avant tout sur la forme du modèle éducatif susceptible de se développer dans les familles et à l'école, les deux bains de socialisation essentiels des enfants.

L'émocratie, c'est l'affirmation de la toute-puissance des émotions. L'affect y gouverne les conduites souhaitées, prescrit les comportements attendus et fixe les attitudes sollicitées. Dans une émocratie, la colère impose, la tristesse oblige, le dégoût condamne, la peur commande et la joie éblouit. Il suffit d'y ressentir une émotion et de l'exprimer avec force pour qu'elle provoque la réponse espérée par celui qui l'éprouve. L'émotivité apparaît dans ce contexte comme une force qui favorise l'*impulsivité*, la *fougue*, l'*authenticité* et l'*impétuosité*. Quatre valeurs socles d'une émocratie assumée.

Au sein de la famille, le style émocratique se met en place dès qu'un ou plusieurs de ses membres se trouvent investis d'une puissance telle que ses affects, dès qu'ils se manifestent, imposent les lignes de conduite de chacun en fonction de la seule volonté de celui qui les éprouve. C'est évidemment ce qui se produit quand la famille a mis en place autour de l'enfant les conditions d'émergence d'une happycratie.

Dans une démocratie émotionnelle participative par contre, l'émotion est fondamentalement protégée mais n'est pas investie d'une puissance démesurée. Celui qui l'éprouve ne risque pas d'être contesté dans le droit exclusif et inaliénable qui lui est reconnu de ressentir ce qu'il éprouve sans que l'affect puisse être ni contredit ni même nuancé par un autre que lui-même. Libre de les exprimer pour autant qu'il le fasse d'une façon socialement acceptable, celui qui ressent un affect, qu'il soit adulte ou enfant, est ainsi mis en position de générer un mouvement à partir du contenu émotif qu'il transmet, mais il ne peut présager de la forme et de l'orientation de ce mouvement. Pour le dire autrement, chacun dispose du pouvoir de faire part de son émotion et de l'autorité suffisante pour la faire admettre pour ce qu'elle est, mais la puissance attribuée au contenu émotif n'offre aucune garantie de provoquer de façon impérieuse la réaction souhaitée.

Dans une famille qui privilégie une organisation de type « démocratie émotionnelle », l'enfant apprend très tôt que les autres que lui éprouvent eux aussi des émotions et qu'il ne dispose sur ce plan-là, par rapport à eux, d'aucune prérogative. Ses émotions ne valent ni plus ni moins que les leurs. C'est pour cela qu'il est important que les parents communiquent également à propos de leurs émotions et notamment de celles qu'ils éprouvent en écho par rapport à celles qui s'expriment chez l'enfant.

Première leçon donc à prendre pour le candidat monarque qui espérait régner dans une happycratie : dans une famille réellement démocratique, *les émotions de chacun se valent et celles de l'enfant n'y jouissent pas* a priori *d'un statut supérieur.*

Deuxième leçon essentielle que prendra l'enfant au sein d'une famille qui privilégie la démocratie émotionnelle familiale : *la joie n'est pas l'unique émotion encouragée.* Toutes les émotions ont leur raison d'être chez chacun des membres de la famille. L'éternel content, le joyeux perpétuel passerait rapidement dans ce type de famille pour un mutilé de l'émotion, un infirme affectif...

Toutes les émotions sont en effet bonnes à vivre et se révèlent à la fois édifiantes sur le plan de la construction de soi et nécessaires au niveau des apprentissages comportementaux de base. Être en colère permet de se donner les moyens de réagir, être triste favorise la prise de décision, tandis que la peur permet d'éviter le danger et que c'est grâce au dégoût que nous ne finissons pas empoisonnés en avalant n'importe quoi.

C'est pour cela qu'il n'est pas question dans une démocratie émotionnelle de sacraliser la joie au détriment de l'exploration régulière de l'ensemble de la palette des émotions. Chaque état émotionnel a sa raison d'être et il est important de se donner les moyens de le traverser en connaissance de cause de façon à apprendre à se connaître véritablement en prenant conscience de qui l'on est véritablement face à cette émotion.

C'est pour cela que les enfants – et plus encore les adolescents trop préservés – aiment par exemple jouer à se faire peur en s'immergeant dans un monde de zombies à travers un jeu vidéo ou en consommant des thrillers avec avidité. Pour ma part, il m'arrive souvent de prescrire ce type de jeu, à la demande implicite de l'enfant, quand le contexte éducatif familial me semble trop frileux pour lui autoriser l'expérience de la peur ludique, de l'inquiétude divertissante ou de la crainte joueuse...

J'ai à cet endroit le souvenir précis d'une prescription mal comprise par un papa trop prévenant vis-à-vis de son fils de quinze ans. Soucieux de démontrer sa parfaite compliance, il s'était précipité dans le magasin vidéo de garde pour se procurer, comme le suggérait mon ordonnance, des jeux vidéo à son fils qui en avait trop longtemps été sevré et souffrait d'une *insuffisance vidéoludique chronique* qui nuisait gravement à son intégration scolaire.

Le brave papa, grand amateur de littérature psy aseptisée, craignant de confronter son fils à un excès de violence et à une trop forte dose de sensations émotionnelles, s'était jeté sur le gentillet *Les Schtroumpfs sauvent la nature* et un soporifique jeu de golf. Devant le regard implorant de l'enfant incompris, au cours du second entretien, je rectifiai aussitôt la prescription en précisant *Fortnite* à raison d'une séance d'une demi-heure par jour, une heure avant le coucher, et *The Walking Dead* chaque jour en rentrant de l'école pendant vingt-cinq minutes, avant de se mettre aux devoirs. Devant le sourire rassuré de l'enfant tandis que je rédigeais la prescription, je me jurai de me montrer à l'avenir plus précis dans mes ordonnances.

Pour prendre cette leçon en images animées, je recommande pour ma part souvent aux familles de visionner *Vice-versa*[5]. Ce dessin animé constitue une excellente leçon de psychologie cognitive. Il montre parfaitement ce qui se produit dans un cerveau humain quand celui-ci fait preuve d'intelligence émotionnelle. La joie, seule, isolée, exclusive, ne peut rien ou pas grand-chose. Pour venir à bout des difficultés qui jalonnent inévitablement le cours d'une vie, elle doit nécessairement collaborer avec ses consœurs émotions que sont la colère, la tristesse, la peur et le dégoût. La joie ne sert qu'à sanctionner le passage de l'homme d'une moindre à une plus grande perfection – cela, c'est Spinoza qui le dit. Ne cherchez pas la citation dans *Vice-versa*, on ne la retrouve pas textuellement citée. Elle n'est dès lors pas très utile dans l'adversité. Là, ce sont essentiellement la tristesse en empêchant de se satisfaire de ce qui est, la colère en poussant à réagir, la peur en invitant à s'opposer ou à fuir ou le dégoût en incitant à s'abstenir qui joueront, ensemble ou séparément, les premiers rôles. C'est pour cela qu'une pédagogie de la joie comme celle que préconise la pédagogie positive est fondamentalement insuffisante, inévitablement absurde et ontologiquement stupide.

Enfin, la troisième leçon, sans doute la plus importante, c'est celle que l'enfant reçoit chaque fois qu'il prend conscience que son émotion ne présente pas le caractère impérieux qu'il souhaitait éventuellement lui donner. Là, c'est le coup de grâce à l'émocratie en même temps que le renversement de la babycratie.

---

[5] *Vice-versa* ou *Sens dessus dessous* au Québec (*Inside Out*) est le 133ᵉ long métrage d'animation des studios Disney et le 15ᵉ long métrage de Pixar. Réalisé en images de synthèse par Pete Docter. Il est sorti en 2015 et remporte en 2016 l'Oscar du meilleur film d'animation.

En constatant que la manifestation d'une émotion provoque généralement une réponse mais que celle-ci peut très bien ne pas être celle qui est attendue par lui, il comprendra ce qui fait la différence entre une émotion toute-puissante qui s'exprime dans une émocratie et celle, équivalente dans son importance chez chacun, qui se révèle dans une démocratie émotionnelle.

Conjuguer l'émotion à l'impératif, manier l'affect impositif, avoir l'état d'âme autoritaire, c'est une manière de se comporter tout à fait commune dans les émocraties et, lorsque cette prérogative est réservée à l'enfant, parfaitement courante dans les babycraties. C'est même ce type d'attitude qui consacre le fondement du pouvoir tyrannique qu'il autorise.

Admettre qu'il ne dispose en effet d'aucune maîtrise sur l'effet produit par l'émotion qu'il ressent sur un autre que lui-même, c'est cette attitude apprise qui permet véritablement de protéger l'expression de l'émotion. C'est alors une façon de lui accorder toute l'importance qu'elle mérite sans pour autant la considérer comme une exigence impérative qui donnerait à la volonté, de l'enfant ou de l'adulte, une forme de toute-puissance.

Une démocratie émotionnelle consacre ainsi l'égalité des émotions de tous et l'équivalence des affects de chacun. Dans une famille animée par le souci de se constituer en laboratoire d'exercice d'une démocratie émotionnelle, les émotions de chaque parent ont une valeur strictement équivalente à celles de l'enfant. Elles ne sont ni plus ni moins importantes et n'imposent pas au parent de s'effacer ou de renoncer à exprimer ce qu'il ressent.

OUTIL 1 :

☞ **VADE-MECUM DES RÉUNIONS FAMILIALES DANS UNE DEP (DÉMOCRATIE ÉMOTIONNELLE PARTICIPATIVE)**

QUESTIONNAIRE AUTORÉFLEXIF DES ÉMOTIONS RESSENTIES AU SEIN DE LA FAMILLE

L'intérêt de ce type de questionnaire autoréflexif est d'aider l'enfant à mettre des mots sur les émotions qu'il s'attribue (après avoir décrit l'évènement auquel il est confronté ou le souci qui se présente à lui dont il souhaite parler, l'enfant est invité à indiquer, en situant sur une échelle non graduée d'intensité, l'intensité avec laquelle une ou des émotions (joie, tristesse, colère, peur, dégoût) sont associées par lui à ce qu'il vient d'évoquer. Dans un deuxième temps, l'enfant identifie, de la même manière en évaluant leur intensité, les éventuelles émotions qu'il attribue aux autres parce qu'il suppose que c'est avec cette force-là qu'ils réagissent face à l'évènement ou au problème posé. Puis, dans un troisième temps, l'enfant demande à chacun d'exprimer, sans avoir pris connaissance des réponses fournies au cours des deux premières phases du questionnement, ce qu'il ressent effectivement face à ce qu'il vient d'entendre. La comparaison entre les trois affects (l'affect ressenti par l'enfant, celui qu'il suppose chez les autres membres de la famille et celui effectivement ressenti par eux) permet ensuite, en clarifiant les écarts, de faire en sorte que chacun soit en mesure de se réattribuer son propre état émotif sans le voir parasiter ou être parasité par celui des autres.

QUELQUE CHOSE (UN PROBLÈME, UN ÉVÈNEMENT, UN SOUCI) DONT JE VOUDRAIS PARLER :

Description de la situation cible :

....

....

....

Les émotions que <u>je ressens</u> par rapport à cela :

Joie	+	....	-
Colère	+	....	-
Peur	+	....	-
Tristesse	+	....	-
Dégoût	+	....	-

LES ÉMOTIONS QUE J'ATTRIBUE AUX AUTRES MEMBRES DE MA FAMILLE PAR RAPPORT À CELA

Les émotions que <u>j'attribue à Papa</u> :

Joie	+	....	-
Colère	+	....	-
Peur	+	....	-
Tristesse	+	....	-
Dégoût	+	....	-

Les émotions que <u>j'attribue à Maman</u> :

Joie	+	....	-
Colère	+	....	-
Peur	+	....	-
Tristesse	+	....	-
Dégoût	+	....	-

Les émotions que j'attribue à mes frères et à mes sœurs :

Joie	+	....	-
Colère	+	....	-
Peur	+	....	-
Tristesse	+	....	-
Dégoût	+	....	-

Les émotions effectivement ressenties par Papa :

Joie	+	....	-
Colère	+	....	-
Peur	+	....	-
Tristesse	+	....	-
Dégoût	+	....	-

Les émotions effectivement ressenties par Maman :

Joie	+	....	-
Colère	+	....	-
Peur	+	....	-
Tristesse	+	....	-
Dégoût	+	....	-

Les émotions effectivement ressenties par mes frères et sœurs :

Joie	+	....	-
Colère	+	....	-
Peur	+	....	-
Tristesse	+	....	-
Dégoût	+	....	-

LES INCONVÉNIENTS DE LA ZÉNITUDE

Contrairement à ce que l'on pourrait penser, être un « parent zen » peut, dans le contexte d'une démocratie émotionnelle participative, s'avérer hautement contre-productif. Ainsi, outre le fait que cette attitude de calme olympien n'est pas toujours tenable et qu'il y a souvent dans l'injonction faite à quelqu'un qui s'énerve de conserver quelque chose de très paradoxal (dans la mesure où il est par nature difficilement possible de conserver ce que l'on a déjà perdu), ce tour de passe-passe visant à faire disparaître l'émotion, le plus souvent en la comprimant, en la déniant ou en la refoulant, ne permet en effet pas à l'enfant d'obtenir les informations suffisantes à propos des états affectifs qu'il provoque.

LA PEINTURE MURALE PARENTALE AU DÉFI DE L'ART PARIÉTAL ENFANTIN

Imaginons par exemple un papa qui vient de repeindre le salon. Cela lui a pris trois jours pour tenter l'harmonie d'un merveilleux vert pomme avec un savoureux bleu outremer, mais cela valait la peine : le résultat est tout à fait à la hauteur de ses attentes… Le salon est magnifique.

Satisfait de son travail, il monte se doucher, tandis que son adorable petite fille de cinq ans décide de terminer le taff et de se la jouer Banksys en peignant sur le mur vert pomme une fresque entièrement réalisée au feutre indélébile représentant vaguement le contour de ses mains. Que doit faire le papa en descendant et en constatant que le mur qu'il vient de repeindre s'est maintenant, sous l'effet de la pulsion artistique soudaine de sa tendre enfant, transformé en fac-similé complètement raté de la grotte de Lascaux ?

Doit-il demeurer « zen » et encourager la vocation artistique de sa progéniture en lui proposant de s'attaquer maintenant au mur bleu outremer ? Faut-il qu'il refoule l'émotion qu'il ressent pour conserver la zen attitude en essayant de se persuader qu'après tout l'art brut de son enfant et l'art rupestre de ses ancêtres constituent des formes artistiques très voisines qui méritent d'être respectées pour ce qu'elles sont : l'expression d'une merveilleuse humanitude ? Ou n'est-il pas préférable qu'il s'énerve un bon coup, quitte à hurler comme un damné pour faire sortir sa colère tout à fait légitime et faire comprendre une fois pour toutes à l'embryon de Picasso aux feutres indélébiles qu'il n'est pas question de tout prendre pour une toile et que ces « œuvres » méritent tout au plus d'être exposées sur le frigo sur un support papier nécessairement éphémère, obligatoirement amovible et suffisamment détachable pour que l'on puisse d'en débarrasser dès que l'on jugera qu'elles ont fait leur temps.

Personnellement, je penche pour la troisième option, non seulement parce qu'elle est plus authentique sur le plan émotionnel, mais aussi parce qu'elle est plus efficace sur le plan éducatif. En effet, il est important que l'enfant conçoive que ses propres comportements, ses attitudes et ses conduites génèrent également leur lot d'émotions. La congruence entre l'état émotionnel ressenti et la façon dont elle est exprimée est à cet endroit, elle aussi, éminemment porteuse d'information...

Imaginons qu'un papa, inspiré par la centaine de livres de pédagogie positive qu'il se serait senti obligé de lire afin d'éduquer parfaitement son enfant et de réaliser un sans-faute pédagogique, conserve la zen attitude et, sans se démonter, émet un message du style : « Je conçois que tu aies eu envie d'aider Papa mais, vois-tu, j'aurais préféré que tu me demandes mon avis avant de prendre l'initiative de participer à la décoration du salon. Papa est très triste de constater que le mur ne te plaisait pas tel qu'il l'avait repeint et il est aussi un peu fâché que tu n'aies pas jugé opportun de discuter avec lui de ta façon de voir les choses et que tu l'aies en quelque sorte mis devant le fait accompli en utilisant des feutres indélébiles... » La leçon paraîtrait probablement beaucoup moins porteuse et le contenu émotif, neutralisé, apparaîtrait inévitablement moins accessible à l'enfant.

Dans une babycratie, le statut accordé aux émotions revêt, comme nous venons de le voir, une importance fondamentale en pédagogie familiale ou scolaire. C'est essentiellement celui-ci qui déterminera la distinction entre une émocratie qui, en conférant à l'affect infantile une autorité dotée de pouvoir et investie de puissance, consacre l'avènement de l'enfant et pose donc les socles de la babycratie, et une démocratie émotionnelle participative qui met au même niveau les émotions de chacun.

La dynamique des émotions renforce par ailleurs encore davantage cette influence. En effet, dans la famille, comme dans tous les groupes humains, les émotions ne sont pas isolées les unes des autres. Elles se répandent au contraire par contagion en faisant en sorte, le cas échéant, que certaines soient utilisées comme portemanteaux par d'autres. Elles se propagent parfois également en cascade en formant des nœuds affectifs ou se communiquent, à l'occasion, en réseau en laissant à certaines l'opportunité de servir de caisse de résonance à d'autres.

Les émotions des uns provoquant celles des autres, leur éventuelle hiérarchisation en constitue dès lors tout naturellement une composante essentielle. Quand l'état affectif d'un membre du groupe est considéré comme prépondérant vis-à-vis de celui des autres, il devient susceptible, d'une part, de générer lui-même des émotions disproportionnées qui, en gonflant l'importance de ce qui est ressenti à la base, tend parfois à transformer une émotion de basse intensité en un état d'âme insupportable. C'est ce que l'on constate par exemple lorsque l'émotion parentale fait office de caisse de résonance pour l'émotion de l'enfant. D'autre part, l'émotion considérée comme prépondérante peut également, dans une cascade d'émotions, contraindre ceux qu'elle provoque au refoulement, au déni ou à la compression.

Dans le premier cas, l'enfant trinque parce que le coût énergétique de son émotion devient rapidement excessif et que le petit roi émotif apparaît alors rapidement submergé par l'intensité qui a été donnée à sa propre émotion, alors même que celle-ci n'a en somme été amplifiée que par celle que ses parents ont ressentie en réaction.

Dans le deuxième cas, l'enfant à l'émotion souveraine risque également de payer cher son affect dans la mesure où ses parents, en étouffant dans l'œuf l'émotion qu'ils ressentent en cascade, ne lui permettent pas d'apprendre ce que son émotion tyrannique peut provoquer en retour chez ceux qui n'acceptent pas son règne ou le vivent difficilement.

Dans le troisième cas enfin, l'enfant qui quitte les sentiers de la joie éternelle qui avaient été balisés pour lui s'y voit en quelque sorte « ravir » son émotion au profit de celle d'un adulte qui entend l'utiliser pour exprimer la sienne.

Ce sont ces trois phénomènes que nous allons explorer brièvement dans le point suivant. Ce sont eux qui expliquent pourquoi, dans une babycratie, l'enfant est sans doute la première et la principale victime du régime de l'émocratie qui l'a consacré. Il y apparaît plus souvent qu'à son tour comme un *roi nu* parce que ses émotions, mobilisant l'attention de tous, le rendent transparent, un *roi déçu* parce que ses émotions tendent au-delà du cercle familial à perdre leur plein pouvoir ou un *roi déchu* parce qu'elles sont dépourvues, hors de la famille et notamment à l'école, de la puissance qui leur avait été donnée.

— **L'effet portemanteau : comment les parents utilisent tout ce qui n'est pas de la joie pour faire porter à leurs enfants leurs propres émotions**

C'est pratique un portemanteau quand cela se limite à être cet objet sur lequel il est possible de déposer ses vêtements. Le problème du portemanteau, c'est quand il se fait lui-même plus encombrant que les vêtements dont il avait permis de se débarrasser. Transporter un portemanteau apparaît incontestablement à cet endroit comme un geste fondamentalement absurde, un oxymore totalement dément, un comportement complètement insensé. Un portemanteau est destiné à ne pas bouger, à demeurer figé en même temps que les vêtements qu'il est amené à porter. Celui qui, pour transporter ses vêtements, les déplace d'un endroit à l'autre, utiliserait un portemanteau ne pourrait être qu'un fou qui a perdu le contact avec la réalité ou un insensé dépourvu du plus élémentaire sens pratique.

C'est pourtant comme cela que les parents traitent leurs enfants lorsqu'ils les prennent comme des portemanteaux de leurs propres émotions et leur demandent ensuite de les porter. À travers ce mécanisme affectif, le parent, sans s'en rendre compte, utilise les états émotifs traversés par l'enfant pour évoquer des affects enfouis ou inexprimés qui contaminent sa vie d'adulte à lui et donnent à son interprétation de ce que vit l'enfant sa couleur affective. Ce faisant, soit il substitue à l'émotion de l'enfant celle qu'il vivrait lui-même dans une situation similaire, soit il influence la nature de ce qui est vécu par l'enfant pour donner l'impression à celui-ci d'éprouver l'émotion que l'adulte lui a induite.

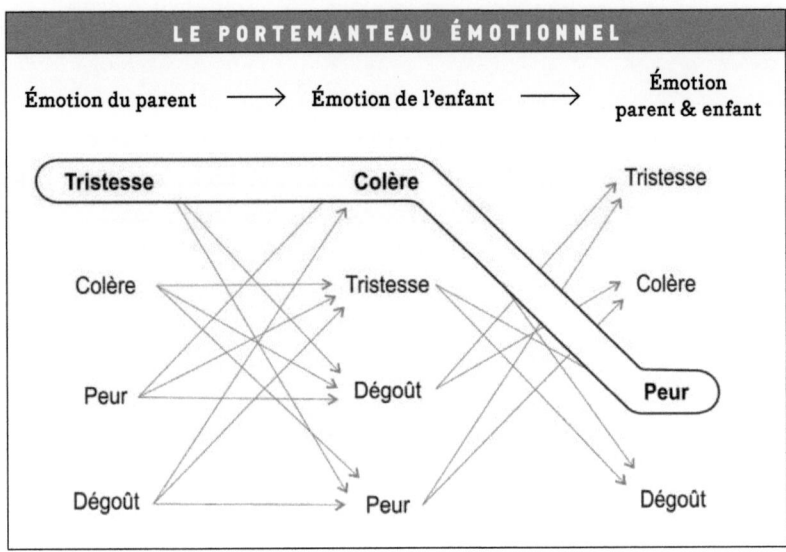

Dans ce contexte, les enfants ne se contentent généralement pas de jouer les portemanteaux en autorisant le dépôt chaque fois qu'ils reçoivent le message affectif parental et le contiennent. Ils le laissent circuler en eux et, l'émotion étant essentiellement mouvante, se laissent bouleverser au gré des secousses que ces émotions importées provoquent. Ce faisant, ils ne font pas que recevoir l'émotion, ils la transportent, l'amplifient, la transforment ou la métamorphosent chaque fois qu'ils mêlent ou plus exactement emmêlent leur propre émotion à l'état émotif qu'ils ont « reçu » ou accueilli.

L'enfant, quand il se transforme à travers tout ce qu'il ressent en « portemanteau émotionnel » de son parent, finit par éprouver le sentiment de ne plus exister qu'à travers les états d'âme qu'il transporte et les sentiments qu'il est chargé de véhiculer après les avoir soi-disant fait naître. Un grand nombre de parents consultent alors pour l'enfant. Si celui-ci fait des crises de colère, ils le décrivent comme hyperkinétique. S'il leur semble un peu inquiet, parfois craintif, ils évoquent ses angoisses. S'il est de temps à autre un peu triste ou qu'il ne leur paraît pas avoir suffisamment la pêche, ils le trouvent déprimés, quand ils ne parlent pas carrément d'état dépressif, et il suffit parfois pour un enfant d'avoir un appétit trop sélectif ou insuffisant aux yeux des parents pour que toute manifestation de dégoût vis-à-vis de la nourriture soit aussitôt interprétée comme un indice d'anorexie...

En réalité, l'enfant lui-même va généralement beaucoup mieux que ses parents ne le pensent. Ce ne sont pas les émotions qu'il traverse qui posent problème mais la manière dont, revisitées par l'adulte, elles se sont transformées en affects de nature différente. L'enfant a alors souvent juste besoin qu'un professionnel prenne le relais de D. H. Lawrence (1885-1930) qui, au tout début du XXe siècle, lorsqu'on lui demandait comment éduquer un enfant, suggérait généralement trois règles. Première règle : fichez-lui la paix. Deuxième règle : fichez-lui la paix. Et troisième règle : fichez-lui la paix.

Pour ma part, en proposant aux parents de « laisser respirer leur enfant », j'ai souvent l'impression de faire du Lawrence policé en ne faisant jamais que mettre un léger vernis de politesse sur les conseils du célèbre écrivain.

En agissant comme cela, on donne explicitement à l'enfant l'autorisation de revenir à son véritable état affectif à lui en s'émancipant des émotions parentales que ses parents mettent en mouvement chaque fois qu'il peine à leur renvoyer l'image d'un enfant heureux parce qu'il fait une colère, pleure ou s'effraye. Le salmigondis affectif auquel s'apparente le conglomérat émotionnel formé des émotions infantiles métamorphosées par celles de l'adulte ne pourra être démêlé que si chacun est mis en position de revenir à son propre état émotif sans tenir compte de la manière dont il est revisité par les autres.

La colère, la peur, le dégoût et la tristesse de l'enfant quand ils se mettent à exister pour ce qu'ils sont, indépendamment de ce que l'adulte peut en faire quand il les prend en otage pour exprimer ses propres ressorts affectifs, sont souvent des états affectifs simples. Pour cette raison, ils doivent nécessairement, au même titre que la joie, pouvoir traverser une vie d'enfant sans produire un séisme à chaque passage.

En revenant à l'émotion, en la nettoyant de ce que les adultes, à travers leurs interprétations ou leurs inductions, y ont ajouté, on obtient souvent des résultats spectaculaires. Pour cela, il faut prendre le parti d'accepter que les états émotifs ne soient pas en soi considérés comme le problème. Ils ne le deviennent que si le parent, trop soucieux de considérer que seule la joie est autorisée, les considère comme problématiques en leur faisant transporter les craintes, les chagrins et les irritations davantage ressentis par les adultes eux-mêmes qui sont amenés à les interpréter.

Laisser à un enfant revenir à une colère qui est vraiment la sienne, le renvoyer à sa tristesse sans y ajouter le poids de celle de qui que ce soit d'autre, le ramener à ses peurs, à ses peurs à lui et rien qu'à lui, tout cela n'est pas toujours une mince affaire.

Dans le même ordre d'idées, reconnaître à l'enfant, très jeune, le droit qu'il a d'exprimer un dégoût qui lui soit tout à fait personnel n'est pas si simple quand il a face à lui un parent affublé d'une forme d'orthorexie alimentaire par délégation, qui vit chaque écart de conduite à la fois comme une profonde blessure narcissique, un manquement grave à son souci de perfection éducative et un écart inadmissible dont la santé de l'enfant pourrait ne pas se remettre.

SIMON ET LE PANAIS DIABOLIQUE

C'est précisément ce qui produisait dans la famille de Simon, un adonaissant[6] d'une douzaine d'années dont la maman, véritable gardienne du temple, vivait comme un drame tout ce qui lui semblait creuser un écart, même minime, entre le régime ultrastrict qu'elle imposait à tous comme une nécessité vitale et le plaisir de manger que chacun cherchait là où il pouvait le trouver. Il n'est évidemment pas question de malbouffe dans la famille. Les hamburgers y sont définitivement ravalés au rang de poison absolu. Les pizzas sont envisagées comme une variété d'arsenic et les chips considérées à peu près comme de la mort aux rats.

---

6 Le terme adonaissant a été introduit par De Singly (2006) pour désigner la période durant laquelle l'enfant est projeté dans une double identité qui fait toujours de lui un enfant mineur placé sous la responsabilité morale et éducative de son parent tout en l'amenant à être considéré comme un individu autonome capable de penser librement et d'avoir des activités non décidées par ses parents.

Les parents de Simon en étaient venus à consulter en raison d'un climat familial lourd et pesant dont ils imputaient la responsabilité à Simon, présenté par eux comme un enfant ultrasensible, évidemment surdoué, sans doute tout au fond de lui très gentil, mais susceptible aussi de se montrer à l'occasion véritablement « diabolique ». Lorsque j'attire leur attention sur le fait que ce terme est peut-être un peu fort et sans doute exagéré, les deux parents, à l'unisson, confirment le mot « diabolique » et ajoutent un « Vous ne vous rendez pas compte » qui, associé à leur regard épouvanté, finit de me convaincre que Simon, qui jusque-là m'avait semblé très sympathique avec son air de petit ange, devait avoir quelque chose d'un Belzébuth familial, d'un Lucifer domestique.

Je rappelle donc en souriant que j'exerce une fonction de psychopédagogue et que je ne suis donc aucunement qualifié pour pratiquer un exorcisme, avant de demander aux parents de me faire part d'une situation précise dans laquelle Simon aurait pu troquer la posture d'ange dans laquelle il se tenait depuis le début de l'entretien pour celle de diable malfaisant à laquelle les parents se trouvaient à l'occasion confrontés.

La maman évoque alors les repas et la tragédie qui s'y joue à peu près quotidiennement en raison principale des incessantes disputes que Simon provoque avec son frère cadet de deux ans. « C'est insoutenable », me dit le papa dont le léger embonpoint m'incite à le soupçonner de consommer de temps en temps des hamburgers en contrebande ou de passer commande de pizzas au marché noir.

« Ils se bagarrent sans cesse. Notamment à table. Simon n'arrête pas de "chercher des poux" à son frère et puis, à tous les coups, cela part en vrille. Je leur demande de s'arrêter, mais Simon ricane et en remet une couche. Ma femme s'énerve. Elle me prend alors souvent à partie, me reproche de ne pas maîtriser la situation, de manquer d'autorité. Alors, cela tourne en conflit entre elle et moi. Tout le monde s'énerve et, généralement, le repas cesse brutalement, soit parce que ma femme quitte la table en pleurant, soit parce que, de guerre lasse, c'est moi qui abandonne la partie. Il faut voir alors Simon ricaner. Rien ne vient troubler son sourire sardonique, ni sa maman en pleurs, ni moi en colère. Là, je vous assure, il peut se montrer vraiment diabolique comme s'il était content de faire du mal… »

La maman intervient alors pour me dire combien c'est un drame pour elle de mettre tant d'énergie à cuisiner pour un résultat aussi catastrophique. Non seulement personne ne fait honneur à sa cuisine mais bien plus, le repas devient, systématiquement, une véritable épreuve que tout le monde redoute. »

J'observe Simon qui me regarde en souriant gentiment. Pour un peu, je prendrais le petit diable pour un saint. C'est à peine si je ne vois pas une auréole lui illuminer doucement le visage. Décidément, j'ai beaucoup de mal à imaginer cet enfant jouant même transitoirement le rôle d'un Satan en modèle réduit.

Je me rappelle alors que le contraire de « diabolique », ce n'est pas « angélique », mais « symbolique », du grec « *sun bolon* » comme un signe qui réunit. Le diabolique, c'est celui qui sépare, qui ne permet pas de se réunir. Là, voyant avec quel art consommé Simon parvient à pulvériser l'union familiale autour de la table, je veux bien entendre que mon ange peut se mettre à faire le diable. Si l'enjeu est de faire exploser l'équilibre familial pendant le repas, de rompre l'unité parentale en pleines agapes, le problème c'est soit l'harmonie qui pose problème à Simon, soit le festin qui n'est pas à son goût…

Je lui pose alors la question, simplement, comme on doit selon moi le faire avec un enfant et encore plus s'il s'approche de l'adolescence. « C'est bon ce que cuisine ta maman ? » Ma question un peu trop directe sembla un instant déstabiliser Simon. « Je ne sais pas. Je suppose que oui… » « Je ne te demande pas ce que tu en penses, je te demande si tu aimes ce qu'elle te propose à manger. » Simon, qui décidément semble tenir plus de l'ange que du diable, tente d'éviter une réponse trop franche. « Je suppose que c'est bon pour la santé… » me répond-il en résistant, de peur de blesser sa maman en mettant en cause ses talents de cuisinière. « Ce n'est pas ce que je te demande. Je suis convaincu que ta maman cuisine très sainement. Je te demande juste si tu aimes cela… » Simon baisse la tête et répond avec une petite moue qui en dit long sur ce qu'il pense un « Ce n'est pas toujours terrible… surtout le panais… c'est une horreur. Je déteste cela. »

« Mais c'est très bon pour la santé ! » l'interrompt alors la maman soucieuse de ne pas voir son régime remis en cause. Je regarde alors la cuisinière aux abois en souriant. Je souris souvent avant d'envoyer une torpille. Cela m'est très utile pour indiquer que le missile est rempli de bonnes intentions, qu'il cherche à débloquer une situation, mais qu'il est envoyé à blanc pour ne blesser personne. « Personnellement, je me suis souvent dit que lorsque Dieu ou un autre que lui a "inventé" ce légume, il ne devait pas être fort en forme ou alors de très mauvaise humeur. Je ne sais pas. En tout cas, il aurait mieux valu selon moi que le panais demeure à jamais pas né. Tout le monde s'en serait mieux porté. » Je fais part de mon avis tout à fait personnel en partageant ce mauvais jeu de mot avec Simon qui se montre particulièrement bon public. Le torpilleur de repas en famille se met à rire de bon cœur. Il venait de découvrir un allié dans la confrérie des détracteurs du panais.

Comme je ne voulais pas me mettre la maman à dos et que je dois en outre convenir avec elle que, sur le plan nutritif, le panais constitue assurément un tubercule tout à fait recommandable, je lui fis aussitôt part du fait que je n'avais évidemment pas l'intention de torpiller son souci d'équilibre alimentaire qui était, en soi, une excellente chose, mais que nous pouvions, peut-être, tenter d'assouplir un peu le régime en introduisant au sein de la famille la notion de « plaisir partagé ». Le papa, suspecté par moi, je le rappelle, de fraude au hamburger ou de consommation sournoise de pizza, semblait ravi de me voir ainsi jouer les chevaux de Troie. C'est un jeu auquel se livrent souvent les papas un peu effrayés par les exigences qui leur semblent démesurées de leurs épouses auxquelles ils n'osent pas, pour préserver la paix conjugale, s'opposer de manière frontale. Ils m'utilisent alors pour ajouter un peu de lest dans les enjeux familiaux ou mettre un peu de souplesse dans les rouages domestiques.

Il fut ainsi décidé qu'une fois par semaine, le vendredi, le menu serait composé par Simon en fonction à la fois de ses

> goûts et des limites que Maman y mettait, et qu'en échange de cette tractation, Simon s'engageait à ne plus torpiller les repas par son comportement ou ses attitudes négatives. L'ex-petit diable fit alors une dernière tentative pour élargir le champ des négociations : « Et pour le panais… ? » demanda-t-il timidement. La maman ayant compris ce qu'elle avait à gagner elle-même dans les négociations fit alors une ultime concession « OK, si tout le monde est d'accord, on supprime le panais. On fait des carottes à la place… C'est à peu près équivalent. Tu aimes les carottes ? » demanda-t-elle alors au bon petit diable qui répondit d'un merveilleux sourire qu'il en avait prévu pour le repas du vendredi accompagné de petits pois…

Voilà comment, en permettant à chacun d'exprimer ses émotions et en ne substituant pas à elles celles que l'on ressent soi-même, on se donne les moyens de réaliser une véritable harmonie familiale. Voilà aussi comment se donner les moyens de ne pas transformer en petit diable virtuel un enfant roi potentiel pour lequel on avait rêvé d'une nourriture parfaite. En donnant aux émotions de qui que ce soit au sein de la famille une puissance supérieure à celles des autres, il aurait été impossible d'obtenir cette solution équilibrée.

Imaginons en effet que la puissance de l'émotion maternelle lui permette de prendre le pas sur celle de l'enfant. Celui-ci, incapable de faire entendre son dégoût, l'aurait invariablement transformé en colère au risque de continuer à saboter l'atmosphère familiale à chaque repas. Même chose si c'est à l'émotion de l'enfant que l'on avait accordé une puissance excessive. La maman rabrouée dans ses prétentions sanitaires n'aurait alors sans doute pas eu d'autre alternative que de s'engager dans un rapport de force disproportionné au risque de finir par ravaler son émotion en se pliant, pour le panais comme, par la suite, pour le reste des repas, aux désirs tout-puissants de celui qui aurait inévitablement joué le rôle de chef de cuisine qu'il rêvait secrètement de tenir au sein de la famille.

Pour réaliser la forme d'organisation « politique » au sein de la famille que définit une démocratie émotionnelle participative, il faut évidemment que chaque membre, parents comme enfants, se sente autorisé à vivre et à exprimer son état affectif qu'il juge d'une importance équivalente à celui des autres. Les parents « oublieux d'eux-mêmes » sont, de ce point de vue, de très mauvais apprentis démocrates.

Les « Cela m'inquiète quand il a du chagrin », « Je me sens triste dès qu'il a peur » et autre « Cela m'agace qu'il ne trouve pas à son goût la nourriture que j'aime », par la collusion émotionnelle qu'ils sous-entendent, apparaissent, dans le contexte d'une babycratie, susceptibles de favoriser l'apparition de mécanismes comme celui du portemanteau émotionnel.

Chaque émotion vécue par l'enfant, en se gonflant alors de celle qui, en écho, est réveillée chez le parent, change alors de nature et échappe à la maîtrise de l'un et de l'autre. Ce n'est plus son émotion, ce n'est plus non plus tout à fait celle de l'autre, c'est la sienne revisitée par un autre. Si l'enfant a peur, le parent s'en trouve aussi vite attristé et tire la sonnette d'alarme. La tristesse de l'enfant s'alourdit automatiquement de l'inquiétude causée à son parent. Elle se grève alors du désespoir anxieux qu'elle cause. La crise de colère de l'enfant met aussitôt le parent en alerte et provoque chez ce dernier une peur contenue ou une tristesse larvée qui, refoulée, n'en contamine pas moins la relation. C'est comme cela que, pour les uns comme pour les autres, tout s'embrouille.

Dans une émocratie, l'attention accrue portée aux émotions et la force qui leur est conférée expliquent qu'un phénomène comme celui du « portemanteau émotionnel » prenne une telle importance. En outre, puisqu'il est question également dans une babycratie d'accorder une forme d'exclusivité aux conditions de réalisation du bonheur, le parent semble parfois littéralement se mettre à l'affût de l'ensemble des états émotifs alternatifs susceptibles de mettre la joie à distance de son enfant. Ce faisant, il donne paradoxalement une puissance démesurée à la colère, à la tristesse, à la peur et au dégoût qu'il passe son temps à interpréter (au risque de le faire en utilisant son propre filtre émotionnel), à dénaturer (en y substituant ses propres élans affectifs) et à traduire (en utilisant ses termes d'adulte pour les évoquer) dans le seul but de les pourchasser et d'éviter qu'ils ne produisent dans la vie de leur enfant les dégâts qu'ils ont éventuellement causés dans la sienne.

C'est comme cela que, rempli de belles intentions, un parent trop attentif en vient à bousculer les émotions de son enfant pour modifier leur nature et leur substituer celles qui, sans qu'il en ait pris la mesure, demeurent agissantes en lui parce qu'elles ont imprégné le déroulement de son existence et influencé, plus précisément sans doute, sa vie d'enfant.

Dans une babycratie, rappelons-le, la puissance accordée aux émotions de l'enfant est liée à l'importance qui leur est donnée. Le pouvoir des affects tient au fait qu'on leur prête une attention démesurée et l'autorité des états émotifs vient de ce qu'ils sont trop vite ressentis comme impérieux. Le mélange de ces trois ingrédients – puissance démesurée, pouvoir excessif et autorité incontestable – impose de se montrer particulièrement attentif à la manière dont leur organisation dynamique se réalise au sein des familles. Faute de cette attention, le régime émocratique mis en place risque de tordre le cou à toutes les possibilités d'installation d'une démocratie émotionnelle participative pour prendre résolument la forme d'une tyrannie ou, si le désordre émotionnel est tel que plus personne ne s'y retrouve, d'une véritable anarchie.

C'est pour cela que nous attachons une importance particulière aux différents mécanismes qui rendent floue la lecture des états affectifs de chacun au sein de la famille. Or, les émotions ne font pas que se bousculer, elles s'enchaînent également parfois mutuellement pour former des nœuds émotionnels qui, enchâssés les uns aux autres, finissent par s'écouler en cascade. Elles emportent alors dans le torrent qu'elles forment ceux qui, en se montrant trop impliqués par les émotions des uns et des autres, ne parviennent plus à distinguer clairement ce qu'ils ressentent effectivement de ce qui est ressenti par celui dont l'état émotionnel les préoccupe.

Ces cascades émotionnelles peuvent alors parfois occasionner de gros dégâts, quand, dans un contexte d'émocratie babycratique, elles donnent un sentiment de désarroi au parent car, là où il envisageait de tout maintenir sous contrôle, il s'aperçoit qu'il ne maîtrise en réalité plus rien du tout.

— La cascade des émotions : comment les parents s'emmêlent avec leurs enfants dans des nœuds émotionnels qui s'enchaînent en cascade

Quand les émotions se manifestent en cascade chez deux êtres humains, c'est-à-dire quand les émotions de l'un s'enchaînent à celles de l'autre, l'ensemble qu'ils se mettent à former donne l'impression d'échapper à tout contrôle. En effet, la « part de l'autre » se pose dans un tel mouvement de transmission par contagion comme fondamentalement moins accessible que ce qui relève de l'état émotionnel initial. S'il est effectivement possible à chacun, en faisant preuve d'une intelligence émotionnelle suffisante, de contrôler, de maîtriser, voire de neutraliser, ce qu'il vit, il est en revanche beaucoup plus compliqué d'agir sur l'état émotionnel d'un autre que soi.

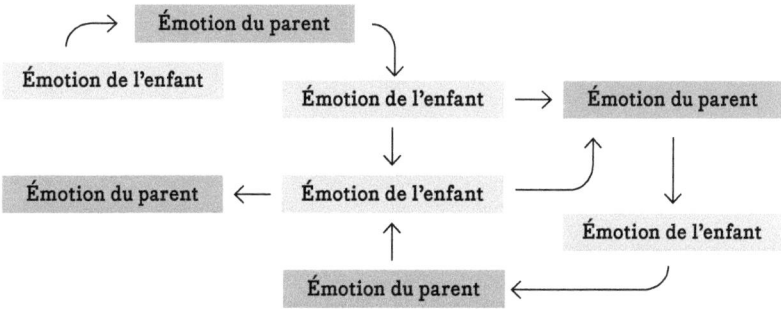

C'est pour cela que les « cascades émotionnelles » constituent sans doute les mouvements émotionnels les plus difficiles à contrôler, surtout lorsqu'elles se constituent dans la durée et font naître des sentiments qui ont tendance eux aussi à se mélanger. Elles imposent à chacun de retrouver la signification de son propre état affectif face à l'évènement et de faire la part du feu au sein de ce salmigondis émotionnel qui se met en place chaque fois qu'une personne, et notamment un parent, se sent trop concernée, voire trop impliquée, par l'état affectif de quelqu'un qui lui est proche. L'urgence est alors souvent de faire la distinction entre « ce qu'il ressent » face à l'évènement et « ce qu'il ressent à propos de ce l'autre ressent ».

Cet exercice recommande une très forte dose d'empathie pour identifier ce que l'autre éprouve en étant à la place qui est la sienne, une aptitude à neutraliser les réflexes de sympathie qui nous incitent à prendre sa place et une capacité à faire preuve de suffisamment d'intelligence émotionnelle pour identifier ses propres émotions en demeurant à notre place. Se mettre à la place de l'autre, c'est souvent le moyen le plus sûr de prendre sa place et de faire en sorte qu'il ne sache plus dès lors véritablement où se situe la sienne.

Remettre chacun à sa place affectivement et effectivement, c'est là sans doute l'enjeu essentiel du travail de pédagogie familiale au sein d'une babycratie qui s'est prise au piège de l'émocratie. Tellement soucieux du bonheur total de leur enfant et de la joie qu'ils entendent lui transmettre de façon continue, de nombreux parents tendent en effet à se substituer à lui dans ses élans affectifs et dans le choix du support émotionnel sur lequel ceux-ci se fondent.

Fermant toutes les portes qui ne conduisent pas au bonheur tel qu'eux-mêmes se le définissent et obstruant toutes les fenêtres qui laissent voir des expériences différentes de celles qui, à leurs yeux, permettent de ressentir les joies telles qu'eux-mêmes souhaiteraient ou auraient souhaité les éprouver, ils limitent alors inconsciemment les possibilités d'épanouissement et les opportunités d'émancipation de leur enfant en l'amenant, sans le contraindre directement mais en influençant insidieusement sa trajectoire, à emprunter la voie étroite qu'ils ont prévue pour lui.

NATHAN, L'ADONAISSANT QUI SE RÊVAIT AU NIRVANA

C'est ce phénomène qui s'est produit dans la famille de Nathan, cet adolescent de dix-sept ans en rupture scolaire, coincé entre un papa surinvestissant l'importance de l'école et une maman qui, lui accordant elle aussi trop de poids, n'avait pourtant qu'une idée en tête : la fuir. L'un et l'autre avaient décidé, pour des raisons très différentes et au terme d'un parcours fondamentalement distinct, qu'il n'y avait pas de salut hors de l'école et que Nathan devait, pour réussir sa vie, obligatoirement passer par la case « élève excellent » auquel le prédisposait par ailleurs son statut – un de plus – d'enfant surdoué…

Résultat : un parcours scolaire en forme de cul-de-sac et une séance de sur-place étonnamment longue grâce à laquelle Nathan parvenait, depuis qu'il était entré en secondaire, à demeurer tranquillement dans l'école sans donner pour autant l'impression d'aller véritablement à l'école.

Sa scolarité primaire s'était, selon les dires du papa, plutôt bien passée. C'était même à cette époque un excellent élève, suivi essentiellement par son père qui avait revêtu pour l'occasion un costume de coach scolaire à plein temps en allant jusqu'à prendre congé à chaque session d'examens pour suivre scrupuleusement la scolarité de son fils et l'accompagner à la trace dans chacun de ses apprentissages.

C'est au tout début du secondaire que les résultats ont commencé à se gâter fameusement. « Au début, c'était super », me dit le papa. « Je me souviens que chaque fois qu'il me ramenait un bon bulletin, je me disais "On a fait du bon boulot en maths" ou encore "Je suis content de notre huit sur dix en français". Il faut dire qu'on faisait ensemble de super bonnes rédactions. J'ai toujours été très bon en français », me racontait sans rire le papa, en s'attribuant pour l'occasion une large part des mérites scolaires de son fils et en donnant le sentiment que les notes positives portaient autant sur son travail d'accompagnement que sur la performance de celui qui était devenu son acolyte.

« Ensuite, les résultats ont été de moins en moins satisfaisants. Je ne voulais pas le décourager ou casser son estime de lui, mais je ne pouvais pas m'empêcher de penser des trucs du genre "Mais qu'est-ce qu'il m'a foutu en néerlandais ? On a pourtant répété son vocabulaire pendant des heures" et autre "Je ne comprends pas. On connaissait pourtant son texte par cœur. Il a dû foirer quelque part, mais où ?" »

Visiblement, le papa agissait comme de nombreux entraîneurs quand, en sport, ils font preuve de mauvaise foi. Quand tout se passe bien, c'est évidemment grâce à leur sens tactique, mais quand cela foire, c'est exclusivement de la faute des joueurs qui n'appliquent pas les consignes. Bref, les succès obtenus à l'école étaient attribués à l'équipe papa-Nathan, tandis que les déconvenues scolaires étaient imputées au seul Nathan.

Le papa se définissait lui-même comme un véritable forçat autoproclamé de l'accompagnement scolaire. Il prit alors un temps fou pour me détailler longuement comment il faisait lui-même les résumés de lecture de son fils, préparait les cours d'histoire et de géographie en surlignant au fluo dans le cours ce qui méritait selon lui d'être retenu pour faciliter le travail de son unique élève. Il était toutefois conscient des limites de son rôle de mentor. Ainsi, lorsque son fils récitait les leçons qu'évidemment il lui faisait répéter, le papa raconte, avec force détails, comment, n'étant pas enseignant et ne disposant pas de leurs compétences pédagogiques, il avait sans doute trop tendance à l'interrompre pour poursuivre lui-même la récitation ou donner de son propre chef les réponses qu'il espérait entendre.

Face aux résultats d'abord décevants puis catastrophiques de son fils, le papa fut d'abord décontenancé. Il se montra ensuite incrédule face à l'espèce de phobie scolaire développée épisodiquement par Nathan pendant les quatre premières années de secondaire. Tout cela explique qu'il ait alors progressivement baissé les bras avant de démissionner complètement de sa fonction de coach particulier.

Nathan a ainsi passé les années suivantes à naviguer en solitaire. Sa frêle esquive s'est alors, comme on pouvait le prévoir, transformée en galère. Il surnagerait en voguant d'échecs en échecs poursuivant, sans estime, à vue de nez, tant bien que mal, un parcours jalonné de nombreuses interruptions pour maladie simulée ou réellement éprouvée, mais en tout cas, au début, toujours renforcée par un profond arrière-fond d'anxiété.

Progressivement, cette anxiété larvée a par ailleurs été remplacée par une forme d'indifférence assumée confinant à un je-m'en-foutisme qui, au final, ne laissait évidemment plus de place à l'idée que l'on se fait d'un éventuel trouble anxieux. L'idée de phobie scolaire s'étant littéralement évaporée, Nathan s'est complètement laissé couler et, flottant comme un corps mort en eaux troubles, s'est laissé divaguer au point de ne plus manifester le moindre intérêt pour tout ce qui, de près ou de loin, pouvait évoquer l'école. C'est à ce stade du décrochage scolaire que les parents se sont décidés à venir consulter.

Nathan lui n'était, *a priori*, demandeur de rien. Il avait suivi le mouvement. Il était là parce que ses parents l'y avaient traîné, mais ne semblait pas voir où se situait le problème. Il allait à l'école. Certes, il n'y faisait rien, mais il n'y avait pas de quoi s'inquiéter puisqu'il ne manifestait plus de signe de phobie. Pourquoi donc ses parents se prenaient-ils la tête ? Assis entre ces deux géniteurs aux abois, il regardait le sol et paraissait vaguement à l'affût de ce qui pourrait bien pousser sur mon carrelage.

L'arrêt de la phobie avait en réalité signé l'extinction des feux. Tant qu'il manifestait de l'anxiété par rapport à l'école, c'était le signe qu'il résistait encore à l'effondrement, qu'il hésitait entre la fuite ou l'attaque. Là, il avait visiblement tout laissé tomber et l'école ne se résumait plus pour lui qu'à l'idée d'un choix entre le vide sidéral et le néant abyssal. De guerre lasse, il donnait ainsi l'impression d'avoir entamé une solide carrière de baba cool désabusé, revenu de tout et, à défaut de se laisser pousser les rêves, il semblait avoir mis toute l'énergie qui lui restait à se laisser pousser les cheveux au point que ceux formaient maintenant comme un rideau sur ses yeux.

Comme il levait la tête de temps en temps dans ma direction, je supposai qu'il prenait parfois, entre deux inspections minutieuses du carrelage, le temps de me regarder. Il devait alors me dévisager vaguement entre deux mèches en se demandant sans conviction ce que moi ou un autre pourrions bien faire de lui.

« Je ne comprends pas. Pendant ses études primaires, on travaillait pourtant beaucoup et toujours dans la bonne humeur. Je ne m'énervais jamais. On adorait apprendre lui et moi », reprit alors le papa qui tenait visiblement à rappeler sans cesse à quel point il s'était investi dans son activité, tenace mais profondément inefficace, de coach scolaire. « C'est incompréhensible. Il est pourtant intelligent. Je suis convaincu de ses compétences mais à chaque examen, c'est la cata. Il perd ses moyens. Il a pourtant la chance de faire des études. Moi-même, j'aurais tant aimé être universitaire, même si je suis resté toute ma vie un autodidacte. »

Le papa cool du baba cool, décidément particulièrement prolixe quand il était question de parler de lui, passa alors un temps considérable à développer toutes les raisons qui ne lui avaient pas permis de réaliser ce parcours universitaire dont il avait tant rêvé. Trop de contraintes familiales, pas assez de confiance en lui, trop de pression scolaire, pas assez d'encouragement de la part de ses parents, trop de travail, pas assez d'étude… Bref, un peu trop de tout et pas assez du reste… et en fin de compte, au bout de l'histoire, un parcours scolaire avorté qui ne laisse traîner dans son sillage qu'une nuée de regrets et de remords…

« Tout cela pour vous dire que je ne suis pas certain que Nathan comprenne la chance qu'il a de pouvoir faire ses études dans un climat favorable, avec des parents attentifs qui font de leur mieux pour lui faciliter la tâche », conclut alors le papa qui jusque-là avait complètement gommé son épouse du tableau qu'il décrivait. La maman, pendant l'entretien, faisait d'ailleurs de son mieux pour s'effacer. Si elle avait pu se transformer en gomme, elle se serait sans aucun doute servie d'elle-même pour se faire disparaître.

« Et vous Madame, cela vous inspire quoi l'école ? » « Moi, je suis restée dedans. Je ne l'ai jamais quittée. Je suis institutrice maternelle dans l'école du village où j'ai moi-même été élève et où Nathan a d'ailleurs lui aussi fait toutes ses études primaires », répondit timidement la maman avec une voix éteinte et une mine un peu désabusée qui donnait l'impression qu'elle n'éprouvait plus beaucoup de plaisir à enseigner et que, fatiguée d'être une institutrice, elle s'était maintenant muée en véritable « institutriste ».

« Et cela se passe comment ? » questionnai-je alors pour en avoir le cœur net. « Pas terrible. Je suis en congé de maladie. Je fais un burn-out », confirma-t-elle avant de baisser les yeux et d'implorer le ciel pour redevenir au plus vite cette gomme qui s'efface qu'elle rêvait d'autant plus d'incarner dès lors qu'on se mettait à l'interroger.

Soupçonnant l'épreuve à laquelle s'assimilait visiblement à ses yeux mon questionnement, je laissai donc maman-gomme tranquille et me tournai vers Nathan pour savoir ce qu'il pensait de tout cela. « Pas facile de grandir en bon élève quand on est coincé entre une maman désenchantée qui a pris l'école en grippe et un papa, plein de regrets, qui a été pris en grippe par l'école… comment tu t'y retrouves toi ? C'est quoi l'école pour toi, plutôt un endroit à fuir ou davantage un lieu attractif mais difficile d'accès ? »

Nathan leva la tête. Je le supposai occupé à me regarder et je devinai à son silence qu'il me fixait d'un air incrédule. Comme je ne voyais pas son regard qui se tenait toujours bien camouflé derrière ses cheveux, j'en étais réduit à faire des suppositions. Je supposai donc qu'il ne comprenait pas ma question, il est vrai, alambiquée, ou alors que l'école constituait pour lui un terrain miné sur lequel il était trop dangereux de s'aventurer. Le silence obstiné de ce visage sans yeux avait en tout cas quelque chose de particulièrement déconcertant.

Je repris donc, comme j'ai appris à le faire avec les adultes en construction qui supportent mal nos détours linguistiques et nos supercheries langagières, par une question plus simple et plus directe : « Et à part l'école, qu'est-ce que tu fais ? » « Rien », me répondit-il, comme savent si bien le faire les adolescents quand ils se déclarent eux-mêmes experts en rien faire, rompus dans l'art du désœuvrement ou maîtres absolus dans l'inaction sous toutes ses formes. Je me mis alors à rire tant sa réponse était attendue de la part d'un ado qui semblait, plus qu'un autre encore, avoir fait du glandage son étendard.

« Tu veux me dire que tu ne fais "rien" de significatif aux yeux de tes parents. Mais je suis certain que tu ne fais pas vraiment "rien". Tu joues à des jeux vidéo ? Tu regardes des séries ? » « Non, pas vraiment... J'écoute de la musique... Je joue de la guitare... » « Enfin, il gratouille plutôt. Ce n'est pas vraiment cela que j'appelle jouer de la guitare. Il n'a jamais voulu prendre de leçon », se crut aussitôt obligé de rectifier le papa qui nous refaisait une soudaine poussée de scolarocentrisme et, par le dénigrement qu'il manifestait de tout son corps, indiquait qu'il accordait très peu de considération à tout apprentissage qui se réalisait en dehors d'un cadre scolaire formel.

« C'est le principe de l'autodidacte. Il avance par tâtonnement. C'est moins rapide mais parfois plus sûr... » continuai-je pour renvoyer le papa frustré d'études un peu dans les cordes et me permettre de centrer davantage l'entretien autour de Nathan dont je voulais absolument faire remonter le corps à la surface. « Et tu joues quel genre de musique ? » demandai-je alors à l'adolescent qui, d'un geste ferme, ouvrit alors en partie le rideau de ses cheveux pour découvrir plus largement son visage.

« Waouh, Kurt Cobain est revenu parmi nous ! » m'exclamai-je alors en riant tant la ressemblance avec l'ancien chanteur de Nirvana me semblait frappante. Nathan sourit lui aussi de façon éclatante. « Eh bien justement, c'est le genre de musique que j'adore ! du grunge, du garage rock... » continua-t-il, visiblement ravi d'être comparé à sa défunte idole.

« Mais ce n'est pas comme cela qu'il va s'en sortir... Ce n'est pas en gratouillant une guitare du matin au soir et du soir au matin qu'il va avoir un diplôme... gagner sa vie... c'est important l'école. Il ne veut pas comprendre qu'il est en train de gâcher sa vie ! » Le papa commençait à s'irriter fameusement. Il montait d'autant plus dans les tours qu'il voyait en Nathan l'image de son propre échec scolaire. C'est cela exactement « se mettre à la place de quelqu'un » et, dès lors, prendre toute la place pour ne lui en laisser aucune.

Quant à maman-gomme, elle ne voulait évidemment prendre la place de personne, mais rêvait au contraire de céder la sienne. « Moi, je le comprends. Il est comme moi. Il n'aime pas l'école… » balbutia-t-elle alors, comme en s'excusant d'être toujours là. C'était visiblement pratique pour elle d'avoir un enfant qui, prenant une place d'élève fantôme, jouant à la perfection un rôle d'étudiant transparent, lui permettait à elle aussi de s'absenter sans dommage, de quitter l'école sans faire de bruit.

Entre un papa passablement énervé et une maman désabusée, je savais que pour ma part, je devais veiller à rester bien en place pour aider Nathan à trouver la sienne. Ce n'est jamais confortable un entretien qui met à jour une cascade émotionnelle. Nathan, en faisant le corps mort et en se laissant couler sans manifester la moindre résistance montrait à suffisance qu'il ne se laisserait toucher par rien et que les émotions de ses parents qui, tout au long de son cursus en primaire, s'étaient substituées aux siennes, viendraient maintenant s'échouer systématiquement sur les digues de son indifférence.

Le papa plein de ressentiment envers une école qui l'avait négligé ou laissé en rade avait, en quête de rachat, surinvesti le parcours de Nathan. La joie factice et, aux dires du parent, partagée de leurs premiers succès dans les apprentissages scolaires n'avait pas, en tout cas chez l'enfant, gagné suffisamment en puissance pour permettre de s'opposer à la déception qu'il causait à la moindre difficulté, à l'anxiété qu'il générait au moindre écueil quand se réveillait l'angoisse paternelle. La maman ne pouvait constituer un support tant elle se sentait pour sa part prise au piège par une école qui, sans l'apprécier et être appréciée par elle, l'avait néanmoins trop longtemps tenue enfermée dans ses murs.

La scolarité comme un graal impossible pour l'un, comme un piège inexorable pour l'autre, se voyait ainsi surinvestie, contaminée d'affects inavoués et de désirs inassouvis. Nathan, en tentant de se découvrir secrètement d'autres niches de développement disponibles, d'autres espaces d'apprentissage moins soumis à une pression négative, tentait en réalité de se frayer une voie personnelle entre deux parents qui, à force de s'être mis à sa place, ne lui permettaient plus de trouver la sienne.

Hésitant entre le hors-piste que suggérait le parcours paternel et la désertion que lui indiquait l'attitude maternelle, Nathan, usé par le désir antagoniste d'affronter le monstre scolaire ou de le fuir, avait fini par renoncer à choisir en optant pour un autre mentor, tout à fait neutre et inconnu de la famille, Kurt Cobain. Évidemment, connaissant le destin pour le moins tragique du chanteur, je ne pouvais pas me contenter de laisser les choses en l'état et de donner ma bénédiction à l'émule de Nirvana en suggérant à papa, le renégat scolaire, et maman, la recluse évadée, de foutre la paix à Nathan et de le laisser « gratouiller » sa guitare jusqu'au moment où il serait capable de jouer les yeux fermés l'intégralité des morceaux de *Nevermind*[7] ou, pourquoi pas, de nous pondre le petit frère jumeau d'*In Utero*[8]…

Pour m'installer plus solidement dans ma place et éviter que papa ne remonte dans ses tours et que maman n'en revienne à sa gomme, je pris donc les deux parents à témoin de ma première ébauche de diagnostic pédagogique. « Ce n'est pas facile pour Nathan de poursuivre vos études. » « Mais ce ne sont pas nos études. Ce sont les siennes », crut alors bon de rectifier le papa. « Je n'en suis pas certain », répondis-je en souriant le plus gentiment possible, comme chaque fois que je sais que j'aborde un sujet sensible. Si on le lui demandait ? » Je me tournai alors vers le Kurt Cobain ressuscité qui manifestement me considérait maintenant comme un fan potentiel. Il maintenait les rideaux ouverts et me laissait le regarder dans les yeux.

Comme s'il n'attendait que ma question pour reprendre les rênes de son parcours existentiel et s'engager dans une voie qui convenait mieux à ce qu'il souhaitait faire de sa vie, il répondit avec une assertivité dépourvue de toute agressivité : « Je préférerais quelque chose de plus pratique, de moins théorique… En fait, vous avez raison, c'est mon père qui veut

---

7 Deuxième album studio du groupe américain Nirvana.

8 Troisième et dernier album studio du groupe américain Nirvana.

absolument que je continue mes études générales pour préserver mes chances d'entrer à l'université. Or, je n'ai aucune intention d'y mettre les pieds un jour. Maman, elle, elle voudrait que j'arrête tout et que je me trouve un petit travail pépère pour gagner ma vie le plus vite possible, mais cela non plus je ne veux pas. Je n'ai pas envie de faire un travail répétitif et inintéressant, puis de disparaître en m'enfonçant là-dedans… »

Pour le coup, Nathan montrait un visage bien plus résolu que celui qu'il arborait non seulement depuis le début de l'entretien mais véritablement depuis plusieurs années. Il indiquait par là que s'il ne savait pas encore précisément ce qu'il voulait, il savait au moins déjà très bien ce qu'il ne voulait pas… Papa, l'étudiant contrarié, et maman-gomme en l'écoutant affirmer ce début d'aspiration semblaient soulagés de constater que leur fils n'avait pas réduit ses perspectives d'avenir à l'idée de devenir éternellement un avatar de Kurt Cobain.

C'est ainsi que nous avons convenu de faire appel à un conseiller d'orientation pour définir plus précisément un parcours scolaire et l'adapter davantage aux compétences et aux attentes de Nathan. Il avait besoin d'une personne extérieure à la famille, un professionnel avec lequel il lui paraissait sans doute moins risqué d'envisager les différentes pistes d'épanouissement qui s'ouvraient à lui, parce que, moins concerné émotionnellement par son avenir, celui-ci y emmêlerait moins sa propre manière de définir le bonheur. C'est pour cela que lorsque la cascade d'émotions dans laquelle les membres de la famille, sans en avoir conscience, se sont enfermés a fini par se figer, la communication devient souvent impossible sans qu'une personne extérieure au système intervienne pour restaurer les canaux en renvoyant chacun aux affects qui lui sont propres.

Vouloir faire le bonheur de quelqu'un, c'est d'abord l'écouter dans les aspirations qui lui sont propres. Ce n'est pas, quel que soit l'âge de l'enfant, lui plaquer sur le dos l'idée que l'on se fait du bonheur en général et de son bonheur en particulier… Au « C'est pour ton bien » d'Alice Miller a ainsi succédé dans les babycraties un « C'est pour ton bonheur » tout aussi pervers lorsqu'il incite à supposer que la joie et le contentement peuvent s'imposer en fonction de critères personnels trop souvent considérés comme transférables comme tels aux autres, et notamment à ceux d'entre eux qui nous sont proches. L'enfer apparaît ici aussi pavé des meilleures intentions et c'est précisément le souci de bonheur dans lequel nous tenons nos enfants qui nous invite souvent, sans que nous en ayons conscience, à en fixer trop précisément les normes, à en définir trop rigoureusement les contours.

Voilà donc comment, en remettant chacun à sa place, le papa face à ses aspirations déçues, la maman face à son présent désenchanté et Nathan face à la perspective de remettre lui-même en mouvement cette existence qu'il avait préféré mettre en stand-by pour ne plus avoir à vivre par procuration celle des autres, on met une famille en position de mieux communiquer sans prendre le risque de voir les aspirations au bonheur des uns se fondre dans ce qui fait la joie et la satisfaction des autres ou se perdre dans ce qui alimente leurs désillusions.

Aux dernières nouvelles, la famille évolue, depuis cet entretien, plutôt bien. Le papa qui se rêvait estudiantin se préoccupe enfin de lui-même et a repris des études universitaires en cours du soir. La maman-gomme, pour sa part, continue à choyer son burn-out bien à l'abri des murs de l'école. Quant à Nathan, il s'est inscrit dans un dispositif de formation en alternance. Il réalise actuellement son stage dans un magasin de musique où il conseille la clientèle dans l'achat de leurs guitares. Il s'est par ailleurs, paraît-il, coupé les cheveux qu'il a maintenant teints en noir. D'après ce qui m'en a été dit, il ressemble de cette façon comme deux gouttes d'eau à Jack White, le chanteur des White Stripes... au moins lui ne s'est-il pas suicidé. Selon les dernières rumeurs, il se porte même plutôt bien et s'est engagé dans une prometteuse carrière solo... Je vois là, personnellement, un signe d'évolution tout à fait encourageant dans la mesure où s'identifier à un vivant constitue sans doute un signal plus positif que s'évertuer à faire le mort en gratouillant sur une guitare les airs sombres d'un candidat déclaré au suicide...

C'est donc cela une famille, surtout dans une babycratie émocratique au sein de laquelle le bonheur de l'enfant et son épanouissement sont considérés comme des priorités absolues. La confusion émotionnelle y règne fréquemment en maître et les parents ont alors souvent tendance à étendre la définition qu'ils se font du bonheur et des supports affectifs qui donnent de la joie, et procurent de la satisfaction à ce qui doit nécessairement convenir à leurs enfants.

« Je sais mieux que toi ce qui te met en joie », « Je devine ce qui te fait plaisir », « J'anticipe ce qui va te contenter », « Je sais parfaitement ce qui va te rendre heureux »... La quête du bonheur pour un autre que soi prend souvent dans un tel contexte une allure d'invasion. Dans la relation éducative, la communication se trouve alors complètement parasitée par le jeu qui se met en place entre un adulte, qui est convaincu de distribuer de la joie, de générer du contentement et de mener sa progéniture vers un bonheur certain, et un enfant, ou plus souvent encore un adolescent, qui n'a plus ni la possibilité de se faire entendre ni la force de se faire écouter, soit parce qu'il ne sait plus lui-même ce qu'il souhaite, soit parce qu'il n'ose pas décevoir en indiquant, même délicatement, que la vision que ses parents se font de ce qui le rend heureux ne correspond pas véritablement à la perception qu'il a de ce qui mobilise positivement ses affects.

Le désordre communicationnel intrafamilial est alors d'autant plus dommageable et son incidence d'autant plus profonde que les émotions confuses se sont métabolisées en états d'âme complexes et en sentiments durables. Métamorphosées de cette manière dans un univers sentimental partagé qui donne le ton à tout ce qui est envisagé en famille. Ces affects, noués les uns aux autres, finissent par envahir complètement les rapports entre les membres de la famille au point de paralyser certains qui, comme Nathan, ne savent plus dans quelle direction avancer, et d'inciter d'autres qui, comme son papa et sa maman, ont tendance à se replier d'autant plus sur leurs convictions, à s'arcbouter sur la définition restrictive qu'ils se font du bonheur et de ce qui participe à sa construction.

Un cercle vicieux se met alors en place dans lequel au plus le parent souhaite le bonheur de son enfant, au plus le malentendu se creuse, laissant face à face un enfant ou un adolescent qui n'avance plus ou fait n'importe quoi et un parent de plus en plus désemparé face à cette inertie ou ce désordre comportemental. Le malentendu grève alors parfois en profondeur les relations entre des membres de la famille qui ne s'entendent plus parce qu'ils ne parviennent pas à s'écouter, et qui continuent à s'aimer mais le font de plus en plus dans le désordre en y accumulant les tensions, les brouilles et les bouderies.

C'est exactement ce qui s'était produit dans la famille de Nathan et c'est pour cela qu'il était urgent d'y permettre à chacun de revenir à soi, de retrouver l'origine de ses élans affectifs en détricotant les trois vies qui, s'étant emmêlées, rendaient l'existence de Nathan trop confuse pour être véritablement vécue. Un tel imbroglio n'est pas rare. On le retrouve dans de nombreuses familles. Pour en sortir, il faut alors décrypter les sentiments et remonter leur cours jusqu'à leur source émotionnelle en démontant les états d'âme de chacun. Pour cela, le chemin le plus court consiste souvent à revenir aux émotions.

C'est en cela que l'instrument visant à distinguer nos états affectifs, ceux que l'on prête à son enfant et ceux qu'il éprouve effectivement présente une incontestable utilité. En proposant de mettre les cartes sur table, cet outil permet d'éviter aux différents membres d'une famille d'éprouver l'impression, lorsqu'ils cherchent à communiquer, de s'être engagés dans une longue partie de poker ou, plus prosaïquement, dans un jeu de bataille dont l'enfant, ne possédant pas les bonnes cartes, n'a généralement que très peu de chance de sortir vainqueur.

Dans le même ordre d'idées, il est important qu'au sein de la famille, on continue à jouer, à tenter de se faire plaisir. C'est à cela que servent les cadeaux. C'est un excellent exercice d'authenticité qui permet de vérifier si l'on connaît suffisamment l'autre pour oser lui offrir ce qui, selon nous, lui procurerait le plus de joie. C'est pour cela que le don d'une somme financière ou un cadeau qui renvoie à celui qui le reçoit la responsabilité du choix n'ont pas le même effet qu'un véritable cadeau avec la prise de risque qu'il suppose.

Indiquer à travers ce qu'on lui donne que l'on accorde suffisamment d'intérêt à l'autre que pour chercher à deviner ses goûts, et donc à le connaître plus précisément, c'est un fameux pas en avant par rapport à la démarche par laquelle on signifie qu'on renonce à faire sa connaissance en le chargeant lui-même d'aller se chercher ce qui lui fait plaisir. C'est pour cela que l'on se souvient toujours des personnes qui ont cherché à nous faire de véritables cadeaux, même si, ceux-ci s'étant trompés, les cadeaux se sont avérés pourris, alors même que l'on oublie très vite les généreux donateurs qui se sont contentés de nous verser de l'argent. Le signal émis par celui qui reçoit le cadeau est d'ailleurs assimilé à un véritable signe de reconnaissance.

C'est pour cela que dans les familles, on doit à tout prix continuer à prendre l'habitude de se faire des cadeaux, mais il faut le faire en prenant le risque de se tromper en offrant un cadeau un peu falot, de passer à côté en s'exposant volontairement à l'idée de causer une possible déception. Il faut également dans cet échange don/contre-don autoriser chacun à demeurer le plus authentique possible dans le jeu de connaissance/reconnaissance qui y est associé et ne pas s'obliger à surjouer la joie si le cadeau n'en est pas véritablement un.

Dans le contexte de babycratie que nous connaissons, cet exercice ne va pas de soi tant le parent, trop soucieux de ne pas décevoir, préfère souvent renoncer à faire un choix en faisant des chèques-cadeaux qui permettent certes d'acheter ce que l'on souhaite mais en ayant quand même l'impression un peu mitigée de devoir se faire des cadeaux à soi-même parce que celui qui prétend nous être si proche semble avoir néanmoins renoncé à nous connaître suffisamment pour tenter de deviner nos goûts et leur évolution.

OUTIL 2 :

☞ **VADE-MECUM DES RÉUNIONS FAMILIALES DANS UNE DEP (DÉMOCATIE ÉMOTIONNELLE PARTICIPATIVE)**

QUESTIONNAIRE AUTORÉFLEXIF DES CASCADES ÉMOTIONNELLES AU SEIN DE LA FAMILLE

L'intérêt de ce type de questionnaire autoréflexif réside dans le fait qu'il permet d'aider l'enfant et l'adulte au sein de la famille, à mettre des mots précis sur les émotions que chacun, parent ou enfant, ressent et/ou attribue aux autres. L'outil permet ainsi d'identifier les états émotifs vécus et de les distinguer de ceux qui sont attribués par chaque membre de la famille à un autre que lui-même. En comparant l'écart entre ce qui est effectivement vécu et ce qui est supposé éprouvé dans les situations exprimées en termes de motifs sous-tendant les états émotifs, on permet à chacun au sein de la famille de se réapproprier l'émotion qu'il ressent réellement en encourageant par rapport à elle une communication claire, non ambiguë et explicite. D'autre part, le questionnaire permet également à chaque membre de la famille d'identifier les émotions que les autres lui attribuent par rapport à ce qu'il vit à la maison, à l'école ou dans son environnement professionnel.

Ce qui me procure de la joie (1), me rend triste (2), me met en colère (3), me fait peur (4), me dégoûte (5) :

À la maison : ....
....
....
....

Au travail ou à l'école : ....
....
....
....

Ce qui, selon moi, lui procure de la joie (1), le (la) rend triste (2),
le (la) met en colère (3), lui fait peur (4), le (la) dégoûte (5) :

À la maison : ....
....
....
....

Au travail ou à l'école : ....
....
....
....

Ce qui, de son point de vue, lui procure de la joie (1),
le (la) rend triste (2), le (la) met en colère (3), lui fait peur (4),
le (la) dégoûte (5) :

À la maison : ....
....
....
....

Au travail ou à l'école : ....
....
....
....

Rendre chacun lucide par rapport aux émotions qu'il ressent et lui permettre de distinguer celles qu'il éprouve en se frottant à sa propre réalité de celles qu'il ressent au contact de ce que les autres vivent. C'est comme cela que l'on sort d'une cascade émotionnelle, en évitant d'aliéner nos émotions à celles des autres, parce qu'à travers les mouvements qu'elles provoquent, elles se modulent sans cesse réciproquement.

C'est d'autant plus important d'être en mesure de le faire quand le courant provoqué par la cascade entraîne un ou plusieurs des membres de la famille à éprouver l'impression tenace de n'avoir plus aucun pouvoir d'agir de manière autonome. Pour cela, il faut évidemment tenter de mettre de l'ordre dans le tissu des émotions qui s'est formé entre nous et nos proches qui, dans une émocratie babycratique, nous affectent avec une puissance parfois étonnante.

Des émotions bousculées qui se métamorphosent, des cascades émotionnelles qui emportent tout sur leur passage… Décidément, dans une babycratie, la ronde des émotions ne se déroule pas comme un long fleuve tranquille. C'est d'autant plus vrai que, chez les êtres humains que nous sommes, le monde émotionnel apparaît d'autant plus complexe que les affects changent de nature en fonction de la manière dont nous les réfléchissons (états d'âme) et de leur installation dans une durée qui les rend significatifs (sentiments).

C'est sur ce mécanisme spécifique à l'être humain que se fonde l'effet « caisse de résonance » dont il faut, dans une émocratie, se méfier tout particulièrement parce qu'il donne aux émotions une puissance insoupçonnée et se trouve à l'origine d'un grand nombre d'erreurs d'interprétation qui font peser sur les épaules des enfants des sentiments lourds et pénibles, alors que ceux-ci ne se prétendent porteurs que d'émotions futiles et passagères.

— **L'effet caisse de résonance : comment les parents transforment les émotions de leurs enfants en états d'âme parce qu'ils les soumettent à leur propre réflexion, ou en sentiments parce qu'ils les installent dans la durée**

Les enfants vivent des émotions. Rien d'anormal à cela. Ils éprouvent à l'occasion de la colère, vivent des épisodes de tristesse, ont de bonnes ou de mauvaises raisons d'avoir peur, éprouvent de temps à l'autre du dégoût et vivent également, de temps à autre, des moments de joie. C'est ce que suppose le statut de tout animal qui entend demeurer vivant.

L'être humain, parce qu'il dispose d'un cortex qui l'amène à se poser des questions par rapport à la manière dont il vit les choses, éprouve des *états d'âme*. C'est ce qui se produit quand il soumet ses émotions à un examen cognitif ou, pour le dire plus simplement, quand il réfléchit à ce qui lui arrive et à la façon dont il le ressent.

Enfin, quand tout cela s'installe dans la durée, l'émotion transformée en état d'âme se cristallise dans un *sentiment*. C'est comme cela par exemple que la peur, en provoquant des secousses cognitives, produit de l'inquiétude qui, en s'installant dans la durée, risque de transformer progressivement l'anxiété en angoisse. Même chose quand la tristesse est métamorphosée par les questions que l'enfant se pose à propos de ce qu'il est amené à vivre et ce qu'il en éprouve en chagrin ou en peine qui, devenus durables, finissent par ordonner une posture dépressive plus constante.

Les parents, en se posant des questions à propos des émotions de leurs enfants, ont tendance à court-circuiter le passage émotion-état d'âme-sentiment. Dès qu'ils entendent l'affect, à peine se sont-ils mis « à l'écoute » de l'émotion, aussitôt ils suspectent l'état d'âme, ils soupçonnent le sentiment. L'enfant manifeste un soupçon de tristesse, aussitôt j'ai droit à un « N'est-il pas déprimé ? Serait-il dépressif ? », auquel je ne peux généralement répondre qu'en affirmant le caractère transitoire d'un état émotif plus ou moins justifié. Un petit bout a peur d'un peu de tout, du noir, du grand méchant loup, du grand méchant loup dans le noir ou du noir qui pourrait cacher un grand méchant loup, aussitôt les parents interrogent. « Tout cela ne cache-t-il pas de l'angoisse ? », « Est-ce normal d'être aussi anxieux quand on a cinq ans ? » Là encore, que voulez-vous que je réponde d'autre qu'un message qui autorise la peur ou qui interroge plus directement l'état d'âme du parent : « Qu'est-ce qui vous inquiète dans ses peurs ? », voire « C'est normal d'avoir peur. Ce n'est pas une question d'âge. Le monde donne plein de raisons d'avoir peur. Ne trouvez-vous pas ? » qui, réveillant l'angoisse du parent, permet de travailler précisément sur elle, en foutant alors la paix à l'enfant.

Une crise d'angoisse en réponse à la peur de l'enfant, du désespoir pour faire écho à sa tristesse, de la fureur pour contenir sa colère, ce n'est sans doute pas ce que l'on trouve de mieux pour rendre compte d'un état affectif. Quand une émotion produit en réponse un sentiment chez celui à qui elle est communiquée, l'état émotionnel prend inévitablement chez celui qui, à la base, l'a ressenti, une intensité qui ne correspond plus, en aucune façon, à ce qui était initialement prévu.

L'émotion de l'enfant agit alors comme une allumette avec laquelle il aurait joué imprudemment à proximité d'un baril de poudre. Les effets produits sont clairement disproportionnés et les conséquences inconcevables pour l'enfant dans la mesure où son émotion, *a priori* fugace et superficielle, en donnant naissance à des sentiments plus consistants chez son parent, s'inscrit brutalement dans la durée et prend une amplitude démesurée et une profondeur excessive.

Cet effet « caisse de résonance » se manifeste chaque fois qu'une émotion est mise directement en lien avec l'état d'âme, ou pire encore, le sentiment qu'elle a généré chez l'adulte. C'est pour cela que pour comprendre le mécanisme, il faut bien avoir en tête le tableau qui établit la concordance entre émotions, états d'âme et sentiments pour rendre compte du changement de nature d'un affect, ressenti (l'émotion), réfléchi (l'état d'âme) ou inscrit dans la durée pour conditionner toute une vision du monde et de soi dans ce monde (le sentiment).

Émotions de l'enfant	États d'âme/sentiments du parent	Sentiments attribués à l'enfant
Tristesse	Chagrin, peine	Désespoir
Peur	Anxiété	Angoisse
Colère	Agacement, irritation	Haine
Dégoût	Amertume	Honte, répulsion

Contrairement à ce qui se produit dans l'effet portemanteau qui incite à moduler une émotion par l'effet d'une autre, en laissant par exemple agir la tendance du parent à substituer son état émotionnel à celui de son enfant, il n'est pas question ici de métamorphoser un état émotionnel, mais bien de l'amplifier en lui donnant, par exemple, la consistance d'un état d'âme ou l'épaisseur d'un sentiment. Les parents trop soucieux de prendre les expressions de joie de leurs enfants pour une manifestation de son bonheur, qui se désespèrent au premier indice de tristesse de leur progéniture ou qui craignent de le voir s'angoisser dès qu'elle manifeste un peu de peur… ces parents-là s'exposent au risque de jouer les caisses de résonance chaque fois qu'ils consultent avec un enfant pour lequel ils ont confondu une de ces émotions volatiles, qui s'inscrivent naturellement dans le parcours d'un enfant, avec un sentiment durable susceptible de contaminer le cours de toute une existence.

IONA : QUAND LE HARCÈLEMENT SE JOUE À PIF PAF POUF

La maman de Iona, pour prendre rendez-vous, s'était fendue d'une lettre de quatre pages expliquant en long et en large le harcèlement dont sa fille faisait, selon elle, l'objet. Sur papier, l'expérience vécue par la petite semblait véritablement insoutenable. Brimades, sarcasmes, moqueries, insultes, menaces… Rien ne manquait à la panoplie de la parfaite petite harcelée pour laquelle la maman craignait clairement un prochain passage à l'acte suicidaire. À la lecture du courrier, il me parut impératif de recevoir Iona au plus vite et je décidai donc de bousculer un peu mon agenda pour lui faire de la place.

En ouvrant la porte de mon bureau à l'heure du rendez-vous, j'eus tout de suite la surprise de voir une petite fillette de six ans au visage littéralement radieux. Elle accompagnait sa maman qui arborait pour sa part la mine défaite de ceux qui doivent supporter tout le poids du monde et craignent de voir la charge les écraser. Je fis entrer la petite fille joviale et sa maman chagrine. « Que puis-je faire pour vous ? » demandai-je au petit couple contrasté qui venait de s'asseoir, Iona, souriante, bien droite sur sa chaise, toujours aussi resplendissante, maman, complètement affaissée, avec toujours le même air maussade.

« C'est parce que je suis harcelée à l'école », répondit aussitôt Iona avec une voix enjouée qui paraissait tellement en opposition avec le contenu de son message que je ne pus m'empêcher de sourire. Iona avait tout du Gai-Luron inversé, ce personnage de Gotlib qui se composait un visage plombé pour annoncer à quel point il était merveilleusement heureux, terriblement content et incroyablement satisfait. Gai-Luron avait l'euphorie triste, tout comme Iona, en évoquant le harcèlement qu'elle prétendait subir, donnait l'impression d'avoir la tristesse allègre. Devant mon sourire amusé, elle se troubla légèrement comme si elle craignait de s'être trompée de mots. « C'est comme cela que l'on dit, non ? » poursuivit-elle en proie à un léger doute qui ne parvenait néanmoins pas à abîmer son sourire irradiant…

« Raconte-moi en quoi tu es harcelée. Cela se passe comment ? » l'interrogeai-je, pressé d'entendre cette sémillante petite victime s'amuser de me raconter son drame. « Eh bien, c'est ma meilleure amie, enfin je devrais dire mon ex-meilleure amie. Elle n'est pas sympa avec moi depuis que je ne lui parle plus », continua-t-elle, sans perdre son ton rieur. « C'est un peu normal qu'elle ne soit pas sympa avec toi si tu ne lui parles plus », lui fis-je remarquer en me laissant contaminer par son sourire pour relancer ce qui commençait à ressembler davantage à une conversation badine qu'à un véritable entretien. « Oui, sûrement », concéda-t-elle en hochant un peu sa tête pour acquiescer mais en demeurant toujours aussi hilare.

Si la souffrance et le sentiment d'impuissance sont, comme je l'ai souligné à de nombreuses reprises, des composantes essentielles du harcèlement[9], je n'en voyais pas la plus infime trace dans le tableau que me présentait Iona. La maman, trouvant sans doute que la pièce musicale que me jouait sa fille n'était pas très convaincante, vint y ajouter un fameux bémol en espérant, par les notes qu'elle s'apprêtait à ajouter, qu'elle pourrait métamorphoser instantanément l'hymne à la joie galvanisant de sa fille en requiem plombant.

Avec un léger trémolo dans la voix, elle rappela à Iona le jour où, il n'y a pas si longtemps, elle était revenue de l'école en pleurant. « On ne met quand même pas sa fille à l'école pour la voir revenir en sanglots. Moi, cela m'a déchiré le cœur de la voir comme cela… » plaida la maman éplorée, tandis que Iona conservait son délicieux sourire. « Iona explique à Monsieur à quel point tu étais mal ce jour-là », suggéra alors la maman avec une pointe d'agacement. Visiblement, elle supportait mal de voir sa fille interpréter avec si peu de conviction la partition de « victime » qu'elles avaient pourtant si bien répétée ensemble.

Je me tournai vers Iona qui gardait son air débonnaire. La petite sans laisser tomber son merveilleux sourire se mit à raconter comment elle et sa meilleure amie – son ex-meilleure

---

9 Bruno Humbeeck, *Pour en finir avec le harcèlement*, Odile Jacobs, 2019.

amie. Depuis, elle s'en était fait plein d'autres et des « encore meilleures », avait-elle tenu à préciser – avaient pour habitude d'initier des parties de Pif Paf Pouf pour déterminer qui serait le « chat » dans le jeu qu'elles mettaient en place. Elle ajouta qu'ordinairement c'était elle qui prenait l'initiative de lancer le Pif Paf Pouf, mais que, ce jour-là, elle avait été inattentive et Charlotte en avait profité pour devenir maître du jeu. Par la suite, elle avait payé lourdement son inattention. Charlotte, redoutable traîtresse, avait en effet profité du statut qu'elle s'était attribué pour faire perdre Iona et l'obliger à prendre le tour du « chat ».

Cette histoire de chat choisi à pouf n'était sans doute pas des plus passionnantes et je commençais à m'interroger sur le sens profond d'un métier qui m'obligeait à prêter une oreille attentive à des histoires aussi dépourvues d'intérêt, tout en me demandant également sans doute, quelque part dans un coin de ma tête, comment on pouvait oser réclamer une quelconque rémunération juste pour faire semblant de se passionner pour des insignifiants récits d'enfant. Tout cela pour dire que mon écoute devenait aussi flottante que celle d'un psychanalyste. Cela ne gênait apparemment pas Iona qui se lança, en continuant à parler sur le même ton enjoué, dans une longue explication des règles très peu rigoureuses du Pif Paf Pouf et de l'opportunité qui était laissée à celui qui initiait le jeu de faire à peu près ce qu'il voulait pour désigner celui qu'il choisissait, en faisant semblant que cette élection était le fruit du seul hasard.

Il n'était évidemment pas question dans tout cela de harcèlement et, sortant de mon attitude de psychanalyste somnolent, je me questionnais alors plus sérieusement pour faire le lien entre la lettre dramatique de la maman et cette historiette qui rendait compte du déroulement somme toute typique de tous les jeux d'enfant, notamment lorsqu'ils sont utilisés pour se répartir le pouvoir entre eux.

Je me tournai vers la maman avec ma tête en forme de point d'interrogation. À mon grand étonnement, elle trouvait le récit de sa fille édifiant. « Vous voyez… Et c'est toujours comme cela. Iona est complètement sous sa coupe. Elle a monté toute la classe contre elle. Pour Iona, c'est devenu littéralement invivable. » J'étais complètement perdu. Comment serait-il possible de trouver un terrain d'entente, même minuscule, entre une maman exagérément compatissante et moi qui ne parvenais pas à concevoir une once de pitié pour une enfant qui semblait à peine égratignée d'avoir été un peu contestée dans sa position de leader au Pif Paf Pouf ? Comment pourrions-nous accorder nos violons ? Elle jouait en *adagio* pour demeurer dans la mesure d'un requiem, j'alternais l'*allegro non troppo* d'un hymne à la joie et l'*andante tranquillo* d'une symphonie pastorale...

Était-ce le moment de faire la leçon à la maman éplorée en lui expliquant qu'un jeu d'enfant est généralement empreint par eux d'un sérieux qui n'impose pas la gravité ? Devais-je au contraire tenter de mettre mes violons au diapason des siens en creusant les émotions d'Iona pour vérifier comment, au plus profond d'elle-même, elle avait ressenti sa déchéance du poste de maîtresse absolue du Pif Paf Pouf ?

J'étais littéralement perdu et, comme toujours dans ces cas-là, pour résister à ma double impulsion qui, je le devinais, m'envoyait dans un cul-de-sac, je tentai de toutes mes forces de m'accrocher à l'idée que si des personnes avaient pris la peine de se déplacer jusqu'à moi et envisageaient même de me rémunérer pour que je les écoute, ils devaient bien avoir une bonne raison de le faire. M'appuyant sur cette idée, j'ai toujours le réflexe de me demander où, dans une famille, se niche l'essentiel de la souffrance où se cache le nœud d'inconforts qui la constituent. Sans doute pas en Iona. Mademoiselle-joie-de-vivre n'avait besoin de moi que pour distribuer encore plus de ses sourires pétillants d'enfant joyeux.

Par contre, la maman semblait effectivement porter toutes les misères du monde. Elle s'était littéralement composé, comme l'aurait dit en son temps ma grand-mère, le visage de quelqu'un qui a « perdu sa quinzaine ».

Je me tournai donc vers elle et lui demandai si elle-même n'avait pas été harcelée à l'école ? Sa réponse fusa : « Vous n'imaginez pas Monsieur, j'ai vécu l'enfer... au point de faire une tentative de suicide. » Elle me raconte alors des épisodes, extraits de sa vie scolaire, truffés de scènes de violence insoutenable et d'humiliation invivable, qui n'avaient évidemment, elles, absolument plus rien d'un jeu d'enfant. Elle en était sortie avec une scolarité précocement avortée et une estime d'elle-même complètement ravagée. D'ailleurs, sa vie professionnelle et affective n'avait été, par la suite, qu'une litanie d'échecs en raison notamment de ce fardeau trop lourd à porter qui lui causait une peine dont elle n'était jamais parvenue à se débarrasser.

Le contraste de cette maman éteinte avec sa petite fille rayonnante était saisissant. C'était comme si se tenaient sous mes yeux la face sombre de la lune, d'un côté, et le soleil radieux, de l'autre. Tenter de leur organiser un rendez-vous était à la fois vain, illusoire et inutile. Jamais, ils ne tomberaient d'accord sur le sens à accorder à une scène banale et quotidienne de la vie scolaire. La maman avait incorporé une grille d'interprétation qui l'incitait à mettre du noir partout, là où Iona disposait des feutres pour repeindre tout en couleur. La plus petite ombre dans le tableau joyeux que la petite fille composait continuellement était aussitôt perçue par la maman comme l'indice d'une possible extinction des feux, d'un probable prochain tarissement de lumière.

C'est pour cela sans doute que Iona mettait tant d'énergie à sourire en permanence en indiquant, par sa joie un peu surjouée, que sa palette personnelle n'était composée que de couleurs vives, chaudes et joyeuses. C'est d'ailleurs généralement comme cela qu'une petite fille, généreuse et ensoleillée, s'y prend pour réchauffer sa maman et lui distribuer les rayons dont elle a besoin pour que sa part ombrée ne finisse pas par s'abîmer dans le noir complet.

C'est évidemment très fatigant d'être un soleil à temps plein pour sa maman et il est naturel de temps en temps de laisser percer un peu de grisaille. C'est ce qui s'est produit ce jour où elle est rentrée de l'école en ronchonnant et en pleurnichant parce qu'elle s'était laissé damer le pion par son amie dans un jeu d'ordonnance collective et avait été remise très légèrement en question dans la position de dominante qu'elle occupait visiblement à l'école. La maman au pinceau noir, armée de sa redoutable grille d'interprétation, avait perçu ce tout léger tremblement hiérarchique comme les premiers signes qu'un soleil palissant donne parfois avant de se muer lentement en étoile éteinte.

Cette maman au passé terni offrait ainsi sa caisse de résonance pour amplifier l'émotion superficielle éprouvée incidemment par sa lumineuse petite fille. La petite était à peine chagrinée de se voir ravalée au rang de chat perché. La maman, elle, rameutait aussitôt tous ses souvenirs de chat perpétuellement tourmenté pour transformer en désespoir ce repositionnement ludique ponctuel. La tristesse épisodique se nourrissait ainsi de cette désespérance chronique pour échapper à celle qui l'avait ressentie initialement avec une intensité modérée et prendre l'apparence de cette émotion enflée que l'on appelle un « sentiment par délégation ».

« Je pense que je suis harcelée… », en était arrivée à suggérer Iona, sans croire véritablement à ce qu'elle disait, mais en bougeant si bien les lèvres pour suivre les suggestions de sa maman ventriloque qu'on aurait pu se prendre au jeu et en oublier que celle qui monopolisait l'attention par son sourire éclatant n'était en réalité pas celle qui parlait.

C'est pour cela qu'il est important au cours d'un entretien familial de ne pas focaliser son attention de manière exclusive sur celui qui s'exprime, en jouant, plus ou moins parfaitement, le rôle de symptôme d'un mal qui n'est pas véritablement le sien. L'effet caisse de résonance, plus encore que l'effet portemanteau, permet précisément de repérer ce type de situations dans lesquelles une émotion embryonnaire se trouve projetée dans le monde vécu d'un autre pour prendre ancrage sur un sentiment de la même nature, mais d'une intensité différente parce qu'il s'est installé profondément et durablement dans une vie au point d'en contaminer le sens et d'en parasiter la signification.

Si j'en étais resté à Iona, j'aurais sans doute moi aussi participé à l'amplification artificielle de l'émotion d'une petite fille qui râlait momentanément d'avoir perdu à un jeu de cour de récré. Au jeu du Pif Paf Pouf, l'ombrageuse maman aurait, pour sa part, systématiquement fait Plouf. Aussi, était-il important de comprendre que le fait de voir sa petite fille prendre une place dominante dans les groupes exerçait sur elle une sorte de fascination.

Or, la fascination, c'est en quelque sorte de la peur étonnée… La crainte de deviner les germes de la déchéance dans chaque tentative un peu plus difficile d'affirmation de soi fait naître un fond d'anxiété qui contamine l'interprétation que l'on se fait de tout et empêche de vivre les choses avec une véritable sérénité. « Vous êtes fière de Iona, n'est-ce pas ? » demandai-je alors à la maman ombreuse en souriant pour lui donner, moi aussi, un peu de lumière et lui indiquer à quel point je pouvais concevoir qu'on puisse être à ce point admiratrice du soleil quand on a grandi sous un ciel ténébreux.

« Oh Monsieur, vous n'imaginez pas ! Elle est ma plus grande réussite ! » Là, pour le coup, la maman mal lunée prit une allure réellement ensoleillée comme si le simple fait d'évoquer Iona suffisait à la remplir de joie. Je profitai de cette spectaculaire éclaircie pour poursuivre notre entretien sur un rythme mieux enjoué. Je risquai donc le *moderato* et poussai même jusqu'à l'*allegro non troppo* tant je la sentais maintenant capable de mettre ses violons au diapason des miens. « Vous avez raison, elle est super Iona ! D'ailleurs, je vous suggère de la mettre bien à l'abri des psys de tout acabit, y compris moi. Vous savez, quand on travaille dans la santé mentale, on est vite tenté de trouver chez une personne des raisons d'aller mal juste pour justifier le travail inutile qu'on fera ensuite avec elle… Votre petite fille n'a pas besoin de qui que ce soit pour être bien dans sa peau et je trouve d'ailleurs très gentil de sa part de s'être dévouée pour accompagner, un samedi matin, sa maman à une séance parce qu'elle aurait, selon elle – et je partage son avis –, un besoin urgent de parler. »

Comme pour souligner la pertinence de ce que je venais de dire, Iona redoubla la force de son sourire, ce qui en soit constituait un véritable exploit. Le petit soleil radieux faisait de son mieux pour briller de mille feux. J'orientai donc la maman vers un confrère mieux équipé que moi pour s'occuper des mamans dépressives.

Sa maman et moi sommes vite tombés d'accord sur le fait que ce suivi s'avérerait très utile pour tordre enfin le cou à

> ces fantômes malfaisants que des années de harcèlement ont laissé traîner en elle. Je pensai pour ma part que cela serait certainement utile également pour permettre à Iona de reposer un peu à l'avenir ses muscles zygomatiques parce qu'elle ne se sentirait plus condamnée à réchauffer à temps plein le territoire désolé d'une maman que la vie, en cognant trop fort, n'avait pas ménagé.

L'hypertrophie émotionnelle parentale qui, si on est fan d'acronymes, est désignée par le terme HEP, rend les émotions particulièrement inconfortables à vivre pour l'enfant. Celui-ci finit en effet par confondre l'état émotionnel fugace qu'il ressent avec celui, plus intense, qu'il provoque chez son parent. Ce dernier, en offrant une caisse de résonance à l'affect de son enfant, perçoit lui aussi confusément qu'il ne fait en définitive que l'amplifier. Il ne prend cependant pas toujours le temps suffisant et ne dispose pas nécessairement d'une clairvoyance suffisamment aiguisée pour mettre cette hypertrophie en lien avec ce qui, dans l'histoire de sa propre vie, a contribué à installer au fond de lui cet amplificateur sentimental.

L'« amplificateur sentimental » influence profondément la grille d'interprétation avec laquelle un parent décode le vécu de son enfant. L'écart produit entre la perception qu'il se fait de ce que vit l'enfant et la manière dont celui-ci vit effectivement les choses crée ainsi de nombreuses perturbations dans la communication entre un parent, qui accorde une attention démesurée à chaque évènement susceptible de nourrir l'affect, et un enfant, qui ne prend pas conscience de cette importance. Une relation, soumise à de telles perturbations émotionnelles continues, ressemble à un fil électrique traversé de décharges multiples et imprévisibles qui, à force de se répéter, finissent par faire « péter un câble ».

Un cercle vicieux se met alors en mouvement chaque fois que l'état émotif de l'enfant produit une émotion chez le parent qui, en réponse, augmente l'intensité du vécu émotionnel de l'enfant. La peur enfantine, en provoquant de l'anxiété chez l'adulte, se nourrit de ce qu'elle produit pour gagner en intensité et en durée. Elle devient alors de l'effroi quand elle se fait intense et de l'angoisse quand elle se prolonge dans le temps. C'est comme cela que l'effet caisse de résonance se met à évoquer ce que nous avons appelé plus haut une « cascade d'émotions ».

L'ENFANT ÉPEURANT, EXASPÉRANT ET/OU DÉSESPÉRANT : QUAND L'ENFANT DEVIENT EXCESSIVEMENT ÉMOUVANT...

L'enfant qui a peur, l'enfant apeuré, lorsqu'il réveille, à travers son état émotif transitoire et fugace, de l'anxiété réfléchie et de l'angoisse durable chez son parent se transforme en quelque chose qui ressemble à un enfant épeurant. Pour un rien, il suscite l'effroi, pour deux fois rien il fout les boules, pour trois fois rien il crée la panique. C'est pour cela que les parents, tant pour se préserver eux-mêmes que pour éviter de provoquer une secousse émotionnelle qu'ils supposent trop vive pour leur enfant, ont tendance très tôt à s'éviter eux-mêmes, en même temps qu'ils sevrent leur petit, toute exposition à une peur qui pourrait, selon eux, l'abîmer en nourrissant ses cauchemars nocturnes et en cultivant son anxiété diurne.

Ils veulent bien les *Schtroumpfs* mais à condition qu'on gomme le Cracoucass et qu'on fasse l'impasse sur Gargamel. Ils sont d'accord pour *Blanche-Neige* mais sans la sorcière et, plus tard, ils opteront pour des films garantis sans zombie, des séries sans trace de vampires et des jeux vidéo vides de monstres en tout genre ou de créatures diaboliques. Bref, il restera à grandir avec les *Télétubbies* et les *Bisounours* avant de passer à *Kirikou* pour arriver à un cinéma sans ressorts émotifs qui évacue tout ce qui, en évoquant la mort indomptable, le surnaturel peu maîtrisable ou l'imaginaire effroyable, risque de ranimer, tant chez eux-mêmes que chez l'enfant, puis l'adolescent, qu'ils pensent fragiles, une sourde angoisse qui sommeille et n'attend qu'un faible signal pour se réveiller.

Être un enfant apeuré/épeurant n'a rien d'une sinécure. Toute l'énergie mise pour attirer l'attention risque en effet de se transformer chez lui en carburant pour faire peur. L'enfant apeuré/épeurant n'a parfois l'impression de n'exister pleinement, de n'intéresser complètement que lorsqu'il inquiète, lorsqu'il suscite de l'anxiété ou lorsqu'il est porteur d'angoisse.

« On s'inquiète pour le petit… Il est un peu introverti… il n'est pas assez expansif. On a peur qu'il ne soit pas heureux », « On se fait du souci pour notre aînée, elle a trois ans et, à la crèche, elle ne fréquente pas les autres, elle n'a pas vraiment d'amis », « Je suis toujours à l'affût de tous les signes de mauvaise santé. Quand elle tousse, je pressens déjà la pneumonie… », « Il a peur de tout, alors on évite tous les jeux qui pourraient l'effrayer ou les dessins animés qui pourraient lui faire un peu peur… le méchant loup, les histoires de monstres, les trucs de fantôme… tout cela on évite… en fait, on déteste l'idée qu'il puisse avoir peur… résultat, il a peur de tout et fait des crises d'angoisse pas possibles. C'est pour cela que l'on est venus vous voir. »

Les motifs de consultation des parents confrontés à l'éducation d'un enfant épeurant vont dans tous les sens. Ils prennent pour cible aussi bien l'inquiétude de leur enfant, leur propre préoccupation face à la réserve dont il fait preuve et la manière dont celle-ci se répercute sur sa façon de gérer ses peurs. Bref, des peurs emmêlées, des craintes enchâssées ou de la frayeur embrouillée au sein desquelles on ne parvient pas à distinguer ce qui appartient à l'un et ce qui est du ressort de l'autre.

Les parents qui cherchent à tout prix à éviter que leur enfant soit exposé à une expérience de peur leur rendent en réalité un bien mauvais service. La peur est une émotion et, à ce titre, elle n'est ni bonne ni mauvaise, ni juste ni injuste, ni vraie ni fausse, elle « est » et, en tant que telle, elle se révèle même indispensable au développement de l'être humain.

Jouer avec ses peurs, les éprouver dans un cadre sécurisant et en faire un objet d'échange à travers les histoires que l'on se raconte constitue à cet endroit une occupation humaine essentielle. L'être humain a besoin de connaître ses peurs. Bien plus, il a besoin de se connaître face à la peur. Savoir nommer ce qui lui fait peur. Savoir qui il est face à ses objets d'effroi. C'est une étape indispensable du développement du petit être humain.

Avoir peur, c'est apprendre à fuir autant que comprendre quand il est envisageable d'attaquer. Le courage réside, à cet endroit, tout autant dans l'acceptation d'une réalité que l'on se sait impossible à changer que dans la confrontation à un réel sur lequel on se devine en mesure d'exercer une influence.

FRANÇOIS LA TERREUR, L'ENFANT QUI RÊVAIT DE SE FAIRE PEUR...

Pour illustrer cette figure de l'enfant épeurant, je pense au petit François, un enfant d'une dizaine d'années dont les parents avaient été orientés vers moi par son école parce que ses enseignants ne parvenaient pas à contrôler les conduites de harcèlement dont il se rendait coupable vis-à-vis des élèves plus fragiles qu'il côtoyait en classe et plus particulièrement l'un d'entre eux. Il se comportait vis-à-vis de lui comme un véritable persécuteur et passait apparemment plus de quatre-vingts pour cent de son énergie mentale à se demander comment il pourrait le tourmenter suffisamment pour lui faire regretter amèrement de partager le même établissement scolaire que lui.

La petite terreur des cours de récréation ne ressemblait pourtant en rien à l'image que l'on se fait d'un gangster de bacs à sable ou d'un brigand des terrains de jeu. Il n'avait ni le physique d'un hell's angel ni la dégaine d'un parrain de la mafia.

C'était un petit blond tout bouclé à qui, s'il l'avait demandé, on aurait probablement donné le bon Dieu sans confession. Il ne le demandait par ailleurs pas et assumait même sans mal le titre de « harceleur en chef » que lui avait décerné son instituteur.

Il ne voyait pas, pour sa part, le mal qu'il y avait à s'amuser en menaçant tout le temps, en frappant de temps en temps pour rendre la menace crédible et en pourchassant toujours le même malheureux qui, sans raison particulière, avait eu la malchance de devenir sa cible.

Je m'efforçai de stimuler son empathie en l'invitant à se mettre à la place de celui qu'il faisait souffrir. Mais c'était sans succès. Ses deux parents confirmèrent, en souriant de satisfaction d'avoir engendré une pareille forte tête, avoir tenté vainement la même expérience. François ne voyait pas malice à ce jeu qui consistait à s'alimenter de la peur qu'il provoquait chez un de ses condisciples. Il ne le faisait pas pour devenir un dominant dans la classe en exhibant face à la classe ou à une partie de celle-ci l'étendue de sa puissance, comme c'est généralement le cas dans les situations de harcèlement[10]. Non, François se passait sans mal d'un public. Il ne voulait pas être le chef incontesté d'un groupe quel qu'il soit, il ne voulait être le maître absolu de personne. Il voulait juste faire peur. Il jubilait de terroriser, exultait de produire de l'épouvante...

Ses parents ne comprenaient pas l'origine de cette tendance à manipuler joyeusement l'effroi. La maman concédait juste qu'il tenait sans doute de son mari ce côté « taquin » et « volontiers moqueur » qui incitait ce dernier à manier le sarcasme, l'ironie et le cynisme à tour de bras, tant dans son espace professionnel que dans sa vie privée, au point d'avoir fait, à sa grande satisfaction, le vide autour de lui. Le papa était, par ailleurs, visiblement fier de ne compter aucun ami et d'être partout redouté pour son art

---

[10] Bruno Humbeeck *et al.*, *Prévention du harcèlement et des violences scolaires. Prévenir, agir, réagir...*, De Boeck, 2016.

consommé de remettre les gens à leur place d'un simple trait d'esprit ou d'une remarque humoristique cinglante…

Mais jamais, au grand jamais, ce papa à l'humour agressif n'aurait frappé qui que ce soit, menacé quiconque physiquement ou même envisagé de le faire. C'était un pacifiste convaincu et même un militant absolu. Il participait, à ce titre, avec toute sa famille, à toutes les marches possibles et imaginables, que ce soit pour la paix dans le monde, pour la sauvegarde de l'écosystème des ours blancs, pour la sécurité routière des véliplanchistes, pour la suppression de la vente des armes aux manchots ou pour la remise en liberté des canaris de plus de sept ans et pour tout ce qui en définitive pouvait l'inciter à marcher positivement pour ou à se mobiliser pacifiquement contre, il était partant et entraînait dans son sillage sa famille.

Il était, comme il me demandait par ailleurs de le constater, un idéaliste profond qui mettait un point d'honneur à faire grandir son fils dans un monde sans violence. Il s'était d'ailleurs, tout comme son épouse, montré très attentif depuis la naissance de François à ne pas l'autoriser à regarder n'importe quoi. Il veillait, par exemple, à expurger les écrans de tout ce qui pouvait effrayer, attrister ou dégoûter son enfant. Résultat, à part *Kirikou*, matin, midi et soir, il ne tolérait pas grand-chose.

Ce n'était donc pas dans les aventures de *Tom et Jerry* que son fils avait pu trouver l'inspiration pour pourchasser, de manière quasi compulsive, une éternelle victime potentielle. Tous les dessins animés qui n'affirmaient pas clairement leurs valeurs humanistes étaient immédiatement relégués au rang d'inepties inutiles. Même chose pour les parcs d'attractions et ce genre de divertissements dans lesquels on prend, selon lui, un plaisir stupide à se faire peur sans raison. Ce n'était fait ni pour lui ni pour aucun membre de sa famille. Pas question d'exposer François à cet univers de sensations pour futurs névrosés. Il y avait bien d'autres choses à faire dans un monde qui tournait de plus en plus à l'envers que de s'envoyer en l'air sur des manèges dans le seul espoir de se procurer des sensations fortes. Bref, dans la famille de François, on avait plutôt les idéaux larges et on se préoccupait apparemment bien plus de promouvoir le bien dans le monde que de l'activer plus directement autour de soi en mettant un frein à main sur les conduites blessantes ou les remarques acerbes que l'on s'autorisait à distribuer un peu à l'aveugle en se foutant éperdument des dommages que l'on pourrait causer.

Ainsi, quand je demandai au papa et à la maman comment ils jugeaient la conduite de leur fils, ceux-ci n'y trouvaient en réalité pas grand-chose à redire. Il s'agissait d'un jeu d'enfant et ils supposaient même que l'enfant mis en difficulté par François était sans doute un peu trop sensible et qu'il le devait probablement à un manque de contrôle parental par rapport à ce qui lui était donné à voir à la maison.

À ce stade de l'entretien, j'avais le choix entre deux postures qui, toutes les deux, présentaient l'inconvénient de risquer de me lancer avec les parents dans un bras de fer pédagogique. Le problème avec les personnes qui, comme les parents de François, se posent avec des convictions, c'est qu'ils sont plus difficiles à convaincre de leurs errements que ceux qui se trompent en toute bonne foi, sans prétendre le faire au nom d'un système de valeurs indéboulonnable. Pour moi qui cultive le doute méthodologique au point de ne plus jamais être certain de grand-chose, les personnes nourrissant des convictions fortes se posent, globalement, comme un insoluble mystère et se présentent souvent comme un impossible défi. Bref, je cherche peu à les convaincre et je préfère généralement consacrer mon énergie à ceux qui ont les certitudes flottantes et les laissent doucement se balancer au gré de leurs doutes.

J'hésitais donc à me lancer dans un des plaidoyers que me suggéraient les positions que je me sentais capable de tenir. Dans la première posture, je pouvais tenter de convaincre Monsieur et Madame idéalistes du bien-fondé de la position de l'école qui ne pouvait pas admettre que François continue à s'amuser de la peur qu'il provoque. Ma plaidoirie aurait sans doute été articulée autour d'une définition rigoureuse du harcèlement et aurait mis François dans une position d'accusé dont j'aurais fini, à tort ou à raison, par réclamer la tête. Je ne doutais pas un instant que le papa se serait alors transformé *illico* en une sorte d'avatar de

Dupond-Moretti[11] et que, non content de sauver la tête de son fils, il se serait payé la mienne en refusant de rémunérer quelqu'un qui se permettait de traiter son fils comme un présumé coupable.

L'autre posture, plus tentante parce que plus authentique, m'invitait à démonter le pseudo-idéalisme de ces parents qui me paraissaient avoir la marche facile pour le monde en général, mais me semblaient avoir la démarche beaucoup moins aisée dès lors qu'il s'agissait de venir en aide à ceux qui sont juste à côté d'eux. Je leur aurais alors collé un procès en générosité intellectuelle de surface et en manque d'altruisme factuel qui m'aurait probablement poussé à les foutre dehors sans pouvoir évidemment prétendre être payé pour cela. C'était tentant mais, outre le fait que cela aurait soulagé mes nerfs, cela ne m'aurait rien rapporté et n'aurait rien apporté ni à François ni au malheureux qui faisait l'objet de sa persécution.

Bref, comme je ne tenais pas à avoir écouté bénévolement pendant plus d'une heure ce papa m'exposer sa théorie de l'engagement et, surtout, parce que je tenais à apporter une réponse réelle au problème que posait François à l'école, je renonçai à chacune de ces deux postures pour m'engager dans une troisième en suggérant à François de jouer avec moi à un jeu que je venais d'inventer.

Comme il faisait de plus en plus noir, je lui proposai d'aller au fond de mon jardin pour faire le tour de la cabane qui s'y trouve. François me regardait avec étonnement, et ses parents aussi, mais en y ajoutant un soupçon d'inquiétude alimenté par les doutes qui les envahissaient soudainement à propos de ma santé mentale.

La suite immédiate n'allait pas de ce point de vue les rassurer. Je recommandai aussitôt à l'adresse de François de faire preuve de prudence parce que j'élevais en ce moment une meute de loups et que ceux-ci, à la tombée de la nuit, avaient tendance à se balader autour de la cabane. Je lui proposai donc de rejoindre la cabane sans faire le moindre bruit, d'y allumer la lampe pour me

---

11   Éric Dupont-Moretti est un célèbre avocat pénaliste réputé pour le nombre d'acquittements qu'il a obtenus sur le territoire français.

prouver qu'il l'avait bien atteinte, puis de revenir en courant pour éviter de se faire surprendre par un des loups dont l'attention allait inévitablement être attirée par la lumière.

François me regardait maintenant avec une excitation visible. Il se levait déjà pour s'engager dans sa périlleuse aventure avec un sourire fendant son visage d'une oreille à l'autre quand sa maman vient à son secours : « Monsieur, vous n'allez quand même pas laisser sortir François… » Je dus lui expliquer à elle, la maman, que je n'avais pas de loup et que c'était juste un jeu pour permettre à François de ressentir ce qu'est la peur en jouant avec elle.

Le papa moqueur, pour le coup, me trouva amusant et se mit enfin dans les conditions d'entendre ce que signifie l'intelligence émotionnelle et comment un enfant doit nécessairement avoir l'opportunité de vivre toutes les émotions s'il veut en connaître la palette.

Le papa, très prolixe quand il s'agissait de parler de lui, se remit alors à explorer ses propres peurs d'enfant et, concédant qu'il avait tendance, lorsqu'il était petit, à avoir peur de tout, avait lui-même souffert d'être, toute sa vie d'enfant, surprotégé par une maman anxieuse et un papa toujours à l'affût du moindre danger.

Nous établîmes un programme d'exercices émotionnels destinés à permettre à François de jouer en toute sécurité avec ses peurs. Les parents finirent par trouver l'exercice amusant et c'est ainsi que, de fil en aiguille, nous en sommes venus à évoquer un jeu dans lequel il était quand même question de sauver le monde. Ce jeu rencontrait évidemment parfaitement les valeurs de ces parents aussi idéalistes qu'eux… J'en détaillai à leur intention plus précisément le synopsis et en développai plus complètement l'argument… Cela suscita évidemment leur enthousiasme sans limite jusqu'au moment où je fus bien obligé de prononcer le nom dudit jeu : *Fortnite*.

Ils furent sidérés quelques secondes mais, forts de notre conversation qui les avait mis en confiance, se reprirent bien vite. Les quelques « Mais vous êtes sûr que… », « D'après ce que j'en ai entendu… », « Vous êtes vraiment certain… » ne firent de toute façon pas le poids devant l'enthousiasme de François

> qui leur avoua rêver depuis longtemps sans jamais avoir osé le demander de pouvoir, un jour, obtenir ce jeu auquel toute sa classe jouait...
>
> J'envoyai aussitôt la famille dans le magasin de jeux vidéo de garde et fis en sorte que François l'obtienne contre son engagement formel de ne plus tenter d'une façon ou d'une autre de faire peur à qui que ce soit à l'école... Il m'en fit la promesse et il est visiblement parvenu à la tenir, si j'en crois ce que m'en a rapporté son école par la suite. Sans doute était-il trop occupé à cultiver sa peur dans un espace virtuel en tentant avec ténacité et, au grand bonheur de ses parents, d'y sauver le monde.

L'imbroglio émotionnel dans lequel s'empêtre le couple parent-enfant dans une babycratie peut porter sur chaque émotion puisque, hormis la joie qui y est évidemment survalorisée, tous les états émotionnels de l'enfant sont considérés comme problématiques. Si papa ou maman ont peur quand j'ai peur, j'aurai peur de les effrayer et je finirai alors par me méfier tellement de mes peurs d'enfant... que j'en aurai peur...

Or, la peur d'éprouver de la peur constitue précisément le creuset de ce que l'on appelle communément l'« angoisse ». Dans le même ordre d'idées, si l'accès à la peur m'est interdit, si je ne suis pas autorisé à éprouver de la peur, je risque tout autant d'éprouver, un jour ou l'autre, cette angoissante peur de la peur... Bref, pour éviter les effets pervers d'une émotion devenue un sentiment sous l'effet amplificateur de la caisse de résonance parentale, il est souvent très utile de permettre à un enfant de « jouer » avec ses peurs. C'est notamment ce que nous enseignent des dessins animés comme *Vice-versa* ou *Monstres et Cie* qui, sur ce plan-là, constituent véritablement des œuvres de salut public.

L'**enfant épeurant**, fatigué de canaliser l'angoisse parentale, vit comme un véritable soulagement tout ce qui semble temporairement ou durablement lever l'anxiété qu'il provoque par ses conduites mal comprises ou interprétées en fonction d'un canevas préalable essentiellement anxiogène. C'est pour cela que, pendant mes consultations, j'essaie souvent de sourire gentiment des craintes parentales sans pour autant les tourner en dérision. En stimulant, par mon regard amusé et dédramatisant, leur expression explicite dans un cadre relationnel bienveillant et sécurisant, je parviens généralement à provoquer un soulagement immédiat du climat familial. C'est ce qui se produit notamment quand chacun, en remettant des mots sur les peurs qui le concernent, permet en conséquence à l'autre de se réapproprier les siennes.

Les parents hélicoptères adoptent bien évidemment des conduites qui favorisent la naissance de ces enfants épeurants. Cela ne signifie pas évidemment que le type de parentalité soit la cause, mais que l'on constate une corrélation entre cette tendance éducative et la propension de l'enfant à manifester des comportements, à mettre en scène des attitudes ou à adopter des conduites qui s'harmonisent au style parental. Un peu comme une danse qui se réalise à deux dans laquelle les pas des uns s'emboîtent aux pas des autres sans que l'on puisse au final déterminer qui définit la chorégraphie, qui fixe la cadence et qui prend l'initiative de suivre le rythme.

Le souci de « garder le contrôle » est par nature propice à la mise en place d'un duo au sein duquel les peurs de l'un renforcent les peurs de l'autre par l'effet de caisse de résonance émotionnelle qu'elles exercent. Cette dyade se met notamment en mouvement chaque fois que les parents perçoivent l'inefficacité de leurs stratégies de contrôle et l'inanité de leur souci de placer sous haute protection la trajectoire de leurs enfants.

Les peurs qui, à force de se répéter, se transforment en inquiétude chaque fois que l'on commence à se poser des questions à leur sujet. L'inquiétude qui finit par se muer en anxiété ou en angoisse quand elle contamine toute la vision du monde de celui qui l'éprouve de manière durable… Peur, inquiétude, anxiété et angoisse prennent alors toute la place… C'est évidemment paradoxal alors que l'on ne voulait de la place que pour la joie, mais c'est somme toute assez naturel quand on connaît la vitalité d'une émotion que l'on cherche à tout prix à comprimer, à dénier ou à refouler. On la laisse alors généralement s'infiltrer partout et on lui donne dès lors, alors que l'on cherchait précisément le contraire, un espace démesuré chaque fois qu'en la laissant combler le vide, on la laisse s'installer partout où l'idée d'un bonheur total donnait des signes de fragilité.

Ce qui est vrai pour la peur l'est aussi, par ailleurs, pour la colère, la tristesse ou le dégoût. Un enfant trépignant de rage devient vite agaçant par l'excitation qu'il manifeste et peut même à la longue s'avérer exaspérant par la répétition de ses crises de colère. Il induit alors inévitablement un cercle vicieux à travers lequel les mouvements colériques des uns prennent appui sur ceux des autres pour se déchaîner.

L'**enfant exaspérant**, qui pousse à bout son parent, le met constamment sous ébullition. Or, cette colère parentale, quand elle s'exprime par crise, ne s'évacue que très imparfaitement. Elle laisse notamment traîner dans son esprit des traces qui prennent la forme de remords, de regrets. C'est ce qui se produit notamment quand elle prend brutalement ou sournoisement d'assaut le passé et provoque une culpabilité lancinante qui contamine la perception que le parent se fait de ses aptitudes éducatives. Combien de parents n'en viennent-ils pas ainsi à solliciter les excuses de leur enfant en s'estimant fautifs d'avoir craqué et en plaidant coupables de n'avoir pas été en mesure de demeurer les « parents zen » que la littérature leur prescrit de demeurer en permanence.

Le « parent zen », ce parangon de la pédagogie positive, c'est, rappelons-le, celui qui, en toute circonstance, « accueille » l'émotion de son enfant et, en demeurant parfaitement maître de ses propres émotions, n'y oppose, quelles que soient l'intensité, la démesure et la manière inappropriée de les exprimer, que sa propre empathie bienveillante et sans borne.

« J'accueille ta colère », « J'entends que tu n'es pas content », « Je te remercie de me faire confiance en me faisant cadeau de tes émotions »... Toutes ces postures artificielles ont pris le pas sur les « Maintenant, tu vas te calmer », « Je n'en peux plus de tes colères », « Là, je te conseille d'arrêter parce que tu m'énerves fameusement ! » et autre « Je veux juste être tranquille ! », définitivement voués aux gémonies de la parentalité bas de gamme...

Pour ma part, je conseille même aux parents d'oser se soulager verbalement de temps en temps, quand la soupape menace d'exploser, en utilisant des formules explicitement imagées du genre « Là, tu me fais vraiment chier », « J'en ai plein le cul de tes colères » ou autre « Tu me les brises ! », qui indiquent que la digue de la tolérance parentale a effectivement été rompue sous l'effet de l'exaspération, au point que le vocabulaire, trop longtemps contenu, en a profité pour se libérer de ses chaînes. Pour un enfant, le message apparaît clair dès lors qu'il peut constater sans ambiguïté que, chez un parent qui se fâche, même les mots se lâchent.

Ce n'est pas une faillite parentale de réagir négativement à l'expression anarchique d'émotions que l'enfant considère comme toute-puissante. C'est même fondamental, si l'on ne veut pas tomber dans le piège d'une émocratie installée, de faire passer le message que l'on n'est pas toujours, tout le temps et en toute circonstance disponible pour « recevoir » une émotion et que l'on n'éprouve généralement aucune envie de l'entendre dans son expression brutale.

Pour beaucoup d'enfants, dans une happycratie émocratique, l'expression des émotions, c'est tout le temps, n'importe comment et à propos de n'importe quoi… Cadrer l'expression d'une émotion, ce n'est pas la nier, la dénier ou la contraindre au refoulement. C'est au contraire fixer un moment où l'on sera disponible pour l'entendre et imposer une manière de l'exprimer qui la rendra mieux intelligible.

Dire qu'il faut être à l'écoute des émotions, affirmer qu'une émotion « se dit et ne se contredit pas », c'est seulement prétendre, comme le faisait Deleuze, qu'une émotion n'est, en soi, ni juste ni injuste, ni vraie ni fausse, ni bonne ni mauvaise, qu'elle « est » et s'affirme d'être ce qu'elle est, un point c'est tout. À ce titre, elle ne peut être soumise à aucune prétention à la vérité, à la validité ou à la légitimité. C'est pour cela qu'une émotion doit toujours être, à tout le moins, entendue et, plus encore, écoutée et qu'on ne gagne jamais rien à la contester. Au nom de cet aspect incontestable de la réalité émotionnelle, que de dérives n'a-t-on cependant pas constatées ?

Qu'une émotion ne soit pas réfutable dans ses fondements n'empêche en effet pas qu'il est d'autant plus important d'apprendre très tôt aux enfants à exprimer ces états émotionnels d'une façon socialement acceptable (c'est l'apprentissage de la *socialisation des émotions*), à concevoir que c'est l'émotion qui est irréfutable et non pas le mouvement que celle-ci entend provoquer dans la réalité (c'est le *deuil de l'illusion de toute-puissance* de l'émotion quand elle tente de s'opposer à s'opposer une réalité qui s'impose) et enfin à comprendre que les autres, ceux qui ne sont pas lui, sont également animés par des états affectifs similaires (c'est *l'apprentissage de l'altérité*, c'est-à-dire en quelque sorte la « théorie de l'esprit » appliquée aux états affectifs).

Ce triple apprentissage (socialisation, deuil de l'illusion de toute-puissance et altérité) constitue le socle de la véritable intelligence émotionnelle et c'est elle qui, rappelons-le, permet d'établir la distinction entre un régime émocratique et une démocratie émotionnelle participative. Or, la véritable intelligence émotionnelle ne se limite pas, en effet, chez l'être humain à l'aptitude à identifier et nommer ses propres états émotionnels (intelligence intrapersonnelle) et ceux des autres (intelligence interpersonnelle), mais à concevoir le fonctionnement des états affectifs dans un monde social amené à leur donner du sens, à les associer à une signification et à leur conférer une forme culturelle.

C'est pour cela que, même s'il ne viendrait pas à l'idée de contester l'apport essentiel dans l'éducation d'une attention bienveillante portée aux émotions de l'enfant, il me paraît tout aussi important de concevoir qu'une telle attitude ne suppose cependant en rien de conférer aux émotions de quiconque un statut de toute-puissance, impérieuse et autoritaire. Or, pour cela, il est essentiel que le parent lui-même n'agisse pas comme un amplificateur émotionnel. Cela implique évidemment qu'il gagne en lucidité par rapport à ses propres états émotifs et s'autorise à leur donner une place.

Nous terminerons ce point par ce qui, dans une happycratie, constitue sans doute pour un parent le cauchemar absolu. Avoir un enfant qui manifeste de la tristesse, au point d'en devenir littéralement désespérant, est beaucoup plus fréquent qu'on ne l'imagine dans un régime familial qui consacre la joie comme émotion à la fois unique et exclusive. Le parent qui consulte pour un **enfant désespérant** est généralement au bout du rouleau. C'est la faillite éducative ultime, le dépôt de bilan pédagogique absolu.

Le désespoir de l'enfant apparaît fondamentalement aux yeux du parent comme littéralement désespérant. Le parent d'un enfant désespérant se présente dès lors lui-même inévitablement, dans une société qui impose d'éduquer dans la joie et pour la joie, comme un parent désespéré.

BENJI, BUSTER KEATON EN SÉRIES...

« On le voulait totalement heureux et il n'est pas seulement malheureux, il est carrément malheureux. Aidez-nous ! Donnez-nous une recette pour qu'il soit content... Faites-nous savoir comment nous pouvons le remplir de joie... Montrez nous des trucs pour lui faire plaisir... » Le désespoir des parents d'un enfant qui manifeste des signes de dépression apparaît souvent dans une happycratie sans limite. Dans une happycratie, l'enfant déprimé prend le rôle de brebis galeuse. Le parent d'un enfant trop souvent triste y prend, lui, résolument le costume d'un parent triste convaincu d'être un triste parent.

C'est le cas de la famille de Benji, un petit garçon de onze ans qui, selon son papa et sa maman, ne sourirait jamais et traînait, dans tout ce qui lui était proposé de faire, une mine désenchantée qui signifiait sans ambiguïté qu'il n'y prenait aucun plaisir. Véritable Buster Keaton plongé en enfance, Benji jouait effectivement à merveille son rôle d'enfant triste. Encadré par ses parents, deux sexagénaires visiblement dépourvus de toute fantaisie, il me regardait en prenant un air de chien battu comme pour m'affirmer que, ni dans ce bureau ni nulle part ailleurs, nous n'étions pas là pour nous amuser.

Le papa, le premier, se lança dans une longue narration de l'histoire de Benji. Il commença son récit, non pas à la naissance de l'enfant, mais bien avant celle-ci, au moment de la conception ou plus exactement du souhait de conception. Benji était un enfant désiré, plus que désiré même puisqu'il était le fruit d'un véritable combat qui a pris la forme d'un long et fastidieux programme de procréation assistée. Bref, Buster Keaton n'était pas seulement venu au monde, il avait littéralement été convoqué à naître, sommé d'exister.

Au début, selon les dires du papa, Benji avait eu une toute petite enfance normale même s'il paraissait un peu apathique et que sa maman, ayant été victime d'un post-partum blues, n'était pas en mesure de le stimuler. Bref, pour le bain de vie joyeux, il faudrait sans doute patienter un peu…

La suite se déroula d'une façon que le papa qualifia de « tranquille », sans secousses particulières et sans évènements notables. Benji et son bonheur à conquérir mobilisait toute l'attention du couple. Le petit disposait de tous les jeux qu'il souhaitait et sa chambre s'était transformée en caverne d'Ali Baba remplie de jouets et de livres tous plus amusants les uns que les autres… mais auxquels il ne touchait pas, manifestant déjà tout petit, au grand dam de ses parents, des signes d'ennui profond. À ce moment, le bain de vie joyeux était sans doute bien là, mais Benji refusait de s'y baigner.

Les parents multipliaient les sorties scrutant, sur le visage de leur enfant, l'ébauche d'une manifestation de joie. Les questions du genre « ça te plaît ? », « Tu aimes bien ? », « Tu trouves cela amusant ? » devant un spectacle de cirque, un dessin animé ou une attraction recevaient toujours en même réponse un « Oui » poli mais sans enthousiasme. C'était de l'assentiment triste, de l'adhésion molle, de l'implication atone. Le papa m'expliqua même qu'il avait tendance lui-même, dans le but de dynamiser Benji, à surjouer la joie en riant exagérément ou en applaudissant démesurément, en espérant, par contagion, exercer un effet positif sur l'état d'esprit de son fils. Rien n'y faisait, le papa avait beau faire semblant de nager avec allégresse dans le bain de vie joyeux, pour Benji, il était toujours hors de question d'y plonger.

À titre d'exemple, le papa qui se rêvait en puissant pourvoyeur de rires en éclats évoqua un week-end désastreux qu'il avait organisé pour sa famille à Euro Disney. Il avait imaginé cette escapade comme une immersion totale dans un bonheur féerique au sein d'un monde où les fées et les personnages imaginaires de Disney rivalisaient d'inventivité pour les amuser. Il avait anticipé l'idée de voir Mickey, Donald et Goofy se plier en quatre pour les faire rire et voyait déjà sa famille ivre de joie regarder, avec des étoiles plein les yeux, la parade enchantée de Noël. Bref, il avait imprimé dans sa tête les prospectus vendant un bonheur clé sur porte, proposant du rêve sans limite sur papier glacé et invitant à se laisser porter par un imaginaire conçu pour plaire à tous.

La réalité s'avéra tout autre. Attendre des heures pour se faire bousculer cinq minutes dans des autos tamponneuses aux effigies de Cars, se taper des files interminables pour faire trois tours de manège sur le dos d'un éléphant volant en carton-pâte et se farcir une parade, engoncés dans des cirés jaunes, sous une pluie froide n'eut, en définitive, rien d'amusant et si l'on y ajoute en arrière-fond les grondements d'une maman qui passe son temps à répéter que tout cela coûte un pont pour pas grand-chose et le manque d'enthousiasme de l'enfant, l'expérience, pour un papa qui avait imaginé offrir à sa famille un minitrip au paradis, tourna vite au fiasco, en suggérant même l'idée de ce que pouvait être l'enfer. Là pour le coup, le bain de vie joyeux s'était transformé en lac gelé.

D'autres expériences toutes aussi négatives ont contribué à confirmer les parents de Benji dans l'impression d'avoir affaire à une sorte d'infirme de la joie de vivre, un handicapé du bonheur affecté d'une forme grave de morosité morbide chronique qu'il aurait attrapée comme on chope une grippe en utilisant les transports en commun ou qu'il aurait contractée comme on se tape une indigestion après avoir mangé une nourriture avariée.

À l'école, cela ne s'est pas arrangé. Son institutrice qui avait sans doute pris le temps de suivre des cours de psychiatrie, le soir après sa journée de classe, avait même été jusqu'à évoquer, lors de la dernière réunion de parents, une sorte de dépression précoce, une forme puérile de mélancolie, une espèce de déprime infantile. C'est pour cela qu'ils étaient venus consulter. Ils avaient maintenant l'impression qu'il n'y avait plus d'eau dans le bain de vie joyeux de Benji, qu'il était complètement à sec.

Pendant toute la narration de l'histoire de Benji, la maman s'était tue. Elle et Benji semblaient éteints et je ne me serais jamais risqué à tenter de faire rire l'un ou l'autre. C'était le bide assuré. L'un et l'autre décourageaient la plus petite ébauche de tentative humoristique. Ils semblaient, tous les deux, passer leur vie à boire de l'eau et à en pisser du vinaigre. Le papa lui, découragé de faire le clown devant ce public difficile, avait d'ailleurs prudemment rangé depuis longtemps son nez rouge et ses chaussures disproportionnées. Découragé, il s'était résigné à vivre dans cette atmosphère de mélancolie assumée jusqu'à ce jour où l'enseignante, au cours de la réunion de parents, avait tiré la sonnette d'alarme. Et voilà pourquoi, maintenant que le bain de vie joyeux était complètement asséché, la famille se trouvait face à moi en me demandant de remettre un peu de couleurs gaies sur les murs qu'ils imaginaient délavés du fond de la tête de leur fils.

Je n'avais évidemment aucune intention de me mettre à la peinture. Je devinais pertinemment qu'en tentant de faire ce que d'autres avant moi avaient essayé sans succès, je n'aurais, moi non plus, aucun succès. Il n'était pas question que je tente de faire rire Buster Keaton. Je pris au contraire le parti de le prendre très au sérieux.

Le contraire de la morosité triste, ce n'est d'ailleurs pas la joie débridée mais le dynamisme gai. On ne peut contraindre personne à ressentir de la joie. On n'impose pas une émotion. Par contre, on peut créer du dynamisme, susciter de la mobilisation, produire de la motivation et communiquer de l'énergie. Pour cela, il faut se mettre à l'écoute, non pas des émotions, mais des centres d'intérêt, des hobbies, des vecteurs de mise en mouvement et des sources de curiosité de chacun. La question n'est plus alors de savoir « Qu'est ce qui te met en joie ? », « Qu'est-ce que tu aimerais qu'on fasse pour que tu sois content ? » ou « Qu'est-ce qu'on peut faire pour te faire plaisir ? », mais plutôt « Qu'est-ce qui t'intéresse ? », « Comment t'occupes-tu ? », « Comment t'y prends-tu pour faire passer le temps ? » ou encore « Quels sont les univers que tu souhaites explorer ? »

À ces différentes questions, le petit Buster Keaton me répondit précisément qu'il était fan de séries comme *Atypical*, *Gilmore Girls*, *Freaks and Geeks*, *Felicity* et même de plus anciennes et plus glauques comme les *Frères Scott* ou *Vampire Diaries*. Il se lança alors, avec le sérieux d'un pape, dans l'exposé de la liste exhaustive de toute une série de séries qui recueillaient sa pleine adhésion. Ses parents le regardèrent alors, étonnés, presque subjugués. Pour eux, c'était comme s'il s'était mis à parler soudainement couramment le javanais sans l'avoir jamais appris nulle part.

« Et tu regardes tout cela quand ? » demanda alors le papa en signalant que, depuis des années, ils avaient renoncé à la télévision depuis que Benji ne venait plus avec eux regarder les De Funès, Pierre Richard et autre Bourvil qui étaient censés amuser toute la famille mais qui, là, visiblement, ne faisaient jamais rire que papa clown qui s'était d'ailleurs offert quelques bides pathétiques en se laissant aller à imiter sans le moindre succès, devant son difficile public, les grimaces les plus célèbres de ses acteurs fétiches. Voyant qu'eux non plus ne parvenaient pas à dérider sa famille, il avait en même temps que laissé tomber les bras, décidé l'extinction de l'écran. Les films comiques ayant fait chou blanc tout comme les émissions de variété ou les spectacles comiques télévisés, les parents n'avaient pas le cœur à regarder cette télévision coupable de ne pas amuser Benji (et accessoirement sa maman) et chacun, chaque soir, se retrouvait ainsi cloîtré dans son espace où il était libre de ruminer ses pensées.

Maman entretenait sa dépression en se livrant à des tâches ménagères répétitives et peu valorisantes et papa lisait des journaux, des revues ou des romans policiers… tout ce qui en réalité lui tombait sous la main… Quant à Benji, on ne savait pas très bien ce qu'il faisait en se retranchant dans sa chambre qui ressemblait de plus en plus à un musée de jouets auxquels apparemment il ne touchait pas. Tout ce que l'on savait, c'est qu'on ne l'entendait jamais rire. On supposait donc qu'il ne s'amusait pas.

La joie surjouée, le plaisir ostensiblement démontré, le bonheur porté comme un étendard, cela aurait pourtant rassuré ces parents qui avaient tant voulu un enfant et l'avaient tellement désiré. Ils auraient voulu que le fruit d'un tel désir se transforme, une fois devenu enfant, en une véritable boule de plaisir. Ils avaient rêvé d'une maison remplie d'éclats de rire d'enfants et pleine de gaieté enfantine. Ils avaient anticipé avec délectation le joyeux bordel de sa chambre et la merveilleuse excitation de ses jeux.

Au lieu de cela, ils avaient vu grandir Buster Keaton, silencieux comme un moine, sérieux comme un pape dans une chambre-musée dont rien ne venait troubler l'ordre. C'était pour eux déroutant. Le papa qui s'était imaginé « clown » au service exclusif et permanent de son fils avait ravalé ses blagues à deux balles et son humour à deux francs trois centimes, et la maman, plus compréhensive par rapport à la manière de vivre en sourdine de son fils, avait rapproché, avec une véritable inquiétude, ses façons de se comporter de son propre état dépressif.

Ils avaient tout essayé pour stimuler la joie apparente et faire naître la gaieté de surface de leur fils juste pour qu'il ressemble plus à l'enfant heureux qu'ils avaient anticipé. Rien n'y faisait. La joie ne se pratique pas comme un exercice imposé et les efforts trop peu naturels pour l'enjoindre se heurtèrent à un mur. Benji n'avait pas la gaieté expressive. Il grandissait en petit garçon introverti, mais cela ne signifiait nullement que son existence l'ennuyait, qu'elle était vide ou qu'elle ne ressemblait à rien.

L'extraversion joyeuse, même si elle paraît à certains parents dont ceux de Benji plus rassurante, ne laisse en réalité présager de rien. La joie expressive n'est en soi ni bonne ni mauvaise, même si, dans une happycratie, elle est beaucoup trop souvent considérée comme un indice de bon fonctionnement social et de bonne santé mentale. Benji n'était pas un enfant joyeux, ce n'était pas pour autant un enfant malheureux.

Pour m'en assurer je demandai, comme je le fais souvent, à Benji de situer son curseur sur une échelle de bonheur étalonnée de 0 à 10 : 0 s'il se sentait terriblement malheureux et 10 s'il était parfaitement heureux. Je lui proposai deux échelles, une qui évoquait son bonheur en famille. L'autre qui indiquait son niveau de bonheur à l'école. Benji évalua à 7 son bonheur scolaire et monta le curseur jusqu'à 8 pour indiquer son bonheur familial.

Ce faisant, il indiquait des notes tout à fait acceptables et parfaitement de nature à calmer toutes les inquiétudes[12].

Je demandai alors aux parents de s'attribuer à eux-mêmes leur note. Sans surprise, papa le clown sans public s'en sortit avec un 7 sur 10 (il avouait lui-même qu'il se serait attribué un 6 s'il n'avait pas été assuré par ce que Benji affirmait de son bonheur). Quant à la maman, elle se déclara « heureuse » d'entendre que son enfant n'allait pas aussi mal qu'elle l'imaginait et, dans l'euphorie de la découverte, se dota d'un 5 sur 10, un peu minable certes, mais qui s'assimilait, pour la personne dépressive qu'elle se savait être, à un remarquable résultat.

L'entretien se poursuivit autour de Benji avec lequel j'échangeai quelques idées au sujet des séries que je jugeais pertinent de lui suggérer. L'arpenteur en séries, tout au long de l'échange, n'avait pas ri une seule fois. Il n'avait pas esquissé l'ombre d'un sourire. Ce n'était cependant pas grave qu'il se montre sérieux. Au contraire, il s'affirmait ainsi, dans sa façon assertive de se comporter, comme un véritable résistant, un parfait rebelle comme on en trouve sans doute trop peu dans nos happycraties qui obligent tant de gens à mimer la gaieté qu'ils ne ressentent pas et incitent tant de parents à contraindre leurs enfants à sourire sur les photos pour bien montrer à tout le monde, sur le post que l'on partagera sur Facebook, qu'ils sont profondément contents et merveilleusement satisfaits.

Je saluai Benji en l'encourageant à ne venir me revoir que s'il sentait que son curseur passait sous les 6 dans une de ses échelles du bonheur. Au-delà, il devait surtout chercher à éviter de se laisser juger par des gens qui, ne sachant pas très bien à quoi ressemble le bonheur, ont tendance à oublier qu'il se devine souvent bien davantage qu'il ne se voit.

Pour le coup, il me gratifia du début d'une ébauche de sourire. Cela correspondait pour Buster Keaton à un véritable éclat de

---

[12] Le niveau de bonheur « normal » auto-évalué par une personne se situe habituellement entre 7 et 8. Seuls ceux qui vivent un pic de bonheur intense (parce qu'ils sont amoureux ou ont gagné à la loterie) s'attribuent des notes de 9 ou de 10. Les notes ne sont véritablement inquiétantes que lorsqu'on se situe en dessous de 6 et particulièrement quand on ne se donne pas la moyenne.

> rire. Je passai alors ma main dans ses cheveux pour les ébouriffer comme je le fais souvent quand un enfant m'attendrit. Là, il se mit vraiment à rire… et moi aussi… Les parents en étaient complètement rassurés. Pour eux, c'était le signe que Benji était guéri ! Pour moi, c'était juste le signal qu'il était soulagé de quitter ce bureau de psy dans lequel, en ces temps d'happycratie, on aurait eu si vite fait de le prendre pour un malade.
>
> Au moins, Benji ne se voyait-il plus condamné à perpétuité à la joie forcée et pourrait-il, sans frein, cultiver ses centres d'intérêt dans l'univers des séries au milieu de sa chambre-musée. Quant à ses parents, rassurés par l'idée que le bonheur n'est pas exclusivement révélé par l'expression d'une gaieté spectaculaire, ils allaient enfin cesser de chercher à le cultiver artificiellement ou à l'interpréter abusivement en contraignant Benji à le manifester à la moindre occasion ou en faisant toute une maladie de sa réticence à le manifester bruyamment.

Voilà donc comment un enfant en cognant ses émotions contre la caisse de résonance que lui oppose un adulte risque de paraître épeurant, exaspérant ou désespérant aux yeux de son parent, alors même que celui-ci n'avait dans son champ de vision que le bonheur de son enfant, et qu'il en faisait sa seule et unique perspective. Dans un régime émocratique, celui qui s'installe si facilement, si l'on n'y prend pas garde, dans les babycraties, les conséquences sur le développement de l'enfant et sur l'évolution des relations parents-enfants peuvent s'avérer catastrophiques.

Bien entendu, les effets peuvent se cumuler au point de rendre l'enfant tout à la fois épeurant, exaspérant et désespérant. « Je n'en peux plus de ses comportements, je ne vois pas le bout du tunnel, il me met hors de moi et, évidemment, j'éprouve une angoisse pas possible en imaginant que tout cela pourrait encore empirer à l'avenir… »

Face à son enfant désespérément énervant, effroyablement affligeant et insupportablement terrifiant, le parent peut naturellement finir par craquer et, s'interdisant de trouver, même sporadiquement, son enfant repoussant, venir consulter pour ce qui prend la forme d'un inévitable burn-out parental.

Il faut dire qu'avec le contexte d'hyper-parentalité que nous connaissons, le mix émocratie-babycratie s'est fait particulièrement détonant. Les effets délétères de cette forme éducative trop exigeante en deviennent terriblement éprouvants. Pas facile en effet de faire l'hélicoptère, de se transformer en drone et de s'éprouver au curling tout en demeurant à plat ventre vassalisé par un petit tyran tout-puissant qui revendique son autonomie, crie haut et fort ses quatre volontés et se fout du quart comme du tiers de prétendus efforts nécessaires pour lui construire un avenir.

Le *parent hélicoptère* qui a grevé d'un souci constant de bienveillance sa tendance à l'hyperprotection se met alors à brûler du kérozène en cherchant à contrôler les moindres mouvements de son enfant ou de son adolescent tout en continuant à émettre des signaux qui affirment qu'il lui fait entièrement confiance et respecte totalement son souci d'autonomie.

Résultat, il n'assume pas l'idée d'effectuer ses missions de contrôle et gaspille son énergie à tenter de faire croire à l'enfant qu'il est libre pour toutes les aventures possibles et imaginables... pour autant qu'elles se réalisent sur les territoires parfaitement contrôlés et garantis sans risque qu'il a choisis pour lui...

Pour l'adolescent, il adoptera alors une attitude tout aussi déroutante qui lui coûtera également pas mal de kérozène chaque fois qu'il fera en sorte de maintenir le plus possible son ado sous ses yeux, tout en lui permettant virtuellement d'explorer tous les mondes possibles et imaginables et de fréquenter full time le cercle le plus étendu possible de ses amis. Pour cela, il suffisait au parent hélicoptère d'offrir à l'ado un territoire restreint dans lequel, par la magie de son ordi, il demeure malgré tout en mesure, par jeux vidéo interposés, de s'en aller au bout de l'univers, et même au-delà, et qui lui permet, également par l'intermédiaire des réseaux sociaux, de dialoguer jour et nuit avec ses amis sans bouger de sa chambre.

C'est par ce double tour de clé que les parents ont participé à l'enfermement volontaire de leur ado dans ces cellules nouvelle tendance que représente leur chambre. Évidemment, en mettant en place les conditions de cette « *bedroom culture* » qui, dans un premier temps, les arrangent, les parents se sont sans le savoir tiré une balle dans le pied en s'exposant à une autre source d'anxiété : celle des écrans…

Et là encore, ils se sont mis à brûler plus de kérozène que ce qu'ils avaient prévu quand le simple souci de faire sortir l'ado de sa chambre s'est mis à leur coûter une énergie pas possible. C'est là en effet qu'ils ont pris conscience, mais un peu tard, qu'un hélicoptère de surveillance envoyé sur un territoire virtuel se retrouvait aussitôt confronté à une mission impossible…

Le *parent drone*, lui, use également ses batteries chaque fois que sa bienveillance, mise au carré, l'oblige à partir dans toutes les directions pour anticiper les désirs parfois contradictoires de son enfant qui, dans une happycratie émocratique, ont tendance à se transformer systématiquement en besoins impérieux.

Chaque lubie, succédant à une autre, le drone se trouve ainsi parfois ballotté entre la consommation effrénée à laquelle son enfant le soumet chaque fois qu'il lui faut se mettre à niveau en se procurant ce qui est tendance et la récession imposée quand, l'ado, faisant soudainement sa Greta Thunberg, décide de lui faire la leçon, en imposant à toute la famille de s'engager dans l'option vegan, parce que, d'une part, les cochons sont nos amis (et que l'on ne mange pas ses amis) et que, d'autre part, les adultes doivent apprendre à consommer moins de façon à laisser les plus jeunes continuer à consommer encore plus…

Le parent drone, sommé de se soucier tout à la fois du bonheur absolu de son enfant menacé d'obsolescence dans tout ce qu'il possède et de l'avenir de la planète qui lui impose de suivre à la lettre les leçons de Greta Thunberg, se retrouve alors parfois dans la situation paradoxale de celui qui se voit contraint de faire la file chez Apple pour éprouver le bonheur d'offrir à son enfant le tout dernier iPhone et s'oblige dans le même temps à faire semblant de songer au triste sort des ours blancs qui perdent chaque jour un petit bout de leur banquise.

C'est là que le parent drone, qui ne s'intéresse, en réalité, que très moyennement à la vie des ursidés, qu'ils soient d'Alaska ou d'ailleurs, et trouve tout au fond de lui totalement absurde de payer si cher un appareil mobile qui sera de toute façon dépassé six mois plus tard, peut, sous l'effet de ces pressions contradictoires, sentir brutalement ses batteries se décharger au risque de finir à court de jus à force de refouler le désir un peu fou d'envoyer valdinguer dans un même mouvement Apple, les ours blancs et Greta Thunberg…

Et que dire du *parent* engagé dans une partie de *curling* effrénée pour mettre son enfant dans des conditions optimales de développement ? Dans une babycratie, il ne contente pas de se mettre à balayer avec frénésie pour que le palet prenne rapidement de la vitesse et augmente en cours de route sa vitesse de croisière, il convie aussi tous ceux qui entourent leur enfant, devenu élève, à se mettre à leur rythme en frottant avec la même énergie pour faire fondre la glace et déblayer tous les obstacles.

La précocité devenant un gage de réussite, il ne s'agit pas seulement d'apprendre, il faut le faire avant les autres, prendre de l'avance, lâcher le peloton et prendre tout à la fois le maillot jaune, le maillot à pois et le maillot vert dans une partie de curling qui vire de plus en plus à la course en ligne.

Et tant pis pour les enseignants qui rêvaient d'une arrivée en peloton groupé et ne supportaient pas de voir arriver des coureurs hors délai, ils sont sommés de prendre du balai et de faire équipe avec les parents les plus puissants, ceux qui rêvent d'avoir enfanté un champion et se foutent pas mal de ce qui se passe dans le peloton. Évidemment, pratiquer un sport sur glace en prenant pour référence le Tour de France, cela peut aussi rendre fou, et de nombreux parents, prenant conscience de cette contradiction, épuisent alors leur énergie en éprouvant la sensation, chaque fois qu'ils font du curling à vélo, de tout emmêler et de perdre finalement complètement les pédales…

Évidemment, l'hyper-parentalité suppose souvent que les trois tendances se cumulent, le parent tout à la fois hélicoptère, drone et curling donne alors l'impression qu'il se laisse balader au gré des humeurs de son enfant. Celui-ci ne se montre pas nécessairement plus « capricieux » que les enfants des générations précédentes, il ne fait en réalité que s'adapter à un fonctionnement collectif qui, sans qu'il l'ait réellement demandé, lui a légué un pouvoir dont il ne maîtrise pas nécessairement la puissance et a investi chacune de ses émotions d'une autorité qu'il découvre impérieuse. C'est comme cela que la famille proclame l'évènement d'une babycratie émocratique.

Comme dans toute tyrannie qui se respecte, il restera cependant, pour que la dictature s'installe, à faire souffler derrière ce régime « politique » autoritaire un *courant idéologique porteur*. C'est important une idéologie dans la mise en place d'un despotisme quel qu'il soit. C'est en effet cet arrière-fond culturel qui permet à chacun, dans la société tyrannique qui se met en place, qu'il soit amené à y être maître ou esclave, d'accepter son sort et même de participer à sa consolidation parce qu'il lui est présenté comme à la fois moralement normal, intellectuellement logique et « scientifiquement » éprouvé.

C'est précisément à cela que sert la pédagogie positive, à la maison ou à l'école, en portant, sous couvert d'une bienveillance éducative dont elle définit elle-même les contours et dont les effets favorables seraient prétendument démontrés, l'enfant au pinacle du processus éducatif. Avec la pédagogie positive, on peut ainsi affirmer sans craindre d'être contredit que l'enfant « est » le maître… Le parent, au-delà d'une telle affirmation, n'aura qu'à bien se tenir, et l'enseignant, pour sa part, n'aura, en définitive qu'à le servir…

LA PÉDAGOGIE POSITIVE COMME FORME IDÉOLOGIQUE PRIVILÉGIÉE DES BABYCRATIES

LE POSITIF-ASSERTIF EST-IL INATTAQUABLE ?

On considère comme « positif » ce qui repose sur quelque chose d'assuré, dont la réalité ne peut être mise en cause, ou ce qui produit un effet, un résultat favorable. Appliqué à la pédagogie ou à la psychologie, ce terme fait donc référence à un ensemble de certitudes avérées susceptibles, en toutes circonstances, de produire des solutions satisfaisantes. En sciences humaines, une double promesse de cet ordre apparaît toujours pour le moins aventureuse.

L'idée d'une pédagogie « positive » n'est pas en soi un problème, sauf qu'en se qualifiant de cette manière, une option théorique suppose que tout ce qui n'est pas elle, prend des distances face à ce qu'elle propose ou explore une voie alternative, est nécessairement négatif.

Présentée comme la voie royale pour un épanouissement sans frein, la pédagogie positive, en se faisant le creuset de l'angélisme éducatif, offre la panoplie parfaite du parent prétendant à l'hyper-parentalité. Son discours simpliste ne peut que séduire les parents hélicoptères en leur donnant, à travers des titres sous forme de formules magiques[13], l'illusion que tout est sous contrôle. De tels raccourcis pédagogiques font également le maximum pour

---

[13] Exemples de livres : *La pédagogie positive pour mieux apprendre, Éduquer sans punir, Frères et sœurs sans rivalité, Apprendre avec l'approche tête, cœur, corps, Les 101 règles d'or de l'éducation bienveillante, Élever vos enfants sans élever la voix, ni baisser les bras*, etc.

tenter les parents drones avides d'entendre comment, à travers le contentement constant, la joie continue et le bonheur en tout temps de leur enfant, ils pourront sans peine lui donner le meilleur et le mettre dans des conditions optimales de réussite totale. Ces conseils qui prennent des airs de recettes sont évidemment parfaitement indiqués pour inviter les parents curling, par des phrases impératives, courtes et incisives, à se précipiter pour activer frénétiquement leurs brosses tout en conservant le sourire pour ne pas affecter l'enfant.

En se prétendant « positive », une option éducative prend de cette façon le risque de s'appauvrir, de se scléroser. Elle peut même, en poussant à radicaliser leur posture, rendre complètement « chèvres » ceux qui prennent pour argent comptant les injonctions d'une prescription éducative exclusivement approbatrice et essentiellement affirmative. « Je ne peux ni le punir ni le sanctionner », « Je dois accepter ses états émotionnels et faire face à ses colères en restant "zen" en toute circonstance », « Haro sur moi-même si je trouve ses comportements insupportables et si je ressens moi-même, en mon for intérieur, un volcan en ébullition », « Pas question de lui répondre spontanément, je dois peser tout ce que je dis, tourner quarante-cinq fois ma langue dans ma bouche avant de lui parler, éviter de faire des messages en "tu", tout transformer en phrases en "je", fuir toutes les communications, directes ou implicites, qui laisseraient filtrer un jugement négatif susceptible de freiner son émancipation, une évaluation trop terne qui lesterait l'estime dans laquelle il se porte ou une appréciation mitigée qui ruinerait la confiance qu'il a en lui-même... »

Bref, au nom d'une pédagogie positive mal comprise, envisagée comme un credo, ou considérée comme une religion éducative, tout se met à peser des tonnes et, passant une énergie folle à maîtriser ses nerfs, à contrôler ses paroles et à refouler tout ce qu'il peut se mettre à penser quand il le trouve parfois insupportable, de temps en temps inintéressant et à l'occasion aussi bête et ordinaire que peut l'être n'importe quel enfant de son âge, le parent n'a plus d'énergie à consacrer à autre chose et sent que, comme tant le monde, il couve une de ces formes contemporaines de « burn-out parental » dont les médias ne cessent par ailleurs de l'abreuver.

Des enfants amenés en consultation parce que, dans l'arrière-boutique de leurs conduites insupportables, un burn-out parental mijote lentement dans cette marmite infernale que ne manque pas de mettre sur le feu un parent sous pression, j'en reçois par camions. L'urgence apparaît alors souvent davantage de s'occuper de l'adulte trop préoccupé lui-même par le développement optimal de son enfant que d'en rajouter une couche en focalisant encore plus l'attention sur un petit d'humain qui, pour sa part, éprouve généralement surtout le besoin qu'on lui foute la paix et qu'on lui fasse sentir qu'il continue à être aimable même quand il n'est pas le centre exclusif des préoccupations des adultes.

Être la source continuelle de tracas parentaux… Se retrouver dans la peau de la personne désespérante pour qui on consulte parce qu'elle semble en panne d'avenir… Supporter le poids de l'anxiété d'adultes qui ne savent plus quoi faire de vous… Tout cela n'a évidemment rien de confortable. Ce dont ces enfants ou ces adolescents ont le plus urgent besoin, c'est de pouvoir compter sur des adultes sereins, équilibrés et épanouis qui ne s'oublient pas eux-mêmes dans la relation qu'ils nouent avec eux.

Un enfant ou un adolescent grandit nettement mieux dans le creuset que des parents, en s'épanouissant eux-mêmes, ont creusé pour lui. Un parent stressé, tendu, met souvent en place les conditions d'une véritable « guerre des tranchées », opposant des parents saturés de stress à force de louvoyer entre les injonctions à la « bienveillance éducative », la culpabilité qu'ils éprouvent quand ils ne tiennent pas le cahier des charges qu'elle impose et le légitime découragement qu'ils ressentent quand l'enfant continue, sans tenir compte de cette bienveillance et parfois même dérouté par elle, à torpiller leurs positions à coups de refus entêtés, d'exigences inappropriées, de pleurs disproportionnés et de cris démesurés.

Le BABI, premier piège des babycraties

Un BABI, c'est un bébé aux besoins intenses (*high needs baby* en anglais). C'est donc un bébé particulier, qui réagit de manière excessive à tout et en tout. Il pleure fort et longtemps, crie en hurlant pour que l'on assouvisse ses besoins de manière urgente. Le problème, c'est qu'il le fait tout le temps et que ses besoins semblent un puits sans fond.

Les recherches avides de débusquer des causalités ou, à défaut, d'identifier des corrélations ont toutes échouées. Rien, dans la configuration parentale, dans la forme des pratiques éducatives ou dans le déroulement de la grossesse ne laisse présager la mise au monde d'un BABI. Aucune trace particulière de traumatisme ni avant, ni pendant, ni juste après la naissance. On hérite d'un BABI comme on gagne le gros lot à la loterie, sauf qu'ici on aura souvent davantage l'impression d'avoir tiré le valet puant aux cartes.

Faites-vous relayer, faites équipe, élargissez cette équipe et appuyez-vous sur tout ce qui est mis à la disposition d'un parent pour se permettre de souffler et s'autoriser à vivre indépendamment du bébé. Et si vous avez l'impression en laissant d'autres s'en occuper temporairement et transitoirement de leur filer la patate chaude... eh bien conservez cette impression sans vous en culpabiliser... c'est normal, après tout, de ne pas vouloir conserver tout le temps dans les mains une pomme de terre qui les brûle. Il est tout aussi logique de chercher à se délester de temps un temps d'un bébé qui, à force d'exigences, consume l'énergie de l'intérieur. Ce n'est ni une forme de désamour, ni un aveu de faiblesse éducative, ni une marque de démission, c'est juste une réaction saine qui sera d'ailleurs profitable pour le parent comme pour l'enfant.

Pour pouvoir faire équipe, il faut demeurer sourd à ces petites voix intérieures qui susurrent que « Ce n'est pas bien de se débarrasser de cet enfant », « Ce n'est pas normal de ne pas supporter son enfant qu'on a tant attendu », mais aussi imperméable aux « conseils » éducatifs des bien-pensants de toutes les obédiences qui vous entourent. Les tenants de l'éducation rigide et les adeptes de la pédagogie positive à tout crin sont à cet endroit tout aussi nocifs les uns que les autres. Les premiers vous renverront aux modèles qu'ils ont eux-mêmes, pour le meilleur et pour le pire, éprouvés sans tenir compte du fait que ceux-ci s'avèrent, dans le climat pédagogique actuel, partiellement inappropriés voire complètement obsolètes... les seconds chercheront à vous maintenir de force dans les sentiers de la bienveillance en vous invitant à écouter ce que le bébé, par son corps, vous dit de ses besoins, vous incitant à chercher des traumatismes qui n'existent pas ou à trouver ces fameuses causalités que les chercheurs, payés pour cela, continuent en vain à chercher.

Il vaut sans doute mieux se dire « Zut alors ! on est tombé sur un BABI », mettre un mot dessus et s'équiper en conséquence, en battant le rappel de toutes les ressources disponibles en attendant que cela passe, que de se transformer, en se soumettant aux conseils plus ou moins avisés de l'entourage, en « parent militaire » ou en « parent psy », en cherchant à s'adapter aux exigences infinies d'un petit bébé qui, lui-même, ignore complètement pourquoi il éprouve des besoins aussi démesurés.

En tout cas, évitez de mettre un BABI sur un trône, en décrétant le règne de la babycratie, vous verriez apparaître les premiers signes d'une dictature... Restez au contraire le mieux possible assis sur ce trône, même s'il vacille. Ne vous oubliez pas et n'hésitez pas à partager ce bébé avec tous ceux qui, parce qu'ils sont payés pour cela ou parce qu'ils sont soucieux de vous aider, sont en mesure d'assumer temporairement ce petit être excessif qui, dans un environnement à la fois stable et varié, cessera bientôt de l'être. Cela se produira généralement avec le temps lorsqu'il aura retrouvé suffisamment de sérénité en grandissant au sein d'un groupe d'êtres humains qui, en se démultipliant, se seront donné les moyens de demeurer calmes sans se fermer à lui et en acceptant l'idée qu'il n'était pas le petit bébé facile que tout le monde rêve sans doute d'avoir.

Il ne s'agit pas ici de critiquer la pédagogie positive dans ce qu'elle propose de bienveillant, dans ce qu'elle contient d'intention bientraitante ou dans la détente éducative qu'elle induit quand tout se passe bien… Il est davantage question de s'en méfier dès qu'elle manifeste une forme d'intégrisme exclusif, de stigmatiser la tendance à la simplification outrancière qui la caractérise quand elle se présente sous forme de recettes infaillibles, simples et marquées du sceau de l'évidence, et de prendre ses distances par rapport à la propension qu'elle manifeste à mettre un focus exclusif sur l'enfant en favorisant chez le parent une forme d'oubli de soi et de compression de sa propre vie émotionnelle.

Dans ces excès, la pédagogie positive tend en effet à produire l'inverse de ce qu'elle vise… Burn-out parental massif ou brutal d'un parent devenu trop exigeant par rapport à lui-même, intention pédagogique rendue floue par la conformité à un modèle inopérant ou augmentation de la pression éducative parce que chacun dans la famille éprouve l'impression que tout se passe mal…

LE SALUT DE LA PÉDAGOGIE PAR LA PÉDAGOGIE POSITIVE : AVANT ELLE, LE VIDE ; APRÈS ELLE, LE DÉLUGE ?

L'histoire de l'éducation apparaît souvent présentée dans les livres de pédagogie qui se veulent aguicheurs davantage comme le résultat d'une progression que comme celui d'une évolution. Le progrès suppose d'aller tout le temps vers un mieux suivant un processus continu. L'idée d'évolution impose de penser les changements dans une autre perspective en ne les envisageant ni comme une amélioration ni comme une aggravation, juste comme une différence.

Les choses ne sont ni pires ni meilleures, elles sont seulement différentes. Les « C'était mieux avant » et les « Tout est mieux maintenant » ou les « Demain, si nous ne faisons rien, sera pire » sont, dans un tel paradigme, renvoyés dos à dos en supposant que l'éducation suit en réalité les mouvements sociétaux en s'y adaptant et parfois même en les anticipant. Or, ces mouvements sociaux eux-mêmes suivent la même logique d'évolution et ne doivent pas être systématiquement envisagés sous le prisme d'une progression, mais juste d'une différence de fonctionnement social influencé par les soubresauts de l'histoire et par les tentatives que les êtres humains mettent en place pour s'y opposer.

Une analyse intelligente ne se borne pas à déclasser tout ce qui se passait hier, à surestimer tout ce qui proposé aujourd'hui et à nourrir d'anxiété ceux qui voudraient penser sereinement à demain. Elle consiste davantage à bien connaître le passé pour se donner les moyens de comprendre le présent de façon à analyser sans *a priori* la manière dont tout cela pourrait évoluer dans l'avenir.

« C'était atroce avant et si vous ne suivez pas nos directives, ce sera pire demain. » Le rejet du passé envisagé comme une faillite totale et le catastrophisme par rapport à un futur présenté comme apocalyptique sont les deux mamelles des mouvements de pensée impératifs. Et, sur ce plan-là, la pédagogie positive frappe fort et sans nuance.

« La société d'aujourd'hui valorise de plus en plus les relations sociales et amicales. Les travaux de psychologie sur les compétences sociales et le développement de l'enfant ont déplacé le curseur, faisant apparaître au premier plan les capacités d'empathie, de sympathie, de bienveillance jusqu'ici peu valorisées[14]. » Voilà un exemple, parmi tant d'autres, d'entrée en matière d'un livre de pédagogie positive. Et voilà comment, en une phrase péremptoire et définitive, le navire des « Copains d'abord » se trouve irrémédiablement coulé, au même titre que Montaigne et La Boétie en sortent disqualifiés, tandis que, plus loin encore, Castor et Pollux sont renvoyés à leurs chères études au nom d'une amitié et d'une vie sociale qui aurait, à l'époque, été moins valorisée qu'actuellement…

Voilà typiquement le genre d'affirmation reposant sur du vide, le type de constat non étayé, à travers lesquels un modèle théorique prétend faire autorité en vouant aux gémonies tout ce qui l'a précédé sous prétexte que tout ce qui était inscrit dans l'histoire ne l'était que sous forme du brouillon de ce qui advient actuellement. Une telle réflexion posée sur les pilotis d'une vision de l'histoire superficielle, partiale et partielle, permet de disqualifier irrémédiablement, au nom de cet examen sommaire, tout ce qui était au bénéfice de tout ce qui est. Une telle attitude intellectuelle est évidemment affligeante et mène à des affirmations qui peuvent se révéler d'une stupidité consternante.

Pour continuer dans le même registre, quand on nous parle d'empathie, de sympathie et de bienveillance, en était-on si loin quand nimbé de religion, on utilisait en éducation les mots « générosité », « charité » et « compassion » pour désigner les valeurs à transmettre ? Sans doute pas.

En réalité, c'est le socle des interprétations qui définit les mots qui serviront à désigner. Ce socle bougeant avec l'évolution, il est somme toute naturel que les mots qui sont, comme nous le savons depuis Victor Hugo, des organismes vivants soient, eux aussi, soumis aux inflexions de l'histoire et de l'évolution qu'elle décrit. De là à présenter ces phénomènes comme nouveaux et à suggérer que le modèle social antérieur supposait une moins grande sensibilité aux autres, une plus forte dose d'antipathie et un amoindrissement des pulsions de solidarité, il y a un pas que nous refuserons pour notre part de franchir.

---

14 Stéphanie Couturier, Camille Benoît, *Aidez votre enfant à coopérer sans cris ni punitions*, Marabout, « Le cabinet des émotions », 2018.

La pédagogie positive ne peut décemment, sur ce plan, ni se réserver le « monopole du cœur » ni s'ériger en nouveau « chantre de l'altruisme ». C'est d'autant plus vrai qu'en prônant la singularité de chaque enfant, elle s'expose au risque, si elle est mal dosée, de promouvoir indirectement des formes d'individualisme exacerbé. De plus, nous avons vu également qu'en focalisant l'attention sur la vie émotionnelle, elle peut également, si elle est mal calibrée, inviter l'enfant à privilégier son intelligence émotionnelle intrapersonnelle, qui le conduira à accorder de l'importance à ses propres états émotifs, au détriment de l'intelligence émotionnelle interpersonnelle, qui l'aurait conduit à se montrer attentif à ceux des autres. Dans le même ordre d'idées, la survalorisation des compétences de chacun qu'elle préconise peut également, si elle est mal canalisée, devenir le creuset d'un égoïsme arrogant à la fois revendiqué et complètement assumé.

Bref, mal dosée, mal calibrée et mal canalisée, la pédagogie positive finit par sonner le glas des valeurs qu'elle sacralise… C'est ce qui se produit d'ailleurs pour tout modèle éducatif dès lors qu'il n'est pas bridé dans ses excès ou qu'il se présente comme à la fois exclusif, absolu, novateur et accompli.

Voilà, précisément, l'objet de notre démarche : ne pas torpiller la pédagogie positive dans le message global qu'elle transmet, mais aller la débusquer là où, par ses abus, elle en vient, par les « solutions » simplistes qu'elle propose, par l'intolérance à des modèles alternatifs qu'elle impose et par l'intégrisme qu'elle suggère, à créer de la souffrance et générer de la culpabilité chez tous ceux qui en sont venus à l'envisager comme une véritable religion pédagogique et ne jurent plus que par le credo éducatif auquel elle se veut rigoureusement fidèle.

Mesurée, équilibrée, ouverte à la complexité des modèles théoriques susceptibles de guider les pratiques et tolérante à ce qui n'est pas elle, la pédagogie positive présente, à travers le sillon qu'elle creuse, un véritable intérêt qu'il ne me viendrait pas à l'idée de contester.

Démesurée, excessive, simpliste dans le pragmatisme athéorique qu'elle suggère, intolérante vis-à-vis de tout ce qui semble s'écarter de ses « principes », elle s'expose au risque de devenir le creuset, tant dans le champ de l'éducation familiale que scolaire, au mieux, de fausses innovations recyclant l'ancien à l'aide de mots nouveaux, au pire, de dérives à travers lesquelles la babycratie trouve l'opportunité de s'affirmer, amenant un nombre conséquent de parents et d'enseignants à s'échouer sur le rivage des prétentions démesurées qu'une telle représentation de l'idéal pédagogique implique.

QUAND L'ENFANT ET L'ADOLESCENT SE METTENT À FAIRE AUTORITÉ

« Une de mes amies a quatre ans. Bien sûr, nos sujets de conversation ne sont pas les mêmes qu'avec d'autres de mes relations : le sens de l'humour est différent à cet âge qu'à quarante. Et pourtant, je ne vois pas de différence foncière entre cette amitié et d'autres[15]. » Rien que cela ! On croit rêver ou cauchemarder, c'est selon. Heureusement encore que l'auteur ne revendique pas pour son « amie petite » de quatre ans un statut de « petite amie » du même âge. Comment peut-on semer une telle confusion ? Comment peut-on écrire de telles aberrations ? Et qui trouve-t-on pour les lire ? Voilà précisément un exemple de la pédagogie positive telle que je la hais, parce qu'elle dit n'importe quoi, l'affirme n'importe comment et suggère, derrière le vide de pensée qu'elle propose, des conceptions complètement absurdes de ce que doivent être un adulte et un enfant dans l'éducation qui les relie.

Pour reconnaître un enfant dans son droit, il est important de lui laisser un statut distinct de celui de l'adulte. Dolto a insisté pour dire que l'enfant était une personne, c'est l'avoir bien mal lue que d'affirmer que l'enfant est considérée par elle comme une grande personne. La singularité de l'enfance suppose de ne pas en faire un être inférieur (cela, ce serait effectivement faire de l'anti-Dolto), mais elle impose évidemment de continuer à le considérer comme

---

15 Jean-Philippe Faure, *Éduquer sans punitions ni récompenses*, Jouvence, 2005.

un être différent de l'adulte tant sur le plan du fonctionnement social que cognitif...

L'adulte *et* l'enfant ne signifie pas que l'adulte *est* l'enfant, encore moins qu'il devrait faire sans cesse l'enfant pour se mettre à son niveau. La posture du maître ignorant est un « jeu » qui permet une pédagogie inversée particulièrement intéressante, mais elle n'impose pas d'occuper un statut permanent de naïf ou de niais face à l'enfant. Ce dernier a en effet également besoin, de temps à autre, d'adultes qui se mettent en position de communiquer l'expertise qu'ils ont acquise en expliquant, en montrant et en démontrant.

Se mettre à hauteur d'enfant, en pédagogie, n'impose pas de se placer tout le temps sous lui, de le mettre en position de maître à plein temps. Être à hauteur d'enfant, c'est occuper par rapport à lui une posture équilibrée qui favorise l'échange parce qu'aucune posture n'est figée et que l'adulte comme l'enfant peuvent très bien, à tour de rôle, occuper des positions différentes.

Dans ce type de relation, l'adulte peut très bien inviter l'enfant à expliquer ce qu'il a compris en faisant semblant de ne pas comprendre. Il joue alors à l'élève dans le but de conduire l'enfant à expliciter la manière dont il comprend les choses. C'est cela la *pédagogie inversée*. Mais il peut également expliquer, en affichant sa maîtrise, en reprenant alors explicitement sa fonction enseignante. Pousser à l'explicitation et, de temps en temps, s'obliger à expliquer, c'est précisément ce que font les enseignants qui ont suffisamment de sens pédagogique pour faire alterner les méthodes.

Affirmer une fois pour toutes que « l'enfant est le maître » constitue à cet endroit une affirmation excessive qui ne peut rien apporter ni à ces enseignants-là ni au parent qui serait tenté d'exporter à la maison ces stratégies pédagogiques scolaires. Au contraire, en figeant les rôles autrement dans la relation d'apprentissage, elle fait seulement en sorte que la maîtrise change de camp, échappe à l'adulte et se centre sur l'enfant. Ce n'est pas de la pédagogie inversée, c'est de la *pédagogie renversée*...

L'enfant n'a pas davantage à devenir le *maître* que le parent n'avait à prétendre l'être dans tous les domaines et tout le temps. Comment s'étonner, après avoir affirmé de cette manière que la maîtrise est du ressort exclusif de l'enfant, de voir pousser une génération de Greta Thunberg donnant sans retenue la leçon à des adultes tout prêts à la recevoir ?

La pédagogie positive, ce n'est pas le pouvoir qui disparaît, l'autorité qui s'estompe ou la puissance qui se dilue, c'est le pouvoir qui change de camp, l'autorité qui s'affirme ailleurs et la puissance qui favorise des excès d'une autre nature. Il suffit pour s'en convaincre d'observer les Greta de tout âge pointer du doigt des adultes qu'elles jugent insuffisants au nom de ce qu'elles pensent de la façon dont la terre doit tourner, les tancer vertement pour ne l'avoir pas fait tourner auparavant avec la rigueur qu'elles souhaitaient et les menacer d'une apocalypse bien méritée s'ils ne leur obéissent pas au doigt et à l'œil.

Un enfant trop sûr de lui, gonflé de ses inébranlables certitudes, confortablement installé sur le terreau de ses convictions face à un adulte déstabilisé, sommé de s'interroger sur lui-même et forcé d'avouer la somme des insuffisances dont, par manque de clairvoyance, il s'est, tout au long de son passé, rendu coupable…

Le prototype de cette relation se trouvait parfaitement mis en scène par la pédagogie positive quand elle prétendait mettre face à face, d'un côté, un enfant idéal, à l'estime de soi inoxydable, au potentiel inépuisable et à l'intelligence à la fois multiple dans ses formes et irréfutable dans son fond et, de l'autre, un parent devenu fragile et incertain à l'idée qu'il pourrait manquer de compétence éducative. Ce sentiment de fragilité parentale apparaît encore aggravé chez celui-ci par la crainte de se montrer à ce point maladroit qu'il étoufferait dans l'œuf tout le potentiel virtuel de son enfant en altérant la confiance que ce dernier a en lui-même ou en opposant une fin de non-recevoir aux réflexions qu'il nous assène à partir de l'idée qu'il se fait du monde ou, plus précisément puisqu'il n'est jamais qu'un enfant, de son monde…

L'enfant-maître qui ose tout face au parent tétanisé parce qu'il craint comme la peste de ressembler à un monstre pédagogique périmé, adepte d'une pédagogie négative qui aurait fait son temps et n'aurait produit que des êtres humains frustrés, inaboutis et faiblement épanouis dont il constitue par ailleurs la parfaite illustration : le choc apparaît d'emblée déséquilibré. Pas étonnant dès lors que le second s'oblige à peser chacun de ses mots, à réfléchir chacune de ses phrases et à soupeser chacune de ses paroles avant de les oser dans un dialogue, alors que le premier s'autorise à s'exprimer sans frein et sans fard au nom de l'authenticité et de l'expressivité qui lui est demandée.

Le côté artificiel des formulations suggérées aux adultes dans les ouvrages de pédagogie positive laisse à cet égard parfois littéralement sans voix. Ces livres fourmillent en effet d'énonciations nouvelles, de manières de dire novatrices et de façons de s'exprimer originales. Celles-ci, à force de manier les précautions oratoires, frisent par ailleurs souvent le ridicule quand il ne tombe pas complètement dedans.

Ainsi, autant un « Là tu t'es trompé. Explique-moi ton erreur… » explicite permet de rendre intelligemment un statut positif à l'erreur dans la démarche d'appropriation des connaissances, autant un « Je te remercie pour ta tentative inaboutie, je te propose de l'utiliser pour apprendre ensemble… » me paraît à la fois tordu dans la formulation et excessif dans le message qu'il transmet… Je lui préfère en tout cas le « Continue à essayer et trompe-toi encore, ce n'est pas grave, mais trompe-toi mieux » de Beckett[16], suggérant ainsi à l'enfant de tenir compte de ce qu'il a appris de son erreur et, éventuellement, des explications de l'adulte qui souhaite ne plus le voir s'égarer dans des raisonnements inappropriés ou inadaptés. Cette disposition éducative et ce positionnement de l'adulte, même s'ils s'éloignent de l'orthodoxie de la pensée positive visant à mettre l'enfant et l'adulte sur le même rang, correspondent sans doute mieux à ma conception de la pédagogie qui suppose que l'adulte se pose en support disponible sur lequel, pour reprendre Vygotski[17], l'élève vient étayer ses apprentissages.

De la même façon un enfant qui se coltine un 4/20 en maths trouvera sans doute plus naturel de s'entendre dire un « Je vois que tu connais certaines choses puisque tu as quatre points. Pour le reste, je te propose de ranger plus précisément ce que tu ne connais

---

[16] Samuel Beckett, *Cap au pire*, Minuit, 1991.

[17] Sarah Mae Sincero, « Théorie du développement social », consulté sur https://explorable.com/fr/theorie-du-developpement-social [11 septembre 2019].

pas encore suffisamment dans le rayon des "connaissances en voie d'acquisition" puisque tu fais encore des erreurs de distraction – ce qui me prouve qu'il faut t'exercer encore – et dans la catégorie des "connaissances non acquises" ce que tu ne comprends pas ou que tu comprends mal – ce qui me montre qu'il faut te fournir une nouvelle explication… », déjà suffisamment élaboré, à un « Je suis surpris en réalisant le nombre de points où nous n'avons pas le même avis, parce que je croyais avoir pris suffisamment de temps pour partager mon point de vue et que tu m'avais dit être d'accord… Cela serait important pour moi de réaliser là où j'aurais pu être plus clair. Est-ce que tu pourrais m'aider en me résumant ce que tu as cherché à faire, de façon à ce que nous collaborions ensemble à ta réussite » qui le laissera probablement à la fois pantois et incrédule, et le rendra peut-être même inquiet parce qu'il aura le sentiment que l'adulte s'est foutu de lui en délivrant un message tellement alambiqué et peu naturel qu'il le suspectera d'être teinté d'ironie.

Là encore, la pédagogie positive, même si elle empruntait sans doute à l'origine un bon chemin en donnant à l'erreur et au tâtonnement un statut positif, va trop loin. L'adulte ne doit pas toujours s'effacer de la relation éducative, il doit au contraire affirmer sa place sans demander à l'enfant de prendre toute la place.

« Je suis là, écoute-moi. J'ai à te parler. Je veux t'expliquer quelque chose et je souhaite que tu sois suffisamment attentif pour pouvoir, dans la suite de ton raisonnement, tenir compte de ce que j'ai dit. » Voilà une pédagogie assertive qui n'a rien d'une posture infâme, comme le laissent parfois entendre les adeptes d'une pédagogie positive pure et dure. C'est même une position que l'adulte doit, régulièrement, se donner l'autorisation d'occuper. C'est comme cela qu'il se constituera comme un socle d'apprentissage à la fois contenant et rassurant en prenant, dans les domaines où il fait autorité, la place de celui qui aiguille la réflexion, aiguise la pensée et cadre le raisonnement en posant des bases saines et fiables avant de donner à réfléchir.

Dans le même ordre d'idées, donner à l'enfant le sentiment que sa pensée compte, cela ne signifie pas lui transmettre la conviction que ce qu'il pense possède intrinsèquement, tout le temps et en toute circonstance, davantage de validité que ce que l'adulte conçoit. Les enfants sont, très tôt dans leur développement, capables d'une pensée critique. Il est essentiel, surtout dans notre monde saturé d'informations plus ou moins valides, d'encourager cette pensée. Mais précisément, cela ne se fait pas n'importe comment et sans tenir compte de l'évolution naturelle des niveaux de réflexion que l'enfant, puis l'adolescent, est en mesure d'atteindre.

À cet endroit, plusieurs caractéristiques propres à la pensée de l'enfant et de l'adolescent lui donnent une spécificité qui ne permettent pas d'imaginer qu'il puisse « faire autorité ». Ainsi, même si Jésus-Christ, premier surdoué certifié par une parole d'évangile, faisait, paraît-il, à douze ans la leçon aux docteurs de la loi dans le Temple, amenant ceux-ci à s'extasier sur son intelligence et ses réponses (Luc 2, 41-52) et si, deux mille ans plus tard, Greta Thunberg remet le couvert en imposant sa sainte parole dans les hémicycles politiques, il n'en reste pas moins que, d'ordinaire – il est vrai que dans ces temps qui voient se démultiplier les surdoués, seuls les attardés cognitifs s'exposent encore au risque d'entendre leur développement qualifié d'ordinaire… –, le système de pensée de l'enfant fait l'objet d'une construction progressive qui ne lui permet pas de réfléchir en système avant l'adolescence tardive… et encore…

Ceux qui se préoccupent de l'éducation des adolescents le constatent souvent de manière spectaculaire. Si ceux-ci manifestent une aptitude hors norme à collecter des informations – ce que confirme une augmentation significative des neurones et donc de la matière grise –, par contre, proportionnellement, la matière blanche, nécessaire pour assurer le câblage et donc permettre les connexions, paraît insuffisante. Schématiquement, on peut donc considérer qu'un adolescent se montre, davantage que l'adulte, capable d'accumuler des informations, mais qu'il n'est pas en mesure de les transformer systématiquement en connaissances. C'est ce qui explique qu'il a tendance à se précipiter sur les théories du complot qui présentent en quelque sorte un « précâblage » sur lequel il pourra sans peine poser les connaissances excédentaires qu'il accumule.

C'est donc rendre un bien mauvais service aux ados de prendre leur positionnement cognitif pour argent comptant et d'en faire des paroles d'évangile plutôt que de les amener, notamment par la contradiction bienveillante que l'adulte leur oppose, à pousser leur réflexion plus loin en alimentant leurs doutes et en créant des brèches dans leurs convictions.

Ce qui est vrai pour l'adolescent l'est évidemment encore davantage pour l'enfant. Sa pensée en mouvement ne lui permet pas, par exemple, de construire, contrairement à ce que l'on affirme parfois, avec une épouvantable condescendance, un véritable raisonnement philosophique. Il est en mesure de se poser de véritables questions qui sont évidemment d'ordre philosophique et, encore davantage, de stimuler, par leur questionnement incessant, cette réflexion, mais les réponses qu'il y apporte sont, et c'est très bien qu'il en soit ainsi, celles d'un enfant souvent capable d'interroger avec beaucoup de pertinence l'existence, mais pas de produire par rapport à elle une théorie valide.

Demander l'avis à l'enfant sur tout et à propos de tout n'est pas nécessairement une mauvaise option – même s'il est, selon moi, des domaines éthiques par exemple à propos desquels la position morale et cognitive de l'enfant n'a pas beaucoup de sens –, mais lui donner l'illusion que l'on prendra systématiquement en compte son positionnement intellectuel pour prendre des décisions et que l'on se soumettra nécessairement à la percussion de ses idées pour faire des choix raisonnés n'a strictement aucun sens et peut même, sur le plan de la construction de l'esprit critique de l'enfant et donc de son intelligence, avoir des répercussions particulièrement néfastes.

Dans la mouvance de la pédagogie positive, de nombreux ouvrages encouragent pourtant à considérer les enfants non pas comme des « apprentis philosophes, mais comme de véritables petits philosophes aboutis. Certains de ces livres, soucieux sans doute de flatter les ego de parents avides d'entendre qu'ils ont mis au monde des graines de Platon ou qu'ils ont enfanté des Aristote en puissance, en viennent à vanter de manière excessive les qualités philosophiques des tout-petits, capables, selon eux, non seulement de poser des questions mais aussi de parler en concepts en maniant l'argumentation et la rationalité « à la manière socratique[18] ».

C'est par exemple ce qu'affirme Frédéric Lenoir qui oublie par ailleurs de souligner que, lorsqu'il dialogue « philosophiquement » avec des enfants, c'est surtout lui qui tient le crachoir et que les enfants passent l'essentiel de leur temps à le regarder jongler avec les concepts en ne saisissant visiblement qu'un mot sur dix dans ce qui leur est donné à réfléchir.

Pour tous ceux qui veulent prendre la leçon d'un adulte capable, pour sa part, de faire véritablement de la philosophie avec les enfants, sans les contraindre pour autant à philosopher officiellement, je recommande plutôt de regarder Jacques Duez[19] écouter avec une attention soutenue les enfants qu'il questionne en ajoutant derrière chacune de leurs réponses une phrase qui signifie : « Ce que tu me racontes est intéressant. Mais ne me demande pas ce que j'en pense. Essaie d'aller plus loin dans ton raisonnement. »

Cet enseignant génial avait une aptitude hors norme à poser des questions sans venir lui-même – ou sans les attendre de la part des enfants – avec des réponses qui éteignent les interrogations… C'est comme cela qu'il laissait toujours traîner dans ses dialogues ce qu'il appelle des « inquiétudes intellectuelles », et c'est comme cela surtout qu'il s'y prenait pour réaliser avec les enfants des séances de philosophie de haut vol en les faisant s'exprimer avec leurs mots simples et leur langage usuel sans les inciter à « singer » les philosophes adultes en jonglant soi-disant avec des prétendus concepts.

Cet homme faisait positivement de la pédagogie sans prétendre pour autant faire de la pédagogie positive. Il faisait aussi clairement de la philosophie sans prétendre pour autant être philosophe lui-même ou faire en sorte que ses petits élèves en revendiquent le

---

[18] Frédéric Lenoir évoque la méthode socratique en parlant d'enfants de cinq, six ou sept ans. Ce faisant, il s'oppose à Socrate lui-même qui refusait catégoriquement l'idée d'une quelconque philosophie enfantine, proclamant l'enfant trop jeune pour philosopher et arguant qu'une cour de récréation ne serait jamais une agora.

[19] Jacques Duez, émission « Babebibobu », TéléMB.

statut. En somme, il écoutait les enfants en leur accordant tout le sérieux qu'ils méritent et en faisant en sorte qu'ils ne se prennent ni pour des petits singes savants donneurs de leçon ni pour des petits zèbres précoces jouant aux virtuoses.

Cet enseignant montre, selon moi, l'image parfaite du pédagogue qui, sans s'effacer, parvient à se montrer au contraire très présent, sans être invasif, juste pour indiquer à ses élèves qu'il les écoute continuellement sans les juger, en reformulant systématiquement ce qu'ils disent et en les poussant chaque fois à l'explicitation de ce qu'ils pensent trop confusément. Pas un instant, il ne donne l'impression de songer à élever l'un ou l'autre de ses élèves ou à se hausser lui-même au rang de machines à penser amenées à réaliser des prouesses ou à réaliser des performances... Ce faisant, il en réalise cependant une, et une fameuse, celle de mettre en place une relation éducative équilibrée au sein de laquelle chacun trouve sa place parce que personne, ni l'enfant ni l'adulte, ne cherche à utiliser la faiblesse de l'autre pour exprimer sa puissance.

Voilà une attitude pédagogique qui rompt avec l'idée de faire de l'enfant son maître. Elle affirme même sans ambiguïté que prendre au sérieux les enfants pour stimuler leur curiosité philosophique suppose de ne pas attendre d'eux qu'ils réfléchissent avec l'équipement cognitif d'un adulte et qu'ils réalisent des performances intellectuelles susceptibles d'en faire des maîtres à penser.

Écouter un enfant, c'est s'intéresser à ce qu'il dit pour entendre ce que cela révèle de ce qu'il pense. Ce n'est pas s'émerveiller de ce qu'il pense en donnant à tout ce qu'il dit une validité argumentative, une maturité intellectuelle et une rigueur conceptuelle auxquelles il n'est naturellement pas en mesure de prétendre. Cela me paraît important à souligner tant la tendance actuelle à surévaluer le pouvoir de la parole enfantine ou adolescente, à la saturer de puissance et à lui conférer une autorité excessive peut, dans une société émocratique, et plus particulièrement encore en babycratie, causer des dégâts.

Pas plus en philosophie qu'ailleurs, l'enfant n'est le maître. Il n'a pas à l'être. Pas davantage que l'adulte n'a à revendiquer ce titre pour démontrer une quelconque puissance, installer son pouvoir absolu et exercer une autorité incontestable. Une démocratie ne se fonde pas sur le maintien permanent d'une relation maître-esclave figée, quelle qu'elle soit. Elle suppose au contraire l'alternance possible des rôles et l'émancipation libre de chacun par rapport à la fonction qu'il exerce dans le lien éducatif.

Par ailleurs, cette alternance et cette émancipation doivent cependant toujours, si l'on veut éviter que la rencontre éducative ne tourne au fiasco, se réaliser dans un climat de maîtrise éducative suffisante de la part de l'adulte qui en a la responsabilité. En effet, même si le parent et l'enseignant ne disposent plus de l'autorité suffisante pour s'imposer comme les maîtres de l'enfant ou de l'élève, la maîtrise de la relation demeure cependant toujours essentiellement de leur ressort.

Or, en pédagogie positive, lorsqu'il apparaît qu'on ne lui délaisse plus que l'humour et le jeu comme ultimes stratégies pour tenter de sauver les apparences et conserver l'illusion d'un vernis de maîtrise, c'est sans doute le signe que les choses sont, sur ce plan, allées beaucoup trop loin…

L'HUMOUR ET LE JEU COMME RÉPONSES À TOUT…

1, 2, 3, soleil. Et si vous jouiez au lieu de vous énerver ? Voilà le mantra de Delphine de Hemptinne, joyeuse chantre, parmi tant d'autres, de la pédagogie positive. Cette orthophoniste belge a publié un livre présenté, lui aussi – c'est un peu une manie dans le domaine – comme un guide de survie à l'attention des parents. Composé de 250 petits jeux simples censés dénouer toutes les situations crispantes avec ses enfants, il se présente de manière aguicheuse comme une suite de trucs infaillibles susceptibles – si l'on en croit la quatrième de couverture – de simplifier la vie du parent invité à le consommer sans modération et à y recourir sans restriction.

Je vous propose d'en examiner plus attentivement le contenu. Pas pour le plaisir de discréditer l'auteure que par ailleurs je ne connais pas personnellement et qui, dans le domaine de la dyslexie, a écrit d'autres livres beaucoup plus consistants, mais seulement pour voir jusqu'où peuvent nous conduire l'absurdité et l'indigence de techniques éducatives racoleuses parfois tellement stupides qu'elles prêteraient seulement à rire (pour un ouvrage sur l'humour, ce n'est en soi pas si mal) si elles ne risquaient pas, en se présentant comme un « ingrédient miracle » – c'est écrit sur la quatrième de couverture –, de produire encore davantage de découragement, voire du désespoir, chez les parents qui se seraient, pleins d'illusions, jetés sur le livre avec l'espoir illusoire de voir leurs problèmes d'autorité se résoudre, en un tour de passe-passe (logique vu qu'il y est question de miracle...), comme un jeu d'enfant, dans un grand éclat de rire...

Votre petit garçon ou votre petite fille refuse d'aller prendre sa douche ? En réalité, il n'y a rien d'anormal dans son comportement, vous dit-on dans ce livre de pédagogie positive. L'eau, *a priori*, ce n'est pas marrant pour un enfant et s'il n'est pas né « poisson », il n'y a aucune raison qu'il prenne spontanément un bain ou qu'il se plie sans rechigner à votre souci de le voir propre. C'est donc logique qu'il ne se porte pas volontaire quand il est question de passer sous la douche, et il n'y a pas à le contredire s'il refuse de répondre à votre demande quand vous le sollicitez pour qu'il aille se laver. Vous seul(e) y voyez une nécessité hygiénique, indispensable à la mise en place de rapports sociaux sereins. Pour lui, une douche, c'est juste une épreuve qui interrompt son jeu ou se met au travers des occupations qui l'amusent. Surtout, ne le contrariez pas. Et, quoi qu'il arrive, ne vous mettez pas en colère. Restez zen. C'est, souvenons-nous, le mot d'ordre en pédagogie positive. Et si, à la longue, cette injonction à la zénitude finit par vous taper sur les nerfs, souvenez-vous que la pédagogie positive met à votre disposition deux outils qu'elle présente comme infaillibles : l'humour et le jeu...

— **L'humour d'abord...**

Riez avec lui (surtout pas de lui, ce serait catastrophique pour l'estime dans laquelle il se porte) en lui racontant par exemple l'histoire du « petit cochon qui ne voulait pas se laver » et qui finit, solitaire, par jouer tristement au cochon puant... S'il ne veut toujours pas passer sous la douche, ne le menacez pas avec un récit mettant en scène un grand méchant loup mangeur de cochon sale (cela risque de le traumatiser), mais tentez plutôt une autre histoire, sur le même thème, d'un petit animal qui, à force de ne pas se laver, finit tout seul parce que ses amis ne peuvent plus le sentir. Si cela ne l'incite toujours pas, en fin de compte et au bout du conte, à se laver, conservez évidemment quoi qu'il arrive votre inébranlable sens de l'humour, puisque c'est, paraît-il, votre atout majeur, et résignez-vous à conserver pour une nuit ou une journée un enfant sale... Vous pouvez même, si le cœur vous en dit, prendre le parti d'en rire en ressassant l'idée que l'humour comme outil pédagogique, même si cela ne marche pas à tous les coups, cela permet au moins de relâcher la tension... et cela, c'est toujours une leçon de gagnée, vous diront les aficionados de la pensée positive. Souvenez-vous qu'il vaut toujours mieux être l'enfant pas lavé d'un parent zen que le bambin propre d'un parent qui s'est énervé... En méditant cette pensée, vous vous endormirez sans culpabilité en vous jurant de réessayer dès le lendemain le bain humoristique ou la douche drolatique.

Évidemment, le temps que vous compreniez que ces solutions miracles ne fonctionnent pas, que ces « trucs » ingénieux n'en sont évidemment pas, ou qu'ils ne donnent des résultats positifs que très occasionnellement et uniquement dans des conditions favorables, vous aurez définitivement rangé ce livre au rayon des ouvrages de pédagogie positive que l'on consulte comme des recettes de cuisine sans se soucier d'un contenu qui demeure généralement d'une profonde indigence théorique. Lus rapidement, oubliés à la première déconvenue, ces bouquins soi-disant porteurs de solutions « clé sur porte » ont avec la pédagogie un rapport similaire à celui que les livres de cuisine ont avec la littérature.

Revenons à l'humour présenté comme LA solution pédagogique mise à disposition des parents énervés, irrités ou agacés par les mutineries systématiques de leurs enfants dès qu'il est question de se lever, de se coucher, de se laver, d'interrompre un jeu, de renoncer à un dessin animé ou de se nourrir correctement, et désireux de « changer la couleur de la relation » en diminuant ou en supprimant la tension qui l'encombre. Il faut effectivement bien mal comprendre le fonctionnement de l'humour, de ses déclinaisons et de ses composantes pour le prescrire comme un remède miracle capable de guérir tous les maux relationnels en toute circonstance.

L'humour est effectivement un « jeu » avec la réalité. À ce titre, il est souvent utilisé pour s'accommoder d'un réel peu satisfaisant, décevant ou dévalorisant. Il ne peut cependant, en aucun cas, être proposé comme une solution systématique. Occasionnellement, il permet parfois, comme l'exprime Scutenaire, de se tirer d'embarras sans se tirer d'affaire, mais il ne détient toutefois pas le pouvoir de transformer la réalité, et son emprise sur le réel n'est généralement que transitoire et partielle. Elle dure le temps d'un mouvement de l'esprit et laisse, le plus souvent, la situation en l'état au-delà de l'effet produit. L'humour est donc très utile pour composer avec le réel, pas pour le modifier.

Si votre enfant se montre insupportablement contrariant et constate que tout ce que vous avez à opposer à sa désobéissance, c'est votre indécrottable humour, il finira par penser qu'il lui suffit de s'opposer pour être drôle et finira par mettre votre relation d'humour à rude épreuve.

L'humour est effectivement, tant qu'il ne s'emmêle pas dans la moquerie, le sarcasme et l'ironie, un véritable réducteur de tensions relationnelles. Toutefois, outre qu'il ne faut pas en abuser, il peut également, s'il est mal dosé ou utilisé mal à propos et à contretemps, augmenter la pression, accroître le malaise ou intensifier le voltage…

Ce qu'on appelle en éthologie un « processus en Z » illustre parfaitement cet état de fait. Ce terme désigne un processus dans lequel chaque comportement d'un partenaire s'étaye sur la réponse précédente pour favoriser l'escalade de la violence. Ainsi, l'humour permet-il à l'occasion de filtrer l'agressivité et de ne pas s'emmêler dans des interactions violentes. Par le rire, l'enfant apprend notamment très tôt dans son développement à transformer l'agresseur en complice. La répétition systématique de l'expérience amènera toutefois rapidement l'humoriste en herbe à concéder que ce n'est pas si simple. Il ne suffit pas toujours de balancer une vanne pour que tout le monde se calme. Le jeu est même parfois risqué. Celui qui prend l'humour pour la formule magique qui transforme les loups en agneaux ou qui en fait une sorte de sésame pacificateur, celui-là s'expose à de solides déconvenues. La métamorphose ne s'opère pas toujours dans le sens escompté. Mal reçu, l'humour décuple même l'agressivité de celui qui le trouve déplacé ou inapproprié.

De ce drame qui s'échoue sur un trop-plein de sérieux, de la plaisanterie qui sombre dans la mauvaise humeur de l'autre, l'enfant qui s'y confronte devra pouvoir tirer une leçon essentielle : l'essai comique n'est pas systématiquement transformé... Tout ne prête pas à rire et les contextes d'irritation ne sont pas toujours les lieux les plus propices pour s'y affirmer victorieusement, mais imposent parfois, au contraire, de battre prudemment en retraite. Faute d'ordonner ce repli général du rire, le candidat humoriste échapperait difficilement à cette forme de bérézina du comique qui est susceptible d'enterrer pour un temps ses plus belles illusions de toute-puissance.

Dans ce domaine plus qu'ailleurs sans doute, les triomphes d'un jour fondent en effet les plus solides déconvenues du lendemain. Pour l'enfant, il est donc essentiel de saisir précocement toute l'ambiguïté qui caractérise le recours au comique qui n'a en définitive pas grand-chose à voir avec ce qui nous est présenté ici, sans la moindre nuance, comme une formule magique aux effets miraculeux.

Ce qui est vrai pour l'enfant l'est encore plus pour l'adolescent. Le cahier des charges de l'humour adolescent apparaît en effet souvent, pour le parent, hors de prix ou hors d'atteinte. Le parent candidat au comique partagé devra en effet, s'il entend faire rire son ado, le plus souvent, apprendre à tourner en dérision ce qui, en tant que parent, l'angoisse, faire mine de se moquer de ses propres valeurs et donner l'illusion qu'il est capable de faire preuve d'ironie par rapport à ce qu'il considère comme important.

Évidemment, il ne sera pas question ici de bains ou de douches – quoi que ? –, mais de limiter le temps consacré aux jeux vidéo, d'inciter à se nourrir plus sainement et, si possible, en tenant compte de l'organisation familiale, de plaider pour une relation veille-sommeil mieux équilibrée... Là aussi, les parents humoristiques risquent les pires déconvenues si cette stratégie leur est présentée comme la seule disponible pour mater les rebellions, calmer l'agressivité ou, tout simplement, faire entendre leurs exigences.

Revenons cependant à l'enfant, avant de tenter le « grand saut » que suppose la relation avec l'adolescent. Dire qu'il suffit de faire rire pour obtenir en douceur ce que l'on ne parvenait pas à atteindre par la fermeté, c'est aller un peu vite en besogne. L'humour n'est ni une garantie de succès (on ne fait pas rire à tous les coups et les échecs humoristiques peuvent, pour un parent susceptible, s'avérer particulièrement cuisants), ni une arme à un seul tranchant (les tentatives d'humour peuvent dans certains cas, nous venons de le voir, décupler l'agressivité), ni un passeport systématique pour la joie et le bien-être (l'humour trouve naturellement sa place dans une relation détendue et ludique, mais cela ne signifie pas qu'il suffit pour installer un climat de détente si l'atmosphère est au préalable saturée d'énervement et d'excitation).

Présenter l'humour comme une solution qui marche à tous les coups pour sortir d'une situation tendue avec l'enfant relève donc de la supercherie. C'est d'autant plus vrai qu'un parent n'a pas toujours envie de rire et qu'adopter un style humoristique quand l'humeur n'y est pas constitue sans doute le moyen le plus sûr de ne pas être drôle. Mal porté, l'humour qui tombe à plat plombe alors l'ambiance et augmente d'emblée la tension dans la relation. L'échec retentissant auquel il expose en cas d'insuccès, la déchirure de son double tranchant quand il a été vécu comme inapproprié par l'un ou l'autre des protagonistes et le survoltage qu'il provoque quand il a été mal dosé, tout cela indique qu'il vaut toujours mieux, quand il est question d'humour, de ne pas s'y lancer sans garde-fou en le balançant sans précaution avec l'assurance qu'il va tout arranger et que chacun s'en trouvera inévitablement mieux d'avoir « bien ri ».

L'injonction à « faire preuve d'humour » produit en outre d'autant plus de dégâts quand, le parent ayant indiqué à travers ses tentatives humoristiques qu'il ne prenait pas la situation autant au sérieux que l'enfant le supposait, celui-ci en a déduit que l'exigence n'était sans doute pas aussi impérieuse que cela et que la place laissée au rire indiquait que l'absence de sérieux pouvait prétendre prendre toute la place et s'étendre indéfiniment dans la durée.

Le « Maintenant, on ne rit plus », que le parent devra dans ce cas invariablement décréter lorsque son stock de patience aura été épuisé, laissera alors la place, s'il n'est pas suivi d'effets, à un énervement décuplé. Le rire de l'enfant qui, lui, s'imaginera que votre irritation fait toujours partie du jeu, se posera alors comme la cerise sur un gâteau au goût particulièrement amer et à la crème effroyablement indigeste. Peinant à comprendre comment il est possible de passer aussi rapidement d'un état d'esprit à un autre et rétif à l'idée de concevoir qu'un parent, à bout de patience, puisse perdre brutalement, en une fois, son envie de rire et son désir de faire rire, l'enfant passera alors du fou rire à la crise de larmes en vous donnant alors l'impression d'avoir aggravé une situation insupportable au point de vous l'avoir rendue tout bonnement invivable.

Par ailleurs, même si cela peut éventuellement, en fonction des circonstances, déboucher sur un résultat ponctuel positif, dites-vous bien que la solution d'un jour n'est jamais, en pédagogie, une réponse pour toujours. Faute de tenir compte de cette réalité, les triomphes d'aujourd'hui deviennent souvent le creuset des pires déconvenues du lendemain. N'essayez pas la routine humoristique systématique. C'est à la fois inefficace, exténuant et déconcertant. Trop de paramètres entrent en jeu dans une relation d'humour et le contexte dans lequel elle se constitue pour prétendre les maîtriser. Dans la relation d'humour, la part de l'autre nous échappe souvent fondamentalement et le rire, provoqué par l'effet de surprise, perd sa force quand il est englué dans un rituel répétitif.

Pour le dire autrement, si votre enfant, après avoir bien ri, demeure dans la même disposition d'esprit, votre irréductible sens de l'humour, ne vous ayant pas fait avancer d'un pouce, risque de se déliter inexorablement et le vain détour par le « rire-ensemble » que vous tenterez désespérément risque alors d'intensifier encore plus lourdement votre irritation en grevant fortement votre humeur, cet ingrédient essentiel de l'humour. C'est le cercle vicieux de l'humoriste qui s'agace de ne plus faire plus rire et, ce faisant, s'enfonce dans le trou qu'il creuse lui-même.

Par ailleurs, l'humour contraint à la répétition du même ou tenu de proposer sans fin du neuf s'expose au double risque de produire de la lassitude ou d'exiger une créativité continue... Si le recours au partage du rire constitue votre unique outil, vous risquez ainsi soit de fatiguer votre exigeant public, soit de vous obliger à une inventivité hors norme qui vous contraindra à renouveler sans fin votre stock de propositions humoristiques...

Si l'humour ne marche pas, rassurez-vous, il reste le jeu, vous diront les tenants de la pédagogie positive, jamais à court d'idée dès lors qu'il est question d'épauler un parent soucieux de ne pas s'obliger à imposer ou désireux de ne pas se contraindre à exiger. Là où l'humour aura fait faux bond, le jeu devrait, selon eux, faire l'affaire.

— **Le jeu...**

Là, pour le coup, je ne résiste pas à l'idée de m'appuyer directement sur les extraits de l'ouvrage de pédagogie positive produit par Delphine de Hemptinne en vue de « porter secours » notamment aux parents dont les enfants manifestent de façon plus ou moins régulière des crises aigues de douchophobie ou ont, plus généralement, tendance à se métamorphoser en monstres hurlants dès qu'il est question de mélanger de l'eau et du savon pour en faire de la mousse et utiliser celle-ci pour se laver.

Pour nous mettre dans le bain, l'auteure plante d'emblée le décor en concédant que, comme nous l'avons rappelé plus haut, « pour l'enfant, se laver n'est pas une tâche très excitante ». « Il y a tout d'abord, dit-elle, l'inconfort de devoir retirer une tenue confortable et chaude pour se mettre tout nu. » C'est vrai que se déshabiller constitue, pour l'enfant, une tâche particulièrement rébarbative et on peut comprendre dès lors qu'à la seule idée de se voir imposer une telle torture, un enfant ne peut que « péter un plomb » en s'opposant avec violence à l'adversité.

« Mais ce n'est pas tout », ajoute la redoutable défenseuse des droits inaltérables de l'enfant à se mettre en crise dès que quelque chose ne lui plaît pas, « il y a aussi parfois la peur de glisser dans la baignoire. » « Certains enfants peuvent en effet, explique-t-elle, avoir eu des expériences traumatisantes. » « Et pour d'autres qui n'ont pas connu cette aventure, le contact avec l'eau peut faire peur », détaille encore Delphine de Hemptinne, l'orthophoniste, pour le coup autoproclamée spécialiste en ablution traumatique et en résilience postbalnéïque. Résultat, il est, selon elle, inévitable qu'à coups de cris et de pleurs, ce moment se transforme vite en « partie de bras de fer » opposant un enfant rétif à prendre son bain et un parent désemparé.

C'est vrai que cela nous avait échappé, se mettre tout nu et prendre un bain, c'est effectivement une épreuve difficile qui justifie une attention soutenue, une extrême délicatesse et surtout une tolérance absolue devant les débordements émotionnels de l'enfant confronté à un challenge aussi redoutable. Heureusement que tout cela, sous couvert évidemment du sceau d'une spécialiste en orthophonie, nous est rappelé…

Rassurez-vous cependant. En pédagogie positive, quand le problème est évoqué, les solutions ne sont généralement pas loin. Et si notre voyage en humour s'est révélé décevant, le détour par les jeux devrait valoir la peine. On ne rit pas d'un enfant exposé au traumatisme de devoir ôter ses vêtements et se confronter à la redoutable épreuve de l'eau. Par contre, on peut transformer l'épreuve en jeu. C'est par ailleurs ce que proposait déjà Roberto Benigni dans son film *La vie est belle*. Lui, cependant, évoquait un véritable traumatisme, celui de la Shoah, et, sachant qu'il tournait une fiction, ne prétendait pas donner la leçon à quelque parent que ce soit…

Examinons donc de plus près ces fameux conseils ludiques pour parents en mal d'autorité face à l'enfant refusant de se laver. Pour remédier aux inévitables (*sic*) « crises de nerfs », la savoureuse chantre de la pédagogie positive propose ainsi d'adopter **le Bain royal**. « C'est un peu, détaille-t-elle, comme un jeu de rôle. Le principe consiste à dire à votre enfant qu'il est désormais un roi ou une reine et que vous allez le chouchouter telle une altess – là, pour le coup, la babycratie découvre son visage sans le moindre fard. Selon le temps dont vous disposez, poursuit-elle, vous allez – en pédagogie positive, le ton prescriptif est souvent de rigueur – fabriquer des étiquettes avec le nom de votre enfant que vous disposerez sur les bouteilles de savon ou de shampoing – sa majesté, effectivement, vaut bien cela…

« Vous pouvez aussi placer un tabouret en plastique dans le bain ou la douche, pour qu'il ait l'impression d'être assis sur un trône, ajouter de la musique, et parler avec beaucoup d'emphase pour exagérer le côté précieux », continue-t-elle pour ne pas s'arrêter en si bon chemin. « Vous verrez, très vite il va se prendre au jeu », prophétise-t-elle alors, soucieuse de rassurer le parent attentif à ne pas provoquer de traumatisme balnéaire chez son enfant et capable d'anticiper la résilience dont il devra évidemment faire preuve en sortant de sa douche pour reprendre le cours normal de sa vie sans avoir été abîmé par l'épreuve. Eh oui... rien que cela... Évidemment, s'il lui prend l'envie d'inverser les rôles, vous risquez de vous retrouver, vous aussi, pathétiquement assis sur un trône, tout nu ou tout habillé, en tenant pour sceptre le pommeau de la douche... Ce jour-là, vous aurez sans doute l'impression d'avoir touché le fond... et pris au jeu de l'enfant roi, vous méditerez sans fin sur l'inanité d'une pédagogie positive qui, à force de prôner le jeu et le plaisir de l'enfant comme argument de toutes vos négociations avec lui, sombre avec vous, dans le ridicule...

Ce faisant, vous en viendrez alors à vous énerver et, vous ayant rendu son bain insupportable, tenterez le retour à un « Maintenant, tu vas te laver et tu ne discutes pas » ferme, contenant et définitif, et souvent tellement plus efficace que ces subterfuges pour parents en détresse qui ne marchent jamais qu'un temps et entraînent systématiquement une escalade dont la maîtrise vous échappe, puisque vous avez d'emblée montré l'inaptitude à fixer un cadre contenant et que les enfants, ne connaissant pas la limite que vous vous êtes donnée, finiront probablement par vous contraindre à lui indiquer.

S'obliger à rire de tout. Se contraindre à tout transformer en jeu... Tout cela devient vite terriblement fastidieux, épouvantablement plombant, résolument déprimant et, *in fine*, totalement inefficace. C'est d'autant plus vrai si cette métamorphose continue ne provient pas d'une propension naturelle ou se réalise dans un climat qui ne prête pas à rire ou dans une atmosphère qui n'incite pas au jeu. Le rire positif (que les Anciens Grecs identifiaient sous le vocable « *gelan* ») ne se réalise que dans un contexte sécurisant, ludique et relationnellement bienveillant... Ce n'est toutefois pas à travers lui qu'artificiellement il est possible de mettre ces différentes conditions en place, mais c'est, au contraire, lorsque ce contexte est mis en place qu'il devient envisageable...

Pour le dire autrement, il ne suffit pas de se contraindre à rire pour créer un climat sécurisant, relationnel et bienveillant, mais il faut mettre en place ce climat pour que le rire trouve naturellement sa place. Le rire surfait d'un parent pressé, contracté ou stressé ne laisse ni lui-même ni l'enfant dupe de ce qui a été mis en jeu. Ne vous forcez pas à rire si vous n'en avez pas envie, votre enfant de toute façon percevra très vite le hiatus entre votre envie réelle et le jeu que vous vous forcez à jouer.

Des conseils du style « Votre enfant ne veut pas prendre son bain ? Pas de panique ! Initiez-le à la peinture aquatique pour le stimuler, et le tour sera joué ! » ou d'autres du genre « Votre fille râle quand il faut se laver les dents ? Organisez un concours de brossage à cloche-pied ! » sont non seulement inutiles mais, pour un parent au bord du burn-out, s'avèrent sans doute de nature à l'y précipiter. Présenter le jeu comme l'ingrédient miracle pour éduquer ses enfants sans stress, ni colère, et favoriser l'épanouissement et le bien-être de toute la famille, relève non seulement de l'illusion mais même carrément de la supercherie…

Prescrire de tels conseils à une maman déprimée ou à un papa stressé ne constitue pas seulement une démarche stupide, c'est aussi une manière de faire nocive et irrespectueuse de ce qui est réellement vécu. Faire une ordonnance humoristique à un parent qui ne trouve plus la force de rire, c'est en effet le rendre coupable trois fois. Coupable de se considérer comme un parent peu performant, coupable de ne pas avoir le sens de l'humour et coupable de ne pas être en mesure de faire rire son enfant ou de rire de lui quand il se montre insupportable.

Voilà en tout cas la conclusion à laquelle est arrivée Delphine de Hemptinne après avoir, dit-elle, utilisé ce formidable outil, en tant qu'orthophoniste, pour surmonter les troubles de ses patients, puis quand elle est devenue maman. Forte de cette expérience, elle en a fait un livre à l'attention de tous les parents au bord de la crise de nerfs : *Jouons malin !*[20]. Un guide qui détaille 250 petits jeux à partager au quotidien avec les enfants de trois à sept ans

---

20 Delphine de Hemptinne, *Jouons malin ! Du petit-déjeuner au coucher*, De Boeck, « Au fil de soi », 2019.

pour désamorcer tous les conflits. Depuis, j'imagine que la pauvre pédagogue ne se donne plus le droit de se brosser les dents tranquillement debout devant sa glace, mais qu'elle s'oblige à ne plus le faire qu'à cloche-pied, même quand elle est pressée ou de mauvaise humeur, juste dans le souci de faire rire sa fille. La baignoire, transformée en atelier peinture, ne permet plus de se laver sans se colorer et, à table, chaque conversation, ravalée au niveau de l'enfant, ne dépasse plus, tant dans sa forme que dans son contenu, le niveau d'un enfant de cinq ans.

Le problème avec les conseils en pédagogie, c'est qu'ils ne sont généralement utiles… qu'à ceux qui n'en ont pas besoin. Les autres, ceux qui, déjà fragilisés dans leur sentiment de compétence parentale, ne sont pas prêts à les entendre, ils ne font le plus souvent que confirmer la vacuité de toute proposition éducative, renforcer le sentiment de leur incompétence et, pire, en ayant adoubé le statut de toute-puissance de l'enfant, contribuent à scléroser le cercle vicieux qui contamine la relation parentale, grève lourdement son vécu affectif et paralyse son évolution.

Le jeu est l'ingrédient miracle d'une éducation positive ! Ce livre vous propose donc 250 jeux simples pour transformer les tensions du quotidien en moments de plaisir et favoriser l'épanouissement et le bien-être de tout le monde… Sauf que, l'enfant, si vous prenez le livre au mot, aura vite fait de jouer avec vos pieds. En effet, si chaque exigence parentale devient l'opportunité d'un jeu, cela signifie que l'exigence n'en est en réalité pas une. La notion de jeu désigne par ailleurs la trop grande facilité de mouvement d'un rouage lié par exemple à un défaut de serrage entre deux pièces…

Ce n'est donc vraiment pas une bonne idée de mettre du jeu autour de ce qui n'est fondamentalement pas négociable (se lever le matin pour aller à l'école, se nourrir, se laver…). Encore pire, le détour ludique systématique suggère l'idée qu'il est possible de remettre en question ce qui, dans l'éducation, relève de nécessités vitales ou, à tout le moins, essentielles. Mettre en jeu la réalisation de ces activités essentielles et la manière dont l'adulte les envisage dans le cadre de l'organisation de la vie familiale risque alors de donner à l'enfant l'idée qu'il est possible de mettre ces activités en péril à force de les remettre en cause.

Tout n'est pas discutable, négociable ou sujet à débat. L'enfant doit pouvoir l'entendre et ce n'est ni renoncer à la bienveillance ni faire preuve de malveillance que se montrer directif dans ces domaines. Argumenter pour amener son enfant à se laver. Barguigner dès qu'il est question de le nourrir de manière équilibrée ou parlementer alors qu'il est simplement question de se lever pour aller à l'école... c'est donner un mauvais signal par rapport à ce qui, chez un être humain éduqué, n'a pas à être soumis à une quelconque controverse.

Ainsi, lorsque l'heure fixée pour se rendre au lit est atteinte, un « On n'irait pas se coucher ? » par lequel l'ordre se déguise en questionnement, un « J'aimerais bien que tu ailles dormir » ou un « Je voudrais que tu montes te coucher » qui camoufle la directive derrière une sollicitation ou un souhait montrent systématiquement moins d'efficacité qu'un ferme « Il est l'heure d'aller dormir » qui annonce la directive en même temps qu'elle condamne toute forme d'opposition à ce qui est énoncé comme un fait. La fermeté bienveillante plutôt que l'humour à tout crin ou le jeu à tout va, c'est à la fois plus simple, moins tordu et plus rassurant pour l'enfant. Le tout est évidemment d'avoir pris le temps de fixer les règles précisément et de ne pas les exposer à une renégociation implicite ou explicite autorisant une adhésion à géométrie variable de l'enfant.

L'ART DE COMPOSER DES FOURRE-TOUT À PRÉTENTION SCIENTIFIQUE

Un des « trucs » préférés de la pédagogie positive, c'est de proposer des « boîtes à outils » un peu fourre-tout dans lesquelles chaque parent « au bord de la crise de nerfs » peut venir piocher en fonction de ses besoins et de ses envies. La « boîte à outils » est, par ailleurs, habituellement livrée avec un mode d'emploi minimaliste et s'appuie, plus ou moins sciemment, sur un support théorique à la fois inconsistant, diffus et peu explicite.

Les noms des outils fleurent bon la métaphore et font la part belle aux illustrations imagées. On trouve ainsi dans le désordre un « bol des émotions », un « écrin à excuses », une « respiration autonettoyante », une « respiration koala », « un p'tit coin de paradis », un « libérateur d'énergie », un autre bol, celui « des compliments », un « rituel de résilience » et, pour ceux qui n'en ont pas encore assez, un « jeu de cartes bientraitance », des « moments de cœur à cœur », un « nounours à chagrin », des « bons câlins » et un fatras d'autres « outils » qui donnent le sentiment que pour parler avec un parent, il faut, au préalable, avoir pris le soin de l'avoir suffisamment infantilisé pour qu'il comprenne bien qu'il doit nécessairement se mettre à hauteur d'enfants de façon à pouvoir se comporter vis-à-vis de lui comme son égal, voire, dans une babycratie qui s'assume, comme son vassal.

Le problème avec ces boîtes à outils, c'est d'ailleurs celui que connaissent toutes les caisses d'outils quand elles sont livrées avec trop peu d'explications à une personne qui n'est pas portée sur le bricolage. Le mauvais bricoleur a tendance à se précipiter sur le marteau (c'est généralement l'outil qui lui paraît à première vue le plus simple à utiliser, le plus accessible et le plus efficace). Or, quand on a dans les mains un marteau, on a tendance à tout prendre pour un clou et on frappe sans discernement en utilisant le seul instrument qui semblait à notre portée.

C'est pour cela qu'il faut se méfier des boîtes à outils, surtout lorsqu'elles sont présentées sans mode d'emploi comme des instruments multifonctions, faciles à utiliser et adaptés à toutes les situations. Une autre caractéristique de la plupart de ces livres en forme de boîtes à outils, c'est en effet l'indigence de leur bibliographie.

Cette inconsistance de bases théoriques des instruments proposés n'empêche pas par ailleurs leurs auteurs d'affirmer des généralités en appui de ce qu'ils proposent comme si elles étaient étayées par la littérature scientifique. Faire l'économie de toute lecture et affirmer que « l'essentiel repose sur la pratique de parent de l'auteur », ou revendiquer un pragmatisme à tout crin qui rend les supports théoriques inutiles, voire nuisibles, c'est sans doute de bonne guerre quand aucune formation certifiée ne permet de légitimer le statut de « spécialiste en coaching parental » que l'on s'est, par exemple, attribué. Il n'empêche, mis à part l'adoubement en circuit fermé par d'autres aficionados de la pédagogie positive, on ne trouve généralement aucune trace de quelqu'un qui ferait autorité dans le domaine de la pédagogie familiale ou scolaire pour confirmer la pertinence des outils proposés et le bien-fondé des intuitions sur lesquelles leur conception repose.

On remplit alors ces boîtes à outils d'un peu tout et n'importe quoi en préférant alors pour les nommer la métaphore qui chante au concept qui parle. On constitue ainsi une espèce de fourre-tout, soi-disant novateur, en se disant qu'il y aura bien de nos jours assez de parents suffisamment déboussolés pour les acheter. Ces parents, dupés mais ignorants qu'ils le sont, se mettent alors à chercher dans le fourre-tout quelque chose qui ressemble de près ou de loin à une boussole et, ne la trouvant pas, se retrouvent avec leurs « bons câlins », leur « bol à énergie » et leur « écrin à excuses », encore plus perdus qu'avant.

C'est un peu comme si, égarés en pleine mer, on leur avait proposé, à la place de leur procurer une boussole pour leur permettre de retrouver leur chemin ou, à tout le moins, une estime pour les réorienter, un « coffre à trésor » rempli d'une cocotte-minute, d'un plat à tajine et d'une couscoussière en leur affirmant qu'avec ces objets, si joliment nommés, ils se remettront sans peine sur la bonne voie...

Évidemment, quand on prétend faire l'économie des théories et se passer de concepts, on se met généralement bien en peine d'offrir des boussoles à qui que ce soit. Ce sont en effet les théories qui guident les pensées et les concepts qui permettent de les évoquer en donnant aux mots une signification suffisamment rigoureuse. Si l'on décide de se priver des unes et de faire l'impasse sur les autres, on ne dispose plus alors que de vagues intuitions brassant du vent et reposant sur du vide. C'est pour cela qu'en pédagogie, comme dans toutes les sciences en général et les sciences humaines en particulier, il faut beaucoup lire, écouter énormément et observer abondamment pour prétendre maîtriser un peu un domaine et se permettre d'y introduire prudemment un soupçon d'inventivité.

Connaître, comprendre et analyser avant de produire une synthèse et puis seulement, le cas échéant, prétendre proposer une innovation, c'est par ailleurs le propre de toute démarche de réflexion valide. Ce sont les moyens que l'on se donne de réaliser patiemment et prudemment cette démarche qui font généralement la différence entre une personne dite « intelligente » et celle qui correspond davantage à l'idée que l'on se fait de celui que, par facilité, on considère généralement comme un con. Ce dernier se révèle en effet notamment par sa façon de résumer en une formule ce qu'il n'a pas pris le temps de connaître, qu'il n'a pas jugé utile de comprendre et qu'il ne s'est pas donné la peine d'analyser. Celui que l'on appelle communément un « gros con » va encore un pas plus loin puisqu'il se prétend, lui, capable de produire une innovation en faisant l'économie de cette synthèse. Ce faisant, au mieux, il réinvente sans fin la roue, au pire, il lui donne la forme d'un carré.

Prenons en guise d'illustration la problématique des limites à imposer à l'enfant. Ceux qui affirment que les enfants n'en ont pas besoin, qu'ils sont « naturellement » aptes à se les fixer et déclarent, sans la moindre nuance, qu'ils sont « instinctivement » résolument altruistes et tellement sensibles aux intérêts des autres qu'il suffit de les laisser faire pour qu'ils mettent en place spontanément une société de bisounours, ne se sont sans doute pas donné les moyens de lire grand-chose dans le domaine ou, pire, n'ont lu que les livres qui les arrangent en faisant l'impasse, par exemple, sur tous les ouvrages qui évoquent l'agressivité naturelle, absolument normale et pas du tout inquiétante des enfants au sein du groupe de ses pairs[21].

La lecture insuffisante ou exagérément sélective permet alors d'imposer comme un fait acquis l'idée que ce qu'ils affirment est « scientifiquement prouvé ». Ces supercheries sans nom, on les retrouve à la pelle dans les livres qui, partant d'une affirmation prétendue irréfutable, construisent alors sur des sables mouvants un château de cartes en cherchant à donner l'illusion d'avoir édifié une bâtisse solide à laquelle on aurait pris le soin au préalable de

---

[21] Jean-Pierre Feutry, *Favoriser les interactions entre enfants*, Éditions Philippe Duval, 2017.

donner des fondations à toute épreuve. Faire passer un cabanon posé sur des pilotis chancelants pour un immeuble tellement solide qu'il répondrait sans mal à des normes antisismiques strictes frise carrément l'arnaque. Évidemment, il faudra parfois attendre un tremblement de terre pour s'en rendre compte.

Prétendre adopter une posture scientifique, c'est d'abord se donner les moyens de prendre connaissance de points de vue contradictoires et ne pas se contenter de compiler les écrits plus ou moins valides qui abondent dans le même sens en mettant d'ailleurs sur le même pied des articles parus dans les magazines féminins et quelques données éparses extraites de revues écrites en anglais pour ajouter à l'illusion de scientificité. Tout cela fait sans doute vendre des livres, mais n'aide pas à faire avancer les choses. Et surtout, cela risque de laisser une profonde impression de désenchantement à tous ceux qui, parents ou enseignants, ont avalé les couleuvres et se sont essayés, sans succès, à appliquer à la lettre les injonctions de ces gourous prescripteurs au vernis scientifique sommaire.

Pour ma part, je préfère toujours orienter les parents et les enseignants vers des ouvrages plus modestes dans leurs intentions mais plus honnêtes dans leur prétention[22]. Ces livres sont généralement suffisamment vulgarisés pour être accessibles et suffisamment rigoureux pour leur permettre de voir clair dans les idées qu'ils sont amenés à stimuler. Certains produisent des synthèses intelligentes qui permettent de ranger concepts et théories et, d'autres, lorsqu'ils se prennent à oser présenter une innovation, le font toujours avec suffisamment de modestie pour ne pas la présenter comme LA « recette » miracle de celui qui aurait inventé l'eau qui bout.

Tout cela suppose évidemment de naviguer lentement, d'avancer sans prétention en acceptant l'idée que les choses sont complexes, qu'elles imposent de la nuance et ne permettent pas de

---

22 Des livres comme *L'enfant et la peur d'apprendre* de Serge Boimare (Dunod, 2014), *Repères pour un monde sans repères* de Philippe Meirieu (Desclée de Brouwer, 2002), *Apprendre à résister* de Olivier Houdé (Le Pommier, 2014) ou *Les dix commandements du bon sens éducatif* de Didier Pleux (Odile Jacob, 2014) constituent des exemples d'ouvrages accessibles sans être pour autant exagérément simplificateurs.

s'en sortir avec un « Il n'y a qu'à », une formule toute faite ou un de ces petits trucs « clé sur porte » outrageusement simplificateurs et dangereusement réducteurs.

Il vaut, par exemple, selon moi, beaucoup mieux prendre le temps nécessaire pour aider à comprendre la distinction entre les concepts de normes, de lois et de règles en précisant lesquelles sont indiscutables et permettent de circuler en toute sécurité sur un territoire, lesquelles sont nécessairement discutables et répondent au souci de générer du « vivre-ensemble » harmonieux et lesquelles encore présentent un aspect irréfutable dès lors qu'il est question de faire société, plutôt que d'outiller les parents de gadgets éducatifs en les invitant à s'aventurer dans un salmigondis emmêlant toutes ces notions dans un seul et même ensemble au sein duquel la confusion s'ajoute à l'imprécision.

On peut ainsi s'en sortir par une pirouette en suggérant aux parents de prononcer fermement un « Il est l'heure d'aller dormir » incontestable plutôt que d'utiliser un ton hésitant pour un « On n'irait pas dormir ? » qui questionne et laisser dès lors entendre à l'enfant qu'il a le choix entre plusieurs réponses ou un « Je pense que si tu ne vas pas dormir maintenant, tu risques d'être fatigué demain à l'école et donc de ne pas profiter pleinement des apprentissages que tu auras l'occasion de réaliser et des découvertes que tu auras l'opportunité de faire » qui argumente inutilement en donnant l'impression à l'enfant qu'il a son mot à dire en contre-argumentant à propos de l'horaire fixé pour aller se coucher.

La prescription d'un comportement ou d'une manière de faire ne sera cependant réellement efficace que si on prend le temps d'expliquer au parent la distinction entre une règle, nécessairement précise et assortie d'une punition en cas d'infraction, une norme, généralement plus floue et qui suppose une discussion à propos de la signification exacte de ce qui est demandé, et une loi, sous-tendue par un système de valeurs et donc jugée suffisamment importante pour que le système, familial ou scolaire, marque un coup d'arrêt et prenne une décision sous forme de sanction en cas de dépassement.

Il est important à cet endroit de bien comprendre la distinction qui doit être établie entre règles, normes et lois. Les règles et les punitions qui y sont liées ne valent que pour la régulation de territoires. Les normes sont essentiellement utiles pour gérer les difficultés inhérentes à la vie en groupe. Les lois, quant à elles, sont indispensables dès lors qu'un ensemble d'êtres humains manifestent l'intention de partager un socle de valeurs communes en faisant société. Cette distinction permet notamment de ne pas tout mélanger en utilisant par exemple trop d'énergie pour sanctionner des règles, en créant un sentiment d'injustice, en punissant un écart par rapport au dépassement de normes à propos du sens desquelles on n'a pas pris le temps de s'entendre auparavant ou en ne réagissant pas, alors que l'irrespect d'une loi laisse entendre qu'un socle de valeurs importantes vient de s'en trouver ébranlé.

Faire comprendre à son enfant que « le comportement que tu viens de faire, je ne veux plus que tu le reproduises. Je te punis donc pour que tu comprennes bien que cette règle est à mes yeux suffisamment significative pour que je veille à ce qu'elle soit respectée » ne constitue pas une hérésie en pédagogie. C'est le principe auquel nous nous soumettons d'ailleurs tous quand nous acceptons de recevoir et de payer des amendes en cas d'infraction au code de la route.

Une amende, ce n'est pas « intelligent » et cela n'a d'ailleurs pas à l'être, mais c'est efficace pour permettre à chacun d'incorporer les règles de circulation et, finalement, amener la plupart des gens à les respecter sans même avoir à y penser. Par contre, un « Je te punis parce que tu n'es pas sage » n'a strictement aucun sens sur le plan pédagogique, parce que le mot « sage » correspond à une norme, une idée floue dont le sens et la signification varient fortement d'un individu à l'autre. La punition visant un comportement ou une conduite aussi mal définie s'exposerait inévitablement, sans discussion préalable visant à s'accorder sur le sens qui doit être donné au mot, au risque de tomber à plat ou de provoquer un sentiment d'injustice, parce que l'idée d'être « sage » recouvre pour le parent et l'enfant une signification très différente et que trop peu d'indices révèlent clairement quel comportement est proscrit et quelle conduite est effectivement attendue…

Dans le même ordre d'idées, un « Je te punis parce que tu viens de m'injurier et que je n'ai pas apprécié cela » donnerait le sentiment d'une réponse automatique qui ne tient pas compte du fait que la conduite de l'enfant, dans ce cadre, touche à une valeur fondamentale qui sous-tend les relations au sein de la famille. Une sanction, c'est-à-dire une réponse réfléchie qui fait suite à un temps d'arrêt nécessaire pour prendre la décision, permet dans ce cas, mieux que la punition, de souligner, aux yeux de l'enfant, l'importance que l'on accorde à une telle infraction.

« Aller dormir » peut ainsi, selon la formulation qui est utilisée, prendre l'aspect d'une règle, d'une norme ou d'une « loi ». Dans le premier cas, il s'agira d'affirmer de manière assertive qu'il est question de parler d'un comportement précis attendu pour gérer, à une heure précise, le « flux » des personnes présentes sur un territoire. Cette règle risque d'ailleurs d'être modulée quand le « territoire » change, par exemple en vacances. Il est alors nécessaire de la repréciser.

Dans le second cas, si elle est présentée comme une norme, elle ouvre naturellement la porte à la discussion sans fin et prend la forme de formulations mal assurées qui évoquent une suggestion ou prennent l'apparence d'une question.

Enfin, s'il est question de loi, le principe d'aller dormir est alors par exemple directement associé à une valeur comme celle de l'obéissance. Elle risque alors de produire des réactions disproportionnées, parce que l'enjeu n'est pas seulement le temps de repos ou les heures de sommeil mais le respect d'une valeur socle que le parent entend défendre et à laquelle l'enfant cherche à s'opposer. Le bras de fer risque alors de s'enclencher en prenant la forme d'une lutte à coups de menaces de sanctions et de comportements d'opposition qui, pris au piège des enjeux qui s'y sont camouflés, prennent pour prétexte la règle pour se manifester.

Bref, le parent a tout intérêt à faire de la « mise au lit » une « règle » et à s'en tenir à l'idée que celle-ci, une fois qu'elle a été rendue explicite avec suffisamment de précisions, n'a plus à être discutée, transformée en jeu, présentée avec humour ou contestée à la moindre occasion.

Pour cela évidemment, la règle suffisamment lisible et accessible (un signal sous forme par exemple d'un rituel qui intervient chaque jour à la même heure – un dessin animé, une histoire racontée, etc. – et manifeste clairement qu'il est temps d'aller se coucher) est associée à une punition systématique si elle n'est pas respectée. Cette dernière, aussi bête qu'une règle de circulation routière, ne doit en outre pas coûter d'énergie pédagogique excessive en se faisant, d'une manière ou d'une autre, intelligente ou réfléchie. Elle doit juste servir à installer la règle et n'est en rien destinée à susciter un débat ou à alimenter une réflexion.

S'il parvient à saisir la distinction règle-norme-loi et à l'associer à des objets qui lui sont adaptés (territoire, groupe, société) tout en utilisant, pour les installer, les techniques les plus adaptées (punitions, dialogue, sanctions), en évitant évidemment de tout mélanger, le parent aura les moyens d'agir avec davantage de conscience pédagogique et de clairvoyance éducative. C'est comme cela en somme qu'on parviendra le mieux à lui fournir la boussole dont il a besoin plutôt qu'une de ces boîtes à outils encombrantes remplies de trucs et de bidules dont on ne sait que faire.

Mais, pour agir comme cela et se donner les moyens d'explorer, sans risque de s'égarer, les conduites éducatives dans toute leur complexité et en faisant preuve de nuance, il faut rompre avec le discours vaporeux et simpliste de la pédagogie positive qui, sous le fallacieux prétexte qu'elles seraient un frein à l'émancipation de l'enfant et produiraient systématiquement de l'humiliation tend à bannir tout ce qui ressemble de près ou de loin à une punition ou une sanction de l'arsenal pédagogique.

Il faut en outre également accepter que, dans le domaine des règles et des limites, c'est toujours à l'adulte, même s'il peut faire participer l'enfant à l'élaboration générale du cadre, qu'il appartient finalement de prendre les décisions en statuant et en fixant les résolutions en matière de règles, de normes ou de lois. Cette prérogative est inhérente au rôle, au statut et à la fonction qu'occupe nécessairement l'adulte dans la relation éducative, quoi qu'en prétendent les plus radicaux des adeptes de la pédagogie positive.

C'est à lui en effet qu'il appartient toujours en fin de processus de réguler ce qui se passe sur le territoire dont il a la responsabilité, c'est également à lui qu'il incombe de mettre le groupe familial dans des conditions de vie harmonieuses pour chacun et c'est enfin de son ressort d'assurer la transmission des valeurs sociales au sein du groupe familial, ou s'il est enseignant du monde scolaire.

Argumenter à tout propos pour tout soumettre à l'approbation de l'enfant, se mettre systématiquement en position basse et lui laisser le privilège d'adouber notre raisonnement ou nos décisions d'adulte en le livrant à la toute-puissance de sa pensée et/ou de sa volonté, c'est dans les domaines qui fixent les limites sous forme de règles et de lois une façon de délivrer un signal terriblement ambigu qui laisse entendre que tout est négociable et que l'adulte n'a jamais le pouvoir de fixer quoi que ce soit sans le transmettre au préalable à l'assentiment explicite et formel de l'enfant.

Le renoncement à cette double posture constitue le creuset de la mise en place de la version la plus aboutie d'une babycratie, celle au sein de laquelle l'enfant, parvenu à centraliser les pouvoirs exécutifs, législatifs et judiciaires, est en mesure d'établir pleinement ses prétentions à l'absolutisme.

Il disposait effectivement déjà du pouvoir exécutif à travers lequel la gestion de la politique quotidienne de la famille lui avait depuis longtemps été déléguée. À coups de questions comme « Que veux-tu que l'on fasse aujourd'hui ? » ou « Souhaites-tu que nous partions en vacances cet été ? », « Et ce soir, au cinéma qu'as-tu envie que nous allions voir ? », « Et comme papier peint au salon, tu verrais plutôt quoi ? » etc., etc., le petit roi s'était en effet vu confier la politique exécutive de la vie familiale. Il n'avait en réalité eu qu'à se servir.

Ensuite, dès lors que les parents ont également pris l'habitude de soumettre les règles et les lois à l'approbation de sa majesté l'enfant, la mainmise opérée sur le pouvoir législatif lui est apparue en bonne voie. Le dictateur en herbe ne s'est pas fait prier pour s'en emparer.

Quant au pouvoir judiciaire, les parents l'ayant délesté de toute force punitive et sevré de toute possibilité de sanctionner, il s'est littéralement vidé de sa substance et, n'intéressant plus personne, a pu sans peine être assimilé à la fonction royale du minisouverain.

Un régime politique en forme d'émocratie au sein duquel les enfants et les adolescents font autorité, une idéologie qui pousse à la centralisation des pouvoirs et, pour s'y opposer, des fourre-tout remplis de trucs et astuces à la fois puérils et inutiles, de l'humour pour parlementer et du jeu pour négocier comme seules armes de résistance pour tenter vaille que vaille de se donner l'illusion que l'on n'a conservé, malgré tout, l'embryon d'un petit bout de pouvoir... La babycratie a alors tout en main pour s'imposer dans la famille comme une véritable dictature.

Et l'école, bastion aux remparts affaiblis, assiégée par les familles, menace, elle aussi, de céder quand les parents, armés de leur petit Montessori illustré, de leur « pédagogie active pour les nuls » ou de leur code passe-partout en forme de « lois naturelles de l'enfant » décident de l'attaquer au bélier, l'envahissent et, se posant en exigeants consommateurs d'école, imposent à la pédagogie scolaire d'adapter son offre à leur demande impérieuse en se pliant elle aussi aux quatre volontés du petit tyran qui a pris le pouvoir chez eux.

Nous verrons dans le point suivant comment l'institution scolaire jugée poussiéreuse, ringarde et peu performante par les aficionados de la pédagogie positive, est « sommée » par eux de se mettre au goût du jour en se ralliant sous le vieil étendard de Montessori ou en surfant sur la vague plus récente que prétend faire Céline Alvarez.

Brandissant l'idée d'une école comme « lieu de joie » constant bien en phase avec le courant idéologique babycratique et s'appuyant sans nuance sur le double principe de l'autodiscipline et la bienveillance « naturelle » de l'enfant, considérés comme autant de faits acquis, il y est question, rien de moins, de faire en sorte que les enfants présentent des performances scolaires avec au moins un an d'avance sur ce qui est attendu (*sic*, Alvarez)...

La précocité généralisée comme ambition affirmée, et tout cela, sans effort, en laissant faire les lois naturelles de l'enfant... Voilà évidemment une offre alléchante ! Comment refuser un tel programme ? Pourquoi s'acharner à faire tant d'efforts alors que tout est si simple, pourquoi s'échiner à enseigner dans les larmes et la sueur quand il n'y a qu'à laisser faire et s'installer sereinement dans son costume d'enseignant pleinement heureux, en s'asseyant au milieu de ce groupe d'enfants perpétuellement ravis qui apprennent spontanément dans la joie continue et le bonheur constant. À travers sa description idyllique d'une école sans tâche, sans faille et sans peine, la sienne évidemment, Céline Alvarez veut sans doute nous faire croire que tout est facile et que si nous sommes confrontés à des difficultés c'est soit parce que nous ne sommes pas elle, soit parce que nous faisons quelque chose de travers.

Celle qui semble à chacune de ses pages déposer sa candidature au poste de ministre autoproclamée de l'Éducation en babycratie apparaît effectivement comme une forme de parangon de cette pédagogie positive qui s'affirme de manière exclusive comme détentrice de la seule et unique vérité, et renvoie à leur vacuité tous les enseignants qu'elle considère comme nuls, c'est-à-dire ceux qui n'ont pas lu les livres que Montessori n'a pas écrits ou n'ont pas eu le courage de commencer ou de terminer le sien. Ceux-là, allez-savoir pourquoi, continuent à travailler comme des bœufs pour mettre les enfants en retard et les rendre malheureux à l'école...

Je n'ai rien contre Céline Alvarez ni, plus précisément, contre son livre, *Les lois naturelles de l'enfant*, dans lequel on trouve même certaines idées, certes pas toujours neuves mais néanmoins intéressantes auxquelles on ne peut généralement que souscrire tant elles sont marquées du sceau de l'évidence. Elles ne pêchent en réalité essentiellement que par leurs excès et irritent surtout par la façon réductrice et simplificatrice dont elles sont présentées comme autant de formules magiques. C'est ce qui explique que, pour ma part, même si je les partage pour une large part, j'éprouve parfois des difficultés à écrire à leur propos sans m'agacer. Sans doute est-ce lié au fait que je déteste les théories exclusives, les postures qui ne laissent pas de place au doute et se prétendent détentrices de l'unique vérité et les stratégies frôlant la supercherie scientifique qui consistent à la fois à affirmer les choses en ne prêtant attention qu'aux résultats qui les confirment et à cautionner sa position en ne s'entourant que de personnes qui ne se risquent pas à la contredire. Je déteste aussi les prêchi-prêcha à résonance apocalyptique qui laissent entendre que, si on ne la suit pas dans son point de vue, on ira tous forcément dans le mur. On voudra donc bien m'excuser si cette irritation transparaît çà et là dans les pages qui suivent. Je n'y peux rien. Elle m'énerve...

Je n'ai évidemment rien non plus contre Montessori. Je serais même idiot de ne pas reconnaître l'importance fondamentale du rôle qu'elle a joué dans l'histoire de la pédagogie... Non, ce qui m'énerve là, c'est le foin que l'on fait autour de sa personne et de ses théories, la tendance à sacraliser tout ce qui vient d'elle, en ce compris ce qu'il a de plus faible et le merchandising éhonté qu'elle provoque. Et ici aussi, je retrouve en sus les mêmes sources d'irritation que pour son épigone moderne : revendication de l'exclusivité de la seule manière valable de voir les choses, la sienne, absence complète de considération pour toutes les autres, toutes estampillées *de facto* nulles et non avenues, même tendance aux prêchi-prêcha et aux avertissements apocalyptiques prenant en outre, chez elle, une forte coloration cosmique, prétention à détenir la vérité unique et absolue, absence complète de doutes méthodologiques et tendance à la supercherie scientifique. Bref, là aussi, parfois, je n'ai pas pu m'empêcher de me laisser déborder, en écrivant, par l'agacement qu'elle provoque en moi. Je m'en excuse platement auprès de tous ses « fans » et les prie à l'avance de me pardonner ce crime de lèse-majesté...

Tant pis, après tout, pour évoquer les excès d'une babycratie qui prétend mettre, pour l'enfant, de la joie partout et tout le temps, en famille et à l'école, il fallait sans doute qu'une autre émotion, la colère, prenne un peu de place. J'ai essayé de la contenir, mais ne suis sans doute pas parvenu à éviter que, sous couvert d'agacement ou d'irritation, elle ne mâtine, çà et là, les pages qui suivent... Tant pis... ou alors... tant mieux... je ne sais pas... à vous de juger.

L'ÉCOLE CONTAMINÉE : QUAND LA BABYCRATIE S'ÉBAUDIT DANS LE CHAMP SCOLAIRE

Les pédagogies actives ont le vent en poupe. Montessori par ici, Céline Alvarez par là... De nombreux parents n'ont que ces deux noms-là à la bouche quand il s'agit de parler « pédagogie scolaire ». Ils n'ont généralement pas lu la première (qui n'a d'ailleurs que très peu écrit et, essentiellement, des livres sans autre intérêt que celui, historique, d'avoir, en son temps, fait avancer la pédagogie). Ils ont habituellement lu la seconde parce que son livre tient en cinq pages qu'elle étire, en répétant tout le temps la même chose, sur quatre cents, et qu'elle mâtine çà et là de données éparses puisées aux neurosciences pour donner l'impression à tout le monde qu'il s'agit vraiment d'un ouvrage de pédagogie[23].

La première était sans doute révolutionnaire en son temps[24], c'est-à-dire dans les années 1940... La seconde prétend l'être en ne ressassant pourtant que des idées convenues et en tentant de démontrer à longueur de pages qu'en dehors d'elle, il n'y a pas de salut pour l'école. Sainte Montessori et Céline Alvarez la rédemptrice n'ont pas seulement fait école (en pédagogie, c'est une forme de tautologie dangereuse que la plupart des pédagogues consistants – comme Meirieu, Houssaye ou Houdé – fuient comme la peste en ne cherchant pas, eux, le moins du monde à « faire école »), elles ont littéralement fait religion en encourageant leurs

---

[23] Elle a d'ailleurs fait publier aux bien nommées Éditions LectureFacile une synthèse facile à lire qui expose les points essentiels de son livre. Cet ouvrage se présente comme un résumé de vingt-huit pages qui paraissent déjà tirer en longueur...

[24] Et encore, il est difficile de prétendre être révolutionnaire quand on a su si bien s'adapter aux exigences de Mussolini dont on a, sans sourciller, accepté le subventionnement.

adeptes à les suivre, en leur demandant, pour cela, d'avoir foi en leur parole et en les sommant d'adhérer totalement à leur croyance au nom d'une scientificité affirmée qui prend davantage la forme d'un credo que celle d'une véritable démonstration.

Le succès tardif de l'évangile selon Montessori et celui, plus récent, du catéchisme façon Alvarez s'expliquent, l'un et l'autre, par ce vent fort que fait souffler la pédagogie positive dans sa version la plus radicale sur tout ce qui n'est pas elle ou prend des distances par rapport à ce qu'elle présente, l'une et l'autre, comme des dogmes.

Revendiquer l'exclusivité de la vérité, sous-entendre l'absence de possibilité de penser hors d'elle sans se fourvoyer, affirmer sa certitude de détenir la vérité en marquant tout le reste du sceau de l'erreur, considérer comme de la pédagogie assassine tout ce qui n'entre pas dans la vision unilatérale qu'elle se fait de l'éducation, se déclarer incompatible avec tout autre système pédagogique qui pourrait altérer sa pureté idéologique, ne prêcher que pour sa chapelle en ne retenant, quitte à en moduler les sens, que ce qui va dans la direction de ce qu'elle affirme... Tout cela n'a plus grand-chose à voir avec de la pédagogie révolutionnaire (par exemple celle des pédagogues libertaires), cela ressemble de plus en plus à de la pédagogie totalitaire, celle qui déclare que tout ce qui n'est pas elle se trompe et prédit l'apocalypse éducative à tous ceux qui s'écarteraient des chemins qu'elle trace...

LE RETOUR À L'ÈRE DU MONTESSORIEN

L'éducation dite « nouvelle » n'est en réalité pas de première jeunesse. Elle a tenu son premier congrès international en 1921. Les parents qui se revendiquent de ces écoles novatrices n'étaient donc sans doute pour la plupart pas nés quand elles ont vu le jour. Cela ne les empêche pas de considérer ces pédagogies comme révolutionnaires, même s'ils ignorent le plus souvent de quelle révolution il s'agit et font généralement l'impasse sur le contexte politique et idéologique dans lequel elles ont vu le jour. Peu importe, puisqu'elles sont qualifiées de « nouvelles », c'est sans doute qu'elles sont récentes… et si elles ne le sont pas, il n'y a qu'à faire comme si…

John Dewey, véritable précurseur du *learning by doing*, crée sa première école expérimentale en 1894. Paul Robin, injustement oublié, dès 1880, parle déjà d'enseignement intégral, tandis que Sébastien Faure en 1904, dont plus personne ne se souvient mis à part certains historiens de la pédagogie, ouvre son école libertaire, suivi de peu par Montessori et Decroly qui, eux, ne se sont pas contentés d'ouvrir en 1907 des écoles sur le même moule mais, plus populaires ou plus charismatiques, ont littéralement pris la tête du mouvement en devenant ses étendards.

Personnellement, je ne connais pas d'école Robin, pas de jouets Faure… L'histoire peut se montrer très injuste avec ses véritables précurseurs, surtout lorsque ceux-ci ont lié, à l'instar de Freinet, leur souci de créer des écoles nouvelles et gratuites destinées prioritairement aux enfants de milieu populaire à une volonté de transformation sociale… Mis à part Freinet qui, parce qu'il a su montrer un constant souci d'adaptation[25], est parvenu à passer à travers les mailles du filet, les autres sont passés à la moulinette de l'histoire et leurs idées socialement (trop) généreuses ont été broyées avec eux.

Au bout de leur histoire, les pédagogies actives et leurs promoteurs ont, dans leur mouvement d'ensemble, incontestablement fait avancer les choses. Il ne viendrait plus à l'idée de personne de contester le fait que l'apprentissage est, chez l'enfant mais aussi chez l'adulte, un processus actif. Et ceux qui tenteraient encore des exposés *ex cathedra* à l'école maternelle, qui ne tiendrait absolument pas compte du rythme de progression de chaque élève en faisant défiler un « programme » sans se soucier de la façon dont il est reçu ou se contenterait de surveiller les enfants du haut de leur perchoir comme on le faisait dans les salles d'asiles,

---

[25] J'ai même trouvé au cours de mes lectures un courrier adressé par Freinet en 1942 à son épouse dans lequel il lui demande d'écrire au maréchal Pétain une lettre par laquelle il démontre en quoi ses idées sont fondamentalement en accord avec celles d'Hitler…

auraient très vite des soucis avec l'inspection pédagogique. L'intérêt historique du mouvement de la pédagogie active n'est dès lors contesté par personne au même titre que les pédagogues comme Makarenko ou Pestalozzi ont heureusement fait évolué la pédagogie en attirant l'attention sur l'importance d'un apprentissage sensible aux intérêts de la collectivité et que d'autres, comme P. Freire ou F. Oury, s'inscrivant dans un courant libertaire, ont contribué à introduire au sein du monde scolaire l'idée que l'éducation devait, avant tout, se constituer comme un levier d'émancipation. Alors, pourquoi Montessori plus qu'un autre ? Quelle idée a-t-on eu de replanter ce vieil arbre centenaire au tronc démesurément grossi à un endroit où il cache dangereusement la forêt de tous les autres ?

Tous ces pédagogues ont joué un rôle important en infléchissant la manière dont le courant actuel de la pédagogie suit son cours. Comment dès lors expliquer qu'émergeant de ces figures de l'histoire, Montessori fasse actuellement un tel tabac ? Comment comprendre la place particulière qu'elle occupe dans le *revival* des écoles actives façon Freinet, Steiner ou Decroly ?

Il fut un temps, il n'y a pas si longtemps, où seuls les historiens de l'éducation l'identifiaient précisément quand on faisait référence à elle. Actuellement, son nom est presque devenu un nom commun. Il vient à la bouche de n'importe quel parent qui se prend à parler d'éducation pendant plus de cinq minutes. Tout le monde la connaît. Chacun la cite. Le nom Montessori s'est échappé des encyclopédies d'histoire de la pédagogie pour devenir un qualificatif d'usage courant associé à un style scolaire, à des jeux, à une méthode, à des livres...

On se procure un livre « Montessori » comme on achète un bouquin de pédagogie positive en espérant y découvrir des recettes pour éduquer l'enfant en le rendant actif, des principes pour faire apprendre rapidement, facilement et en s'amusant des méthodes pour rendre l'enfant autonome sans l'exposer au moindre risque ou des trucs et astuces pour répandre la joie à l'école et à la maison tout en demeurant exigeant sur le plan des performances et de la discipline...

Mise à toutes les sauces, Montessori est devenue le sésame qui permet à chacun de s'ouvrir les portes de la pédagogie scolaire, et on en est venu ainsi à s'en servir comme d'un passe-partout permettant de faire l'impasse sur toutes les autres clés. Le problème n'est pas qu'il y ait Montessori. Le problème, c'est qu'il n'y ait QUE Montessori.

Montessori n'est qu'un jalon dans l'histoire de la pédagogie, elle ne résume pas la pédagogie et le fait d'avoir lu ses livres (ce que très peu de parents ont réellement fait), à la fois rares (elle a, je le répète, très peu écrit) et, avouons-le, terriblement datés, ne permet pas à un parent de s'improviser spécialiste en pédagogie et de prétendre, à partir de ce statut autoproclamé, faire la leçon aux enseignants.

Même chose par ailleurs pour les autres formes de pédagogie active dont les parents se revendiquent souvent en parfaite méconnaissance des causes. Combien parlent, par exemple, de la pédagogie Steiner qu'ils trouvent très « fun », alors qu'ils s'enfuiraient probablement en courant avec leurs enfants sous les bras s'ils avaient vraiment lu son ouvrage de référence *Le Sens de la vie*, véritable salmigondis d'ésotérisme et de charabia parapsychologique mêlant résonance cosmique, anthroposophie, occultisme et autres élucubrations.

Combien de parents emprunteraient la même direction s'ils prenaient le temps de lire véritablement Freinet qui a, lui, effectivement produit une littérature pédagogique de qualité, mais en portant tellement l'accent sur le désir de transformer, à travers l'école, toute la société pour en faire un monde plus égalitaire que le militant communiste leur aurait donné l'impression de déposer leurs enfants dans une usine à futur Che Guevara ou de les abandonner dans le vivier de la prochaine génération d'électeurs de Mélenchon ? Le substrat de valeurs défendues par Freinet, tellement en contradiction avec le souci d'individualisation, de développement personnel optimal et l'empressement à stimulation des performances qui justifient leur choix d'école, entraînerait l'adhésion de peu de ces parents qui ne jurent pourtant que par sa pédagogie.

Le problème n'est pas de se livrer à l'exégèse des grands pédagogues, ni même d'apprécier les pédagogies actives ou de trouver intéressantes les perspectives qui y sont soulevées. Il n'est pas nécessaire, par ailleurs, de disposer d'une connaissance approfondie de l'œuvre d'un pédagogue ni d'être en accord complet avec ses théories pour avoir envie de confier un enfant à ses bons soins. Non, le problème, c'est d'utiliser une connaissance partielle pour faire pression sur l'école et lui imposer les convictions qu'on en a retirées pour l'obliger à s'y confirmer dans l'« intérêt supérieur de l'enfant ». Le problème, c'est aussi de se laisser « gruger », en raison de cette connaissance insuffisante, par une offre scolaire qui ne dit pas clairement ce qu'elle est et attire des parents mal informés mais prêts à mettre le prix dans l'« intérêt supérieur de leur enfant ».

Enfin, le problème, davantage propre, celui-là, à Montessori, c'est notamment le radicalisme intransigeant de sa posture, l'exclusivité qu'elle revendique et le caractère à la fois miraculeux et scientifique des résultats qu'elle déclare obtenir. La différence est de ce point de vue énorme entre Montessori qui se targue d'avoir inventé une « méthode » et Freinet qui ne prétend jamais « que » mettre au point des techniques. La première déclare ainsi avoir mis au point un système clos et achevé, un dispositif total et définitif qui se ferme en quelque sorte à tout aménagement et se montre rétif à toute hybridation.

Une théoricienne de l'éducation à la Montessori fait preuve de cette manière de la même prétention que celle de l'homme préhistorique qui prétendrait avoir inventé quasiment seul la roue là où un pédagogue comme Freinet, à la fois plus modeste, plus réaliste et plus conforme à la vérité, se retrouve dans la posture de son collègue de l'âge de pierre qui revendique avoir participé par l'apport de ses techniques au développement d'un mouvement collectif qui a favorisé progressivement l'apparition de ce qui a fini par s'appeler une roue.

Évidemment, à première vue, une méthode complète qui semble tout garantir paraît souvent plus rassurante qu'une collection de techniques qui donnent le sentiment d'une maîtrise incomplète. C'est d'autant plus vrai si la méthode présentée ne revendique, comme c'est le cas chez Montessori, aucun changement de société et garantit que le système, qu'il soit celui de Mussolini ou d'un autre plus recommandable, pourra se mettre en place sans risquer d'être bousculé par sa base parce qu'il ne se trouvera personne capable, par l'éducation qu'il aura reçue, de s'y opposer.

Il n'y a en effet, sur ce plan-là, pas de soucis à se faire, les écoles Montessori n'accoucheront probablement pas de futurs gilets jaunes, rebelles, susceptibles de résister quand il sera question de rentrer sagement dans le rang... Tout juste peut-on s'attendre à en voir sortir quelques futurs étudiants qui, au pire, joueront aux rebelles un jeudi par semaine en ayant bien pris le soin d'obtenir toutes les autorisations nécessaires pour pouvoir « brosser » les cours et hurler dans un joyeux et peu risqué moutonnage des slogans consensuels en faveur de la planète auxquels personne ne songe vraiment à s'opposer.

Voilà donc une des sources du succès hors norme de Montessori. Elle promet le développement optimal, joyeux et sans vague d'un enfant qui sera respecté dans son rythme singulier, n'aura pas trop à se soucier des autres et sera même suffisamment autonome pour se développer sans avoir besoin d'eux.

C'est sans doute là que l'on trouve un des ressorts du succès confinant à l'idolâtrie de la glorieuse pédagogue italienne. Sur le plan de ses apports théoriques, rien ne justifie en effet un tel adoubement. La sacralisation de Montessori ne s'explique, nous le verrons dans les pages qui suivent, ni par la fulgurance de ses « découvertes », ni par l'originalité de son point de vue, ni encore moins par la richesse et la rigueur de son travail de conceptualisation.

Les racines de son étonnant succès sont davantage à rechercher du côté des attentes de ces nombreux parents pour lesquels la recherche d'une école bienveillante constitue une étape logique dans leur cheminement vers une parentalité avide d'élitisme bienveillant au sein de laquelle l'accent est mis sur l'importance de la réalisation de soi, le développement personnel et un suivi plus personnalisé de l'enfant. En promettant la joie émancipatrice, la discipline provoquée par l'adhésion à l'autorité expliquée plutôt que celle qui s'obtient par la sanction, la précocité des performances et le respect, l'aspect « naturel » de la découverte du potentiel individuel de chaque enfant, la reine italienne des maîtresses de classe avait tout pour plaire.

Et pourtant, que valent réellement ces « promesses » ? Pas grand-chose, il faut bien en convenir… Prenons pour illustration sa notion « vaguement » conceptualisée mais abondamment illustrée d'explosion de l'écriture pour désigner la manière magique, miraculeuse – je vous l'avais dit, la bienheureuse pédagogue adore ce mot qu'elle glisse dans chaque chapitre – à travers laquelle l'écriture s'impose aux tout-petits et se propage ensuite, selon elle, à la presque totalité du groupe. En gros, il suffirait de mettre des alphabets mobiles par terre à disposition des enfants de quatre ans et, aussitôt, ils se mettraient à produire magiquement (*sic*), miraculeusement (re-*sic*) de l'écrit et à apprendre spontanément (re-re-*sic*).

C'est beau, n'est-ce pas ? On se prend à rêver en imaginant ces petits bouts courir dans tous les sens pour se faire arpenteurs instinctifs de vocabulaire, concepteurs spontanés de mots, faiseurs naturels de phrases et on ne peut s'empêcher de se figurer le sien, évidemment plus doué que les autres et plus précoce qu'eux tous, utiliser l'alphabet mobile pour écrire « anticonstitutionnellement » et l'arborer fièrement devant le regard à la fois ébahi et envieux de ses minicollègues scribouillards. C'est merveilleux, n'est-ce pas ? Trop beau hélas, sans doute, pour être vrai…

Je n'ai sans doute pas été amené à rencontrer directement les enfants confiés à sainte Montessori, la faiseuse de miracles, mais ceux que j'ai rencontrés devaient sans doute faire tous partie des « presque » que la célèbre pédagogue prend quand même la peine de distinguer d'emblée de l'ensemble de ses petits élèves. Avec les alphabets mobiles, ils se sont mis à construire des tours, à les aligner en fonction de leurs couleurs ou de leurs formes, voire, pour les plus voraces, à se les mettre en bouche et, pour les plus indociles d'entre eux, à se balancer les lettres à la figure. Je n'en ai vu aucun écrire spontanément des choses sensées et je n'ai pas vu la moindre trace ni de cette autodiscipline spontanée décrite à longueur de pages comme une évidence naturelle, ni de l'explosion des pulsions cosmiques (re-re-re-re-*sic*) des écrivains voraces qui se cachent, selon elle, au fond de tous les enfants.

Évidemment, quand, quelques pages plus loin, je lis la manière dont elle décrit la progression de l'enfant sauvage confié aux bons soins d'Itard, capable, selon elle, d'apprendre à converser en français puis à lire et écrire dans cette langue, je me dis que la tendance à l'exagération, voire à la dénaturation, des données, est, chez la célèbre pédagogue, une véritable seconde nature. L'enfant sauvage, tous ceux qui ont pris la peine de lire Itard le savent, n'a, malgré la patience de son mentor, jamais réalisé les progrès fulgurants et spectaculaires que Montessori lui prête et les conversations avec lui se sont bornées à quelques borborygmes inintelligibles.

Une indigence conceptuelle sidérante aggravée d'une bibliographie béante qui indique, pour les rares auteurs cités, qu'elle ne les a peut-être même pas lus (Itard, Freud) et laisse entendre qu'elle ne s'appuie sur aucune référence théorique et se fie exclusivement pour étayer ses intuitions sur les seules données que lui fournissent ses propres observations et l'autorité qu'elle se donne pour les interpréter.

L'indigence conceptuelle pourrait être compensée par un foisonnement de « mots nouveaux » que l'on pourrait qualifier de « montessoriens » puisqu'on ne les retrouve que dans ses livres et, plus souvent encore – puisqu'elle a davantage parlé qu'écrit –, dans sa bouche. Je n'ai personnellement rien contre les néologismes. Le recours à un vocabulaire idiosyncrasique me paraît parfois utile quand une notion en cours d'évolution ne trouve pas dans le vocabulaire disponible le moyen sémantique d'être défini avec suffisamment de précision. Toutefois, le destin d'un néologisme est alors d'être adopté par d'autres que soi et de démontrer son utilité en s'inscrivant dans un vocabulaire commun à plusieurs personnes.

Il ne suffit pas en effet d'inventer des mots abscons pour faire œuvre scientifique. Donner aux néologismes que l'on crée soi-même une validité conceptuelle, c'est un peu comme se donner l'illusion de transformer des essais en rugby alors que l'on joue en réalité un match de foot. À chaque tir au-dessus de la barre, on fait comme si on avait marqué et on s'attribue trois points de bonus. Ce n'est évidemment pas comme cela que tout cela fonctionne et cela ne donne jamais à celui qui comptabilise les buts de cette manière que l'illusion de ne gagner que des simulacres de matchs qui ne se joueraient ainsi que dans sa tête.

En outre, les néologismes prouvent généralement leur pertinence en embrassant le destin des mots. Ils finissent alors le plus souvent, quand ils ont réussi leur carrière, à pénétrer le langage usuel ou, au pire, quand leur trajectoire a été moins brillante, à trouver leur place dans le jargon des spécialistes.

Pour Montessori, rien de tout cela. Ses néologismes sont demeurés des mots inventés et utilisés exclusivement par elle. Qui peut aujourd'hui me dire ce que sont devenus, par exemple, les notions de « mnemé », « hormé » et autre « ombihus » ? Imaginez qu'en beau milieu d'un repas de famille, vous sortiez une phrase comme : « Aujourd'hui, mon hormé et ma mnemé sont bien alignés, cela me donne la pêche. Il me reste à mettre mon ombihus sous contrôle et tout sera nickel. » Vous constaterez vraisemblablement que, très vite, vos voisins de table, soupçonnant un état d'ébriété, cesseront de vous servir à boire.

Datées, ces notions n'évoquent effectivement plus rien à personne. Même les parents et les enseignants qui se revendiquent de la pédagogue italienne et prétendent l'avoir lue sont généralement incapables de leur donner une définition approximative... C'est pourtant sur ce genre de notions surannées que Montessori fonde l'essentiel de sa théorie.

L'hormé désigne ainsi une espèce de force divine qui guide l'homme vers plus d'évolution. Montessori avait une idée du concept plutôt « cosmique ». Le guide agit comme une forme de maternité protectrice et comme une forme d'éducation mystérieuse. Présupposer, à partir d'une inspiration divine, un développement vers le meilleur de la nature humaine est un pari pour le moins aléatoire en pédagogie. C'est surtout vrai si l'on fait reposer le tout sur une croyance religieuse. Considérer cette progression inspirée par Dieu comme un principe universel ou le présenter comme un fait acquis relève en tout cas davantage de la croyance religieuse que de l'adhésion scientifique. C'est pourtant le moteur sur lequel s'appuie en permanence Montessori[26].

D'autres choses me gênent chez la pédagogue italienne. Sa tendance à tellement apprécier que les enfants soient alignés, bien peignés et « propres sur eux » qu'elle préfère se passer de ceux qui ne développent pas suffisamment cette aptitude ; sa manière de cultiver l'individualisme au détriment de la vie collective des enfants ; son mépris affiché pour tout ce qui stimule l'imagination des enfants en ce compris les histoires imaginaires ; sa façon péremptoire d'affirmer que les choses sont établies parce qu'elle les considère comme telles ; sa manière d'affirmer le caractère systématique de stades de développement chez l'enfant en s'appuyant sur ses seules observations à la fois lacunaires et partiales. Mais par-dessus tout, je me sens terriblement agacé par sa propension à évaluer positivement chacune de ses initiatives pédagogiques tout comme j'ai tendance à me laisser irriter par l'autocomplaisance qu'elle manifeste régulièrement vis-à-vis d'elle-même et l'extrême facilité avec laquelle elle tend à se faire passer à de nombreuses occasions pour une faiseuse de miracles...

J'ai tendance pour ma part à apprécier les pédagogues qui me donnent l'impression d'avoir fait vraiment de la pédagogie parce qu'ils ont tenté des choses foireuses dont ils sont capables de nous parler, qu'ils nous prennent à témoin de leurs tâtonnements et de leurs errances, se montrent capables de relever la pertinence des réflexions de ceux qui ne pensent pas comme eux et conservent dans leur démarche une ouverture au doute méthodique qui demeure, pour moi, la seule façon d'avancer... Enfin, je ne vais pas me lancer dans l'inventaire de tout ce que je n'apprécie pas chez Montessori. Outre le fait que je n'éprouve pas un plaisir particulier à

---

[26] Ajoutez-y l'idée d'ombihus, désignant, accrochez-vous, une organisation du mal qui prend la forme du bien et qui est imposée par l'environnement à la société tout entière, et vous concevrez comme moi tout ce que la théorie Montessori avait d'ésotérique et d'absolument indémontrable.

déboulonner les idoles, le fait de dresser de telles listes a tendance à aggraver encore mon irritation...

Par ailleurs, j'invite ceux qui préfèrent les images aux paroles à découvrir les gravures diffusées à la fin de l'ouvrage *La découverte de l'enfant. Pédagogie scientifique Tome 1*. Ces photos d'époque[27] montrent dans l'ordre des « enfants touchant les lettres rugueuses », des « enfants composant des mots avec l'alphabet mobile », un « enfant touchant les emboîtements géométriques », un « enfant construisant une tour rose », montrant « Mme Montessori, le visage sévère, enseignant à un enfant à toucher sans sourire les emboîtements géométriques », le « modelage », le « jardinage », les « enfants travaillant au jardin », la « leçon de silence », le « repas en plein air », la « marche rythmique », les « enfants rangeant le matériel », les « petits réfugiés au travail », les « exercices sensoriels », les « jeux avec les yeux bandés » et la « fillette s'exerçant avec les emboîtements géométriques »... Vous sortirez de l'expérience en constatant, effaré ou amusé (cela en est presque drôle tant les images montrent le contraire de ce qui est décrit dans le livre), que, contrairement à ce que proclame la pédagogue à longueur de pages, tout cela ne respire pas précisément la joie de vivre. Sur les cent deux enfants (vous pouvez, comme je l'ai fait, les compter) qui apparaissent de face, aucun n'ébauche la plus petite esquisse du début de l'embryon d'un sourire. Tous les enfants ont l'air profondément sinistre que prendraient des personnes contraintes aux travaux forcés... Aucun parent de notre babycratie ne supporterait de voir sa progéniture afficher la même mine déconfite.

Si c'est cela la joie totale généralisée telle qu'elle est promise par l'auteure, je ne comprends pas bien où elle veut nous emmener. Ces images fonctionnent comme un véritable oxymore... on a l'impression de voir des troupeaux de Gai-Luron se démultiplier et affirmer en chœur « Nous sommes heureux et joyeux » en arborant la mine défaite de ceux qui ont tout perdu et une figure triste comme une porte de prison. Et je ne parle pas des adultes, sur la

---

[27] Fournies par the Montessori-Pierson Publishing Company et donc censées illustrer le bien-fondé de la méthode utilisée à la Casa dei Bambini.

dizaine des enseignantes, aucun – en ce compris Mme Montessori elle-même, qui sur le cliché oublie sans doute de prendre un air « sympa » – ne se départit d'un air sévère, bras croisés visage fermé, qui n'engage pas à la rencontre.

Si c'est cela un guide, je préférerais pour ma part m'en passer et je comprends mieux pourquoi, à la même époque et dans le même pays, Mussolini mettait tant d'insistance à se faire appeler El Duce pour faire davantage coïncider sa vocation de leader autocratique avec celle de guide exemplaire suprême qu'il prétendait incarner… Ce faisant, il agissait en fait exactement comme le préconisait Montessori pour décrire le rôle de ses enseignantes. Un guide que l'on aurait envie de suivre parce qu'il se comporte en exemple… Mussolini parlait par ailleurs lui aussi d'autodiscipline pour évoquer la tendance « naturelle » que devaient suivre selon lui les Italiens pour lui emboîter le pas et marcher à sa cadence, en obéissant à un commandement intérieur au son de sa voix de dictateur « exemplaire ». Tout cela fait un peu peur, effectivement… mais certaines des photos que je vous propose de détailler (notamment les clichés 11, 14 et 18 illustrant la leçon de silence, la marche rythmique et les jeux avec les yeux bandés) font également froid dans le dos…

Il ne s'agit d'ailleurs pas ici de tenter de discréditer la célèbre pédagogue. Je suis évidemment bien conscient que tout cela doit être remis dans son contexte. C'est pour cela d'ailleurs que je suis tout à fait prêt à reconnaître le rôle essentiel que Montessori, en dépit des compromissions qu'elle a été contrainte d'accepter avec le régime qui lui a permis de se mettre en place, a joué dans l'histoire de la pédagogie. Personne, parmi ses détracteurs, ne pousse par ailleurs le discrédit jusqu'à nier son apport de ce point de vue. En tant que jalon dans l'évolution de la pédagogie, son importance est incontestable. Il ne me viendrait pas à l'idée de le nier ni même de le sous-estimer. Mais de là à en faire une icône indéboulonnable de la réflexion pédagogique contemporaine, de là à parler de pédagogie nouvelle pour des innovations qui datent des années 1940, de là à prendre pour argent comptant tout ce qui est affirmé de façon souvent péremptoire… il y a trois pas à accomplir… Ce sont ceux-là qui, précisément, séparent le respect pour une pensée féconde de l'idolâtrie vis-à-vis d'une doctrine équivoque...

Une innovation vieillie, des principes qui sont maintenant, pour la plupart, dilués à peu près partout et qui ne justifient plus un « combat », un substrat théorique évasif... comment expliquer que l'on parle de Montessori sans réserve, sans nuance et sans risquer la contradiction dès qu'il est question de pédagogie nouvelle appliquée en tout cas aux plus petits ? Ses méthodes se cassent pourtant les dents quand elles s'éloignent de la maternelle et ne passent en tout cas pas, contrairement à ses prédictions, le cap de l'enseignement secondaire, comme si les élèves de cet âge résistaient davantage à ses formules magiques ou se conformaient moins naturellement à ses conjectures.

Rivée à l'enseignement chez les plus petits, la pédagogie montessorienne, peinant à se propager verticalement, l'a donc fait horizontalement en prenant d'assaut les familles chaque fois qu'elle s'invite dans les foyers pour y marquer de son empreinte les pratiques ludiques et éducatives. Un jeu Montessori par ici, un jouet montessorien par là... une boîte à outils Montessori sur l'étagère... un guide montessorien sur la table de nuit... Chaque maison en est envahie... Les rayons des librairies ont été colonisés par elle... Elle se glisse partout... s'immisce dans chaque endroit... Plus question de faire un pas en dehors d'elle dès lors qu'il est question d'évoquer l'éducation en famille ou à l'école. Incontournable, elle est, dépoussiérée et recyclée dans un pédagogisme nouveau genre, devenue la figure de proue de l'éducation positive et le fer de lance de la pédagogie telle qu'elle est envisagée en babycratie.

Comment expliquer ce succès tardif de Montessori ? Comment comprendre cet envahissement du champ pédagogique en dépit d'une substance théorique forcément datée et inévitablement lacunaire ? Pourquoi les parents se ruent-ils sur les jouets estampillés Montessori, alors qu'ils savent que leur prix est ostensiblement gonflé dès qu'il affiche ce label ? Comment expliquer qu'ils soient attirés par les écoles qui, en s'éloignant souvent du cadre de l'enseignement public, font payer plus cher les droits d'inscription au nom d'une qualité éducative qui ne se retrouverait pas ailleurs.

Pour comprendre cet engouement, il suffit de convertir les principes pédagogiques de Montessori en promesses éducatives pour se rendre compte immédiatement de ce qu'elles peuvent signifier pour un parent hélicoptère, un parent drone et un parent curling…

— **Montessori et le parent « hélicoptère »**

C'est évidemment plus facile de piloter un hélicoptère de surveillance sur un terrain plat dont les quelques aspérités ont été aménagées à l'avance pour conduire l'enfant à se livrer aux activités que l'on juge les plus favorables pour lui que de tenter un survol sur un territoire riche en stimulations mais un peu fouillis qui donne l'impression d'un relief accidenté et laisse à l'enfant l'opportunité de s'engager tout à fait librement dans un parcours évidemment imprévisible

Une classe Montessori, conçue comme un environnement adapté à l'enfant et parfaitement ordonné, ne propose que des stimulations en rapport avec des intentions pédagogiques (par exemple un alphabet mobile) explicitement déclarées et clairement établies. Pas question d'y multiplier les sources d'attraction potentielles. Pas de place par exemple pour un petit magasin, des jeux d'imitation, des objets qui stimulent l'imaginaire et tout ce qui pourrait « diluer » l'attention de l'enfant en lui suggérant de détourner les jeux de leur fonction éducative ou de se livrer à des activités plus attractives mais considérées comme moins « rentables » au niveau de son développement.

Un jeu Montessori est dans cette optique toujours livré avec son mode d'emploi et il n'est pas question pour l'enfant de s'en détourner. C'est ce qui en fait, au sens propre du terme, un jouet éducatif et c'est ce qui le distingue des autres jouets dont la fonction éducative (toujours présente selon moi en fonction de la manière dont on utilise le jeu) est généralement tout aussi riche mais beaucoup plus implicite. Les premiers proposent de jouer pour apprendre, les seconds permettent d'apprendre en jouant.

Une classe Montessori est donc conçue comme un environnement adapté dans lequel on ne laissera rien au hasard, et, en tout, on s'efforcera à la perfection[28]. Ainsi envisagé, un milieu montessorien s'assimile un peu à ce que doit représenter pour un babouin la montagne artificielle du zoo de Vincennes par rapport à celles qu'il retrouve dans son milieu naturel. Moins dangereuse, mieux contrôlable et parfaite pour suggérer à l'enfant qu'il est complètement libre… de faire exactement ce que l'on attend de lui…

Évidemment, tout cela ne peut que plaire à un parent hélicoptère. Des modes d'emploi comme des plans de route, des jeux dont les règles ont des petits airs de programme scolaire, une impression que rien n'est laissé au hasard, que tout se déroulera comme prévu… qu'il suffira à l'enfant d'un alphabet mobile mis à la mesure de ses mains pour faire naître le vocabulaire dans ses doigts… Que demander de plus ? Et si plus tard, le jeu en bois est soumis à la concurrence déloyale d'un jeu vidéo… Eh bien,

---

[28] Edwin Mortimer Standing, *Maria Montessori. Sa vie, son œuvre*, Desclée de Brouwer, 2011, p. 58.

il n'y aura qu'à faire disparaître le jeu vidéo parce que, de toute façon, les écrans, c'est bien connu, sont nocifs et n'apportent rien au développement ni de l'enfant ni de l'adolescent qui lui succédera. Cette antienne sera, nous le verrons, reprise sans nuance par Céline Alvarez sous les applaudissements nourris de beaucoup de parents hélicoptères qui, parce qu'ils manifestent une peur bleue de ce qu'ils ne maîtrisent pas, préfèrent qu'on leur dise de mettre les écrans sous scellés plutôt que de leur suggérer la possibilité de convertir les jeux vidéo en supports éducatifs ou même parfois de laisser simplement leur enfant, de temps en temps, s'amuser en nourrissant sa vie d'imaginaire sans souci de cultiver son développement.

Faire l'hélicoptère dans un environnement parfaitement ordonné, tout à fait maîtrisé et complètement adapté à l'enfant, c'est évidemment du pain bénit pour les parents anxieux. Cela donne l'impression à l'adulte qu'il peut survoler tranquillement la zone circonscrite parce que tout y est davantage sous contrôle et qu'il sera mieux capable d'anticiper les déplacements de son enfant.

En outre, dans un tel environnement, Montessori nous le promet, il n'y aura qu'à laisser faire et tout ira tout seul. « Il est pourtant si simple de voir la réalité de l'autodiscipline spontanée et du comportement social des enfants, si merveilleusement délicat, si sûr et si parfait. » Voilà, en substance, ce qu'elle nous déclare. Évidemment, après avoir lu une telle déclamation, pourquoi se casser la tête ? Dans le monde merveilleux, délicat et parfait que nous promet la sainte pédagogue, on pourra même envisager de ranger l'hélicoptère au garage.

L'autodiscipline spontanée, quel parent n'y a pas rêvé ? « Même quand la maîtresse est absente », rajoute Montessori pour en remettre une couche et nous faire rêver de plus belle, « cette conduite collective harmonieuse et la qualité de leur comportement, dénué de jalousie et d'esprit de compétition, porté au contraire à l'aide mutuelle, ont suscité de l'admiration. Ils aiment le silence et le recherchent comme un vrai plaisir. Leur obéissance se développe par étapes, de plus en plus parfaite, jusqu'à une "obéissance dans la joie"[29]... » Je vous l'ai dit. Parfois, en lisant du Montessori directement dans le texte, on se rend compte que cela frise l'arnaque. Tous les parents qui ont la responsabilité d'une meute d'enfants (et dans une famille, une meute commence avec deux...) le constatent généralement sans peine. L'autodiscipline spontanée, la sollicitude bienveillante instinctive, cela arrive de temps en temps, mais beaucoup moins souvent qu'à son tour, et cela n'a rien d'une règle absolue. Prétendre qu'elle s'installerait parfaitement et naturellement pour faire toute la place à une harmonie complète, totale et constante (divine pour reprendre les termes de Montessori), c'est un peu comme vouloir nous faire croire au Père Noël qui n'existe que dans la tête de ceux qui y croient mais se rencontre néanmoins parfois, sous une forme artificielle, dans les grands magasins en période de fin d'année.

Les disputes entre enfants, pour Montessori, ce ne sont par ailleurs que des signes de sous-développement. Je ne résiste d'ailleurs pas au « plaisir » de la citer une fois encore sur ce point : « Seuls les pauvres se disputent pour un bout de pain. Les riches, eux, sont attirés par toutes les possibilités que leur offre le monde. La jalousie et la compétition sont le signe d'un "développement mental insuffisant" d'une vision trop retreinte[30]. » Bigre, cela fait quand même un peu froid dans le dos ! Tout le monde sait évidemment que les riches vivent dans l'harmonie et que les pauvres passent leur temps à se taper dessus... Vous comprenez maintenant mieux pourquoi, quand on tombe sur de telles inepties, on peut trouver Montessori un peu agaçante. Mais pour s'en rendre compte, il faut l'avoir lue.

Ceci étant dit, il faut bien convenir que stimuler l'éducation musculaire (c'est l'autre nom de la gymnastique chez Montessori) ou une motricité libre sur un territoire organisé et sécurisé apparaît évidemment moins angoissant pour un parent que l'idée de laisser son enfant s'ébattre librement dans un terrain vague, batifoler à sa guise en forêt ou folâtrer sans contrainte dans le quartier...

---

[29] Maria Montessori, *La formation de l'homme*, Desclée de Brouwer, 1996, p. 43.
[30] *Ibid.*, p. 54.

Cette forme de liberté contrôlée a évidemment tout pour plaire au parent hélicoptère. La zone à surveiller est à la fois moins étendue et mieux adaptée à l'enfant. Ce n'est plus *le* monde qu'il est amené à explorer mais *son* monde, celui qui a été mis complètement à sa dimension et totalement à sa portée. « Sois autonome dans un environnement qui, par son agencement et son adaptation, te donne l'impression de prendre des risques sans te mettre en danger. » Une telle proposition est incontestablement celle qui convient le mieux à un parent qui ne peut s'empêcher de faire l'hélicoptère tout en prônant l'autonomie comme socle du développement éducatif. Réduire l'univers à la dimension enfantine, c'est bien entendu ce que pouvait souhaiter de mieux un parent désireux de donner à son enfant l'illusion d'être autorisé à une liberté totale, tout en répondant à son souci de le conserver pleinement dans son aire d'influence.

Le succès actuel des plaines de jeu couvertes et les parcs d'attractions qui permettent de conjuguer la sensation d'aventure avec une sensation d'hypersécurité s'explique par cette appétence parentale pour les odyssées prudentes, les défis raisonnables ou les aventures précautionneuses de leurs enfants… Cette attitude est évidemment compréhensible. Il n'est pas question de remettre en cause l'idée que la sécurité de l'enfant doit prévaloir sur toute autre préoccupation. S'il ne s'agit que de cette prudence élémentaire, tout parent devrait inévitablement cacher un parent hélicoptère. Rappelons par ailleurs à cet endroit que l'hyper-parentalité n'est ni une dérive, ni une maladie, ni un défaut et qu'elle ne doit être contrôlée, même dans sa démesure, que si elle produit de la souffrance, met trop de tension dans la relation éducative ou conduit le parent à se montrer excessivement exigeant par rapport aux caractéristiques de l'environnement de son enfant.

C'est ce qui se produit par exemple quand un parent exige tout à la fois l'hypersécurisation des équipements scolaires ou du matériel de puériculture et leur haute teneur en stimulations au risque de faire peser sur les institutions le poids d'un choix impossible. Ce phénomène explique notamment pourquoi l'histoire de l'évolution des cours de récréation indique un mouvement très lent tant dans leur configuration que dans leur équipement. La tension entre l'envie de rendre le territoire récréatif stimulant et le besoin de le sécuriser le plus complètement possible a en effet longtemps fait peser la balance du côté sécuritaire en transformant les territoires scolaires récréatifs en lieux déserts, vides d'équipements, dénués de toute prétention pédagogique ou éducative, à la fois aussi hypostimulants et aussi déprimants qu'une cour de prison...

C'est également ce phénomène qui incite les parents à se ruer sur des parcs d'attractions en privilégiant le loisir de masse et la consommation ludique aseptisée plutôt que d'envisager une balade en forêt parce qu'ils n'osent plus laisser grimper leurs enfants aux arbres sous prétexte que les branches ne sont pas labélisées « Jeu Montessori » ou que le tronc n'est pas estampillé « Répond aux normes de sécurité d'un jouet montessorien ».

Et on ne peut leur donner tort. C'est sans doute vrai qu'un enfant en mouvement dans une chambre capitonnée, équipée de jouets en mousse répond mieux aux attentes d'un parent hélicoptère qu'un enfant qui joue dans une forêt et grimpe sur des arbres dont les branches poussent naturellement en ne se mettant pas systématiquement à hauteur d'enfant et en ne prenant pas obligatoirement une forme parfaitement adaptée à ses mains. Monter sur un arbre, c'est apprendre que la nature ne se plie pas à notre volonté et que, pour apprivoiser la réalité, il faut aussi oser s'y frotter et ne pas seulement attendre d'elle qu'elle s'adapte. Et cet apprentissage-là vaut sans doute bien aussi une leçon... Celle de l'impuissance à agir sur ce qui n'est pas nécessairement mis à notre portée... C'est cette leçon-là que l'enfant prendra sans doute insuffisamment si la pédagogie prend le parti de ne proposer qu'un environnement éducatif susceptible d'être dompté par l'enfant, plié à ses exigences et conçu pour lui donner l'illusion de sa toute-puissance.

Plus sérieusement, le problème n'est pas de stigmatiser les parents hyperprudents qui auraient tendance à faire l'hélicoptère pour prévenir tous les dangers susceptibles de menacer l'enfant, mais de considérer la faille qu'ils proposent à ceux qui prennent d'assaut leurs angoisses, prennent en otage leur anxiété et s'y engouffrent pour augmenter le coût de ce qu'ils offrent en prétextant que la sécurité de l'enfant n'a pas de prix. Présenter un jouet comme montessorien, c'est, souvent sans réelle plus-value sécuritaire ou pédagogique, suggérer que le jeu ne laisse rien au hasard. Freinet, Decroly et encore moins Roorda n'ont, pour des raisons de merchandising moins développé, suscité la même dérive…

L'odyssée prudente se réduit souvent à un parcours uniforme qui invite chaque enfant à vivre une expérience similaire, les défis raisonnables ne laissent pas beaucoup de place à l'échec et lorsqu'elle devient trop précautionneuse, l'aventure cesse souvent tout naturellement de l'être.

Le parent drone confond parfois bienveillance avec une forme de complaisance compréhensive qui laisse tout passer au nom du « laisser croître » et fuyant comme la peste toute forme d'intrusion ou de prescription adulte, envisagée comme une forme de bavure, un moment d'égarement ou un indice de balourdise.

Évidemment, la confrontation à un monde présenté comme parfaitement adapté n'encourage pas l'esprit de révolte. Le monde « à découvrir » de Freinet devient, chez Montessori, un univers aménagé pour l'enfant, ouvert à ses sensations et mis à hauteur de ses perceptions… Cette réalité aménagée ne se conquiert pas par la confrontation à un réel qui heurte, mais par l'assimilation d'une réalité aseptisée et dépourvue d'aspérité. Il n'est pas étonnant que Mussolini, même si bien évidemment on ne peut nullement soupçonner Montessori de partager, en tout ou même en partie, ses opinions, ait trouvé son compte dans cette forme d'usine à moutons favorisant, sous couvert d'individualisme, l'adhésion collective à un environnement totalement approprié, absolument convenable et résolument pertinent. Avec Montessori, le réel ne risque pas en effet de cogner l'enfant, puisque c'est la réalité elle-même qui devra se plier à ce qu'il est.

— **Montessori et le parent « drone »**

La « pédagogie positive » a, nous le verrons, surfé sur ce double socle pour envahir les champs de la pédagogie familiale et scolaire en disqualifiant notamment tout ce qui semblait s'éloigner de ses principes fondamentaux. C'est ce phénomène dont nous essayerons de comprendre et d'analyser les conséquences afin d'en traquer les abus et d'en débusquer les insuffisances. Haro sur les pédagogies assises, puisqu'il ne faut valoriser chez l'enfant que les démarches actives d'apprentissage. Le mot punition y occupe quasiment le rang d'une insulte et le terme « sanction » qui lui est confondu n'y jouit pas d'une plus grande popularité. Montessori, par exemple, pour ses adeptes les plus fervents, se pose en pédagogie qui exclut de fait toutes les autres formes (en ce compris de pédagogie active). L'adulte systématiquement sommé de se mettre en « position basse » par une forme de pédagogie inversée systématisée risque de ne plus être en mesure de retrouver son statut quand cela s'avère nécessaire.

Les parents drones, continuellement à la recherche du « meilleur » pour leurs enfants, sont évidemment, pour le grand barnum montessorien, des cibles de choix, y compris dans le domaine du jeu. La marque Montessori sonne pour eux comme un gage de qualité, de recherche, de pédagogie intelligente Avec un jeu Montessori, c'est certain, l'enfant ne perdra pas son temps. Le jeu mêlé au travail est balisé par des objectifs d'apprentissage et on évite au maximum qu'il soit détourné de sa fonction.

Stimuler la créativité ne signifie pas chez Montessori débrider l'imagination. Montessori considérait d'ailleurs toutes les formes de stimulation naturelles de l'imaginaire enfantin comme des dérives à éviter à tout prix. La créativité d'accord, mais tant qu'elle demeure enracinée dans le réel, endoctrinée par une réalité, avalisée par un adulte et garantie sans rêve. Pour Montessori, les contes de fées sont des fadaises, les histoires pour enfants des racontars nuisibles et les fables des récits sans intérêt.

Sous le seul prétexte qu'on ne « ment » pas aux enfants, elle entend centrer l'attention de l'enfant sur ce qui est directement utile à l'apprentissage qu'il doit faire du réel et des moyens humains mis à sa disposition pour le manipuler, l'ordonner, le décrire, l'écrire ou le dénombrer. Conçu expressément pour développer sa psychomotricité fine ou la coordination œil-main ou tout autre compétence sensori-motrice ciblée, les jeux sont décrits comme des supports d'apprentissage qui centrent l'activité de l'enfant sur une réalisation particulière et visent un but précis. Il s'agit essentiellement pour Montessori de limiter les sources de stimulation alternative en ne proposant qu'un nombre déterminé d'activités, conçues a priori pour réaliser le développement d'une compétence particulière.

La dissipation de l'enfant est de cette façon le plus possible découragée et le gain pédagogique est systématiquement garanti par le label de la célèbre pédagogue autoproclamée « scientifique ». Efficacité garantie et réduction de la perte de temps : quand on est, comme de nombreux parents, plus ou moins consciemment baigné dans une culture d'entreprise, on ne peut qu'applaudir des deux mains face à de telle promesses. Il n'en faut évidemment pas plus pour plaire aux parents drones qui y voient l'assurance d'avoir pris le « meilleur » jeu pour leurs enfants et y puisent la certitude que le petit apprenant ira droit au but, ne perdra pas son temps et apprendra, comme le suggère la célèbre pédagogue, de façon à la fois fulgurante et magique. Le fait de « mettre le prix » en payant plus cher le matériel ludique n'est pas un problème pour ces parents. Ce coût supérieur tend même à confirmer leur perception de la haute plus-value de l'objet ludique (suivant en cela la double croyance selon laquelle « la qualité se paie » et que l'achat d'une marque est un gage de qualité) et finit d'installer leur conviction d'avoir acquis ce qu'il y avait de mieux pour un enfant qui, selon leur point de vue, ne peut jamais se satisfaire que de l'excellence...

Qu'importe que d'autres jouets exercent exactement les mêmes fonctions. Non estampillés, ils laissent la place au doute : et s'il n'était question que de s'amuser ? Si la part pédagogique était réduite à portion congrue ? Si le retour sur investissement n'était pas garanti ? Si ce n'était qu'un jeu dépourvu de toute valeur éducative ? Si, en y jouant, il perdait son temps ? Du coup, pour ne pas prendre de risque, achetons celui qui revendique haut et clair son illustre statut pédagogique. Peu importe si, comparés à d'autres jeux similaires, ils ne sont ni meilleurs ni moins bons. Peu importe s'ils sont juste plus chers, du moment qu'ils sont adoubés pour leur plus-value éducative.

Ce qui vaut pour les jeux vaut également pour l'école. Le paiement d'un coût garantit non seulement un retour sur investissement mais présente également l'avantage de prévenir le brassage social. Et cela, pour un parent drone, soucieux de filtrer les relations de son enfant en lui permettant de grandir dans un environnement « de qualité », culturellement homogène et cultivant, dès le plus jeune âge, les avantages de l'entre-soi, cela n'a pas de prix.

C'est sans doute pour cela que les écoles Montessori continuent à dépendre essentiellement du secteur privé et que la plupart d'entre elles ne bénéficient pas de subventionnement public. Si l'on cumule ce déficit de prise en charge publique au coût « naturel » que représente l'acquisition de l'équipement ludopédagogique montessorien, on comprend en effet que les frais d'inscription à charge des parents puissent être à la fois dissuasifs pour les familles populaires et attractifs pour celles qui disposent de moyens suffisants.

Ces parents plus aisés peuvent alors, sans l'avoir explicitement réclamé, s'assurer de voir leur enfant scolarisé dans un univers homogène qui apparaît à leurs yeux plus sécurisant parce que plus familier. Les freins économiques ne font en réalité alors que s'ajouter aux freins culturels pour s'opposer à une mixité sociale brutale susceptible de contrarier la perception que le parent drone soucieux de la qualité de l'environnement éducatif propose à son enfant.

— **Montessori et le parent « curling »**
Pour un parent curling, se fier à l'« élan de vie » de l'enfant pour s'assurer de son développement optimal, c'est une façon de soulager la pression. Bien entendu, la liberté complète, trop angoissante, est remplacée par une « liberté accompagnée » censée, à travers la mise en place d'un cadre structuré, assurer un mix parfait entre la sécurité, la liberté et l'ordre, nécessaires à progressivement se reconnecter à ces fameux « élans de vie profonds ».

C'est évidemment tentant et cela facilite la charge mentale du parent soucieux de l'avenir de son enfant. La direction est fixée par l'élan de vie de l'enfant qui serait spontanément orienté vers les activités les plus utiles à son développement. Évidemment, dit comme cela...

On comprend mieux aussi pourquoi les montessoriens restent cantonnés aux territoires de la maternelle et s'aventurent mal (malgré ce qu'avait prédit Montessori) sur les terres incultes de l'adolescence. L'élan de vie paraît déjà moins évident quand vous placez votre ado face à un jeu vidéo, la résolution de trois problèmes d'algèbre ou la lecture, dans le texte, de James Joyce... Vous verrez probablement son « élan de vie » l'orienter tout naturellement et systématiquement vers l'attrayante partie de *Fortnite*...

C'est un peu comme si vous placiez votre enfant opérer librement le choix entre un buffet de desserts au chocolat et un salad bar... il est probable que, même si le second est plus sain, l'élan de vie de l'enfant l'orientera en priorité vers la table de gourmandises et qu'il faudra dès lors, si l'on veut jouer pleinement son rôle de parent, se montrer « un peu » interventionniste en canalisant ce choix par l'imposition d'un ordre de priorité fixé par l'adulte... C'est précisément à cela que sert l'éducation et c'est notamment pour cela que l'idée de se fier radicalement et exclusivement à l'élan de vie de l'enfant risque d'exposer bien vite aux pires déconvenues.

Pour déjouer cette appétence vers des activités *a priori* plus attractives, il faut bien garder à l'esprit l'idée que la pédagogie montessorienne – contrairement aux autres pédagogies actives – Freinet, Decroly, Steiner – suppose d'« éliminer la concurrence »... en appauvrissant le milieu dans lequel évolue l'enfant.

Diminuer le poids et la variété des stimulations alternatives de façon à ce que l'enfant, par dépit, se dirige faute de mieux vers l'activité aux vertus éducatives les mieux affirmées. Voilà précisément une méthode montessorienne souvent peu explicitée aux parents. Pas de traces, dans une classe montessorienne, de coins de jeux d'imitation (maison, cuisine, théâtre de marionnettes) d'autant que l'imaginaire de l'élève est perçu comme une dérive cognitive. Pas davantage d'activités artistiques dirigées et surtout pas d'activités sportives collectives autres que « se balader » avec un œuf posé dans une cuillère sans le faire tomber (*sic*). La variété des stimulations apparaît ainsi, selon la perspective développée par Montessori, comme une source potentielle de distraction, un vecteur de désinvestissement possible des ateliers et une opportunité de dilution de l'attention.

Le risque de voir des élèves stagner parce qu'ils choisissent toute l'année un même atelier dont ils se satisfont est donc bien réel, mais il est largement sous-estimé par les parents peu enclins à imaginer leur enfant réaliser la même activité en boucle. Plutôt que d'évoquer la possibilité de ce type de situation, il vaut sans doute mieux parler d'élan vital et supposer que celui-ci incitera l'enfant à se diriger spontanément vers ce qui lui est le plus profitable en termes d'acquisition de compétences.

En théorie, l'élan de vie, c'est pourtant véritablement la quintessence de ce qu'attend un parent curling. Un palet qui glisserait tout seul vers sa cible et n'imposerait pas ce balayage épuisant et parfois ridicule qui permet de contrôler la trajectoire. Il y a de quoi faire rêver... En théorie, avec l'élan de vie, tout a l'air simple (comme c'est souvent le cas avec la pédagogie positive). Mais la théorie, c'est un pays où chacun voudrait vivre parce que tout semble toujours s'y dérouler sans accroc, avec facilité et aisance... Or, personne ne vit en théorie et, dans la pratique, surtout lorsqu'il est question d'éducation, rien n'est simple, les tâtonnements sont inévitables et les obstacles généralement imprévisibles et souvent inattendus...

L'élan de vie, qui est plus une image qu'un concept, n'est généralement pas une poussée simple, rectiligne, orientée vers un endroit précis, elle prend plus souvent la forme d'une pulsion complexe à géométrie variable, faite d'un subtil mélange associant le plaisir de découvrir, la joie liée à la curiosité assouvie et l'audace de s'exposer au risque de se tromper. Or, un tel mix se réalise différemment chez chacun et avec une intensité variable en fonction des circonstances d'une existence. Laisser faire l'« élan vital », c'est donc aussi laisser s'engager dans un cul-de-sac, prendre le pari de laisser faire du sur-place et accepter de prendre plus de temps pour avancer en s'empêchant d'indiquer les voies plus directes... et tout cela, pour un parent adepte du curling, c'est une tout autre paire de manche.

C'est pour cela que la présentation simplifiée d'un élan de vie qui aurait la forme d'un « pilote automatique » peut exercer un puissant effet de séduction auprès de ces parents surinvestissant le développement de leur progéniture. Il suffit d'ajouter que les fondateurs de Google, d'Amazon y ont fait leurs premières armes scolaires pour finir de les convaincre d'envoyer leurs enfants, de toute façon généralement prédiagnostiqués surdoués, à haut potentiel ou précoces (c'est-à-dire, en gros, disposant d'un élan de vie surpuissant, s'activant plus rapidement que les autres et toujours dans la bonne direction), poursuivre leur scolarité dans les pas de leurs glorieux aînés... Et le tour sera joué... Le parent curling délaissera ainsi temporairement sa balayette, en plaçant toute sa confiance dans un élan vital qui, ayant fait ses preuves pour les héritiers du GAFA, ne pourra qu'être bénéfique pour leurs propres enfants...

Cela durera généralement le temps des maternelles puis, parfois, un peu plus longtemps... Très vite, cependant, ces parents auront tendance à reprendre du balai et s'exténueront à frotter encore plus frénétiquement chaque fois qu'ils auront le sentiment que l'enfant n'est pas dans le bon tempo, ne maintient pas la cadence ou n'adopte pas le rythme approprié dans l'acquisition de connaissances ou la réalisation des apprentissages validés par l'école. Il sera alors temps, pour le parent, de reprendre du service en encourageant, à la maison, des activités ludiques labélisées pour leur vertu pédagogique et estampillées Montessori pur jus...

En outre, si les difficultés persistent au-delà de la période ciblée par les techniques Montessori, il sera toujours temps de réagir en proposant des remédiations ciblées dans les rares situations où l'enfant, doué à la base des compétences cognitives les plus valorisées par l'école, devait présenter l'une ou l'autre lacune dans les apprentissages qu'il réalise. Bref, l'effet d'attraction des stratégies pédagogiques n'est tempéré par aucune crainte.

Par ailleurs, tout est fait, dans Montessori, pour rassurer pleinement le parent curling. S'il faut en outre encore enfoncer le clou et renforcer l'illusion scientifique, on peut effectivement toujours compter sur les neurosciences. Céline Alvarez a, de ce point de vue, bien compris la méthode. Les résultats qu'elle affiche dans ses vidéos sont tout bonnement incroyables au niveau des acquis cognitifs (90 % des moyens et 100 % des grands auraient assimilé la lecture, certains atteignant même un niveau CE2 en maths). Tout cela évidemment affirmé sans la moindre expertise autre que celle que la pédagogue faiseuse de miracles s'attribue à elle-même... Et nous voilà donc revenu à cette scientificité autoproclamée qui se pose comme un rouage montessorien imparable dans lequel un peu de saupoudrage neuroscientifique contribue bien à propos à mettre encore de l'huile...

Voilà donc comment la pédagogie Montessori rassure le parent hélicoptère, confirme le parent drone dans ses convictions et renforce le parent curling dans ses aspirations.

Si l'ordre scolaire n'est pas imposé par l'institutrice, il est, selon elle, la conséquence naturelle de l'activité. C'est, selon elle, la parfaite organisation du travail qui, laissant à l'individu la possibilité de se développer et de développer son trop-plein d'énergie, procure à chaque enfant une satisfaction apaisante et salutaire...

C'est vrai, aucun parent n'y avait songé avant, mettez vos enfants au travail et vous aurez la paix ! C'est bien connu, « Un enfant au boulot met l'enseignant au repos et un ado au turbin rend son parent serein »... à moins que ce ne soit l'inverse. Peu importe, avec des conseils comme ceux-là, on n'est de toute façon pas certain de faire avancer les choses.

S'il suffisait de mettre en place des bonnes conditions de travail pour que l'enfant, et plus encore l'adolescent, s'y mette, on y aurait sans doute tous pensé avant... Mais tous ceux qui s'y sont essayés ont vite constaté que ce n'était pas le cas et, appliqué aux adultes, cela laisse même percevoir les pires dérives. Ainsi, tout ce qu'elle évoque à propos de la « normalisation par le travail » qui rendrait les enfants normalisés remarquablement obéissants (*sic*).

Tout cela évidemment à partir de six présupposés considérés comme des acquis chez tout être humain normal : l'amour de l'ordre et du travail, l'amour tout aussi naturel, selon Montessori, pour le silence et l'activité solitaire, l'aptitude à une profonde concentration spontanée, un attachement viscéral à la réalité et une capacité naturelle à sublimer l'instinct de possession que l'on rencontre à l'état pur chez les nouveaux enfants qu'elle entend former et les religieux (Montessori peut parfois sans le vouloir se montrer irrésistiblement drôle) partagent la même devise les invitant à « utiliser sans posséder...

S'il dispose de ces socles de développement, un enfant – et l'adulte qui en sortira – est estampillé « normal ». Si tout cela n'apparaît pas naturellement chez lui, c'est qu'il n'est pas encore normalisé et que l'éducation ne peut pas commencer[31]. Que faire alors ? Eh bien, c'est simple, répond Montessori, le mettre au travail dans un environnement adapté et attendre qu'un souffle divin stimule son élan de vie et stimule sa croissance intérieure. Les travaux libres-forcés dans des camps adaptés comme réponse à tout écart vis-à-vis de la norme... Orwell n'aurait pas dit mieux... L'émancipation par le travail, bof... Certaines libertés ont décidément une meilleure saveur que d'autres. Personnellement, je trouve à celle que nous propose Montessori un goût très amer...

Pour conclure, une dernière citation de Montessori, juste pour enfoncer le clou et faire bien comprendre pourquoi les parents babycrates convaincus l'apprécient autant. La voici : « L'éducateur, parent ou enseignant, doit se comporter "tel un serviteur" qui doit se mettre au service de l'enfant. Le bon éducateur doit être comparé à l'esclave (*sic*) qui surveille la main de son maître, prêt à obéir avant le geste. Le bon serviteur prépare les mets sans suggérer au maître de manger ceci plutôt que cela, mais en devinant ses désirs et ses envies : le bon éducateur fait ses préparatifs, mais se surveille pour réduire ses interventions et pour laisser l'enfant libre de choisir. » On ne s'étonnera plus après une pareille lecture que, dans une babycratie soucieuse d'accorder les pleins pouvoirs à un enfant roi, Montessori, non contente d'y être littéralement canonisée, puisse recevoir également tous les égards dus à une reine.

Voilà donc pour Montessori déclarée reine en babycratie... mais, comme elle n'est plus là, il a bien fallu installer quelqu'un sur son trône laissé vide. Céline Alvarez, sans se faire prier, s'est alors saisie de la couronne et, pour ne pas donner l'impression de ne faire que répéter ce qu'avait déjà dit avant elle son illustre devancière, a pris l'initiative de saupoudrer son discours de quelques données de neurosciences pour ajouter quelques joyaux à sa couronne et lui donner un air plus moderne. Voilà comment au terme d'une habile opération de recyclage pédagogique, sa majesté Céline Alvarez

---

[31] Si on écoute ce que disent les directrices montessoriennes expérimentées lorsqu'elles parlent entre elles de leurs élèves et spécialement des « nouveaux », on ne les entend jamais demander : « Comment vont les additions d'un tel ? ou bien « Est-ce qu'un tel commence à lire ? », mais « Est-ce qu'il est déjà normalisé ? ».

s'est elle-même adoubée « nouvelle reine » de l'éducation scolaire en produisant un livre qu'elle considère comme son évangile : *Les lois naturelles de l'enfant*.

CÉLINE ALVAREZ : L'ART DE RECYCLER DU MONTESSORI EN L'ASSAISONNANT DE NEUROSCIENCES

Céline Alvarez est un peu à l'éducation ce que Greta Thunberg est au climat. L'une et l'autre manifestent le même sens du catastrophisme, une tendance identique à se considérer comme des apôtres du renouveau et une propension à se poser de manière autoritaire, avec un regard parfois sombre et un air terriblement sérieux, en inoxydables donneuses de leçons. C'est ce qui explique que, même si l'on partage, globalement, leur point de vue sur le fond, on peut néanmoins être tenté de prendre ses distances par rapport à la forme qu'elles donnent à leurs combats et la manière péremptoire dont elles transmettent leur opinion en l'imposant comme une façon de pensée sans concession qui ne souffre pas la contradiction et assimile toute nuance à une errance en dehors des clous qu'elles ont fixés.

    La pédagogue qui se rêvait en maîtresse suprême de toutes les maîtresses d'école partage ainsi avec Greta Thunberg une horripilante façon de considérer que tous ceux qui ne sont pas totalement en accord avec elle sont forcément dans l'erreur et qu'ils ne sont là en définitive que pour les empêcher, l'une, de sauver la planète en préservant le climat et, l'autre, de sauver le monde en changeant l'école.

    S'appuyant sur le double credo de la reine mère Montessori, à savoir l'autodiscipline et la bienveillance spontanée des enfants, elle justifie tout comme elle les petits miracles quotidiens qui lui sont donnés de voir tout en prétendant elle aussi à la scientificité de sa « méthode ».

C'est tout de même étonnant d'entendre parler de « miracle scientifique », alors que l'idée de miracle s'applique précisément à un fait extraordinaire où l'on croit deviner une intervention divine alors que la notion de « scientifique » s'applique à ce qui est, au contraire, conforme aux procédés de recherche et d'observation des sciences. Ce qui exclut donc par principe le surnaturel, le parapsychologique et le religieux. Tout se passe comme si les deux pédagogues s'étaient passé le mot pour faire des miracles AVANT de les expliquer.

La Casa dei Bambini et Gennevilliers fonctionnent de ce point de vue un peu comme la grotte de Lourdes. On constate d'abord le miracle et puis, lorsqu'on ne parvient pas à l'expliquer, on l'attribue à Dieu. La seule différence dans le cas présent, c'est que les prétendus miracles quand ils ne s'expliquent pas, les deux pédagogues ont vite fait de se les attribuer à elles-mêmes ou de les mettre au crédit exclusif de leurs méthodes. Cela arrive souvent quand on se prend pour Dieu ou qu'on s'imagine que ce que l'on écrit a une valeur d'évangile.

Par ailleurs, lorsque les miracles ne se produisaient pas (ce que les deux pédagogues, à mots très couverts, doivent malgré tout concéder), c'est-à-dire, en gros, lorsque le « laisser croître » dans un environnement intelligemment stimulant ne produit pas les résultats escomptés, ce n'est absolument pas leur méthode qui doit être remise en question mais bien entendu soit, comme nous l'avons vu pour la première, le fait que l'enfant n'était pas « normalisé » avant que l'on commence son éducation, soit, pour la seconde, les écrans, diabolisés une fois pour toutes et responsables de toutes les situations pour lesquelles sainte Alvarez a échoué dans son pouvoir de produire de la précocité éducative chez tous, enfin chez presque tous puisque certains ont malheureusement des parents suffisamment stupides pour autoriser à leur enfant l'accès aux écrans.

« C'est maintenant la deuxième année que j'essaie d'aider votre fils, et vous savez que je fais pour cela tout ce qui est en mon pouvoir (*sic*). Or, après ces deux années passées à tout essayer, je crois sincèrement que je ne peux rien faire tant qu'il sera exposé aux écrans. Et dans son cas, je ne pense pas que réduire le temps d'exposition sera une aide significative. Je suis convaincue qu'il doit complètement être soustrait à cette exposition[32] », sainte Cécile a parlé. Elle ne peut pas faire de miracles si le diable, en prenant la forme d'écrans, s'en mêle. Vade retro donc Satanas… et les écrans avec… Sa sainteté réclame qu'ils soient mis à la cave pendant trois mois. La famille évidemment obtempère… Et le miracle, tout naturellement se produit. « Nous étions loin de

---

[32] Céline Alvarez, *Les lois naturelles de l'enfant*, Les Arènes, 2016, p. 82.

nous imaginer qu'après seulement trois semaines de sevrage, ce petit garçon se serait progressivement apaisé et aurait développé des capacités d'attention qui lui permirent d'entrer dans la lecture, comme les camarades de son âge. À ma connaissance, conclut Alvarez au terme de sa séance d'exorcisme anti-écran, les écrans ne sont jamais remontés de la cave. » Pour ma part, je ne crois pas un instant à ce type de guérison miraculeuse et j'espère juste, si les écrans ne sont effectivement jamais remontés de la cave, que les parents ont autorisé leur enfant à y aménager un petit coin sympa.

Sans rire, je trouve cette façon monocausale de présenter les choses et à la fois probablement fallacieuse, outrageusement simplificatrice et dangereusement démagogique. En outre, en situant toutes les raisons du succès au sein de l'école et en désignant systématiquement les motifs de l'échec dans les pratiques familiales, on ouvre en réalité tout grand un des pièges majeurs de la coéducation : la police des familles[33]…

Cela, évidemment, Céline Alvarez ne s'en préoccupe pas beaucoup apparemment dans la mesure où tout ce qu'elle semble souhaiter, c'est leur délivrer des trucs et astuces, bien en phase avec l'idéologie de la pédagogie positive, et de leur transmettre tout un matériel, recyclé de chez Montessori, qu'elle présente comme également issu des travaux d'Itard et de Séguin. Comme référence, on fait évidemment plus neuf. Je ne parle pas de la première sur laquelle beaucoup a déjà été dit, mais du deuxième, le docteur Itard, qui dans son livre publié en 1806 à propos de sa tentative de rééducation de Victor, le petit sauvage de l'Aveyron, nous a quand même narré dans le détail l'histoire d'un des plus gros foirages de l'histoire de la pédagogie, et du troisième, le docteur Séguin, auteur, pour le moins dépassé, d'un ouvrage intitulé *Traitement moral, hygiène et éducation des idiots et des autres enfants arriérés* publié en 1846… Personnellement, je ne comprends pas très bien la pertinence de ces références. On peut supposer qu'elle s'est à cet endroit contentée de se réapproprier la bibliographie de sa glorieuse devancière en supposant que chacun considérera cette littérature

---

[33] Bruno Humbeeck *et al.*, *Parents et enseignants… Éduquer ensemble*, De Boeck, 2018.

un peu vieillotte comme des faits établis. Montessori, Itard et Séguin, trois médecins (ce n'est sans doute pas un hasard) qui ont emprunté des chemins de traverse pour aboutir en pédagogie (cela, ce n'est évidemment pas critiquable en soi) et, s'appuyant sur leur titre de docteur en médecine, utiliser un ton péremptoire dont a visiblement hérité Céline Alvarez (cela, dans un domaine comme celui de l'éducation qui réclame autant de prudence que de nuance, me paraît déjà beaucoup plus rédhibitoire).

En répétant ce que Montessori avait dit avant elle et en confirmant son credo, Céline Alvarez s'est évidemment mise dans la poche, comme sa glorieuse devancière, les parents babycrates utilisant pour cela les mêmes stratégies qu'elle. Leur promettant, en sus de la joie continue, une précocité assurée. Arborant comme un étendard le fait que les enfants qui ont la chance d'être ses élèves présentent tous au moins un an d'avance par rapport à ce qui est attendu, elle se fait auprès d'eux une véritable publicité dont personne ne dispose des moyens de vérifier la validité.

Cependant, outre le fait que la précocité d'un apprentissage ne préjuge en rien de sa qualité – ainsi, Usain Bolt a-t-il, selon ses parents, marché après les autres enfants mais a néanmoins fini par devenir celui qui court plus vite que la totalité d'entre eux –, il est tout de même étonnant de voir tous ces chantres théoriques du respect du rythme de l'enfant considérer la précocité de l'apprentissage comme une fin en soi. On s'en fout qu'un enfant apprenne plus ou moins vite, ce que l'on souhaite pour lui, c'est qu'il apprenne bien, c'est-à-dire en se dotant d'une méthode d'appropriation des connaissances efficace, intelligente et durable.

Néanmoins, pour se « vendre » à des parents pressés et anxieux, il vaut sans doute mieux se faire passer pour une enseignante qui permet aux enfants d'apprendre plus vite que leur ombre. Ainsi, lorsqu'elle s'adresse aux parents en leur disant : « Vous parents qui lisez ce livre et qui pensez que votre enfant est extraordinaire, particulièrement doué et unique, vous avez raison[34]. » On sent que la pédagogue, adepte de la pédagogie positive, connaît sa cible et sait la caresser sans le sens du poil.

---

34 Céline Alvarez, *op. cit.*, p. 403.

Sans doute, quand elle ajoute « Et si notre école n'est pas capable de mettre un genou à terre et de servir l'expression de cette humanité naissante, alors elle se prépare à de grandes difficultés », elle se met dans le même temps pas mal d'enseignants à dos fatigués de l'entendre leur donner des leçons parce que par rapport à eux, elle oublie singulièrement non pas de mettre un genou à terre (on ne lui en demande pas tant), mais simplement de s'asseoir pour se mettre à leur hauteur sans s'imaginer qu'elle peut se mettre en mesure, en restant debout, de leur faire la leçon à propos de ce qu'un grand nombre d'entre eux font par ailleurs déjà, et depuis des années, au moins aussi bien qu'elle sans en faire tout un plat.

Évidemment, tous ces enseignants n'ont pas la chance de se faire adouber, comme elle le fait remarquer elle-même en publiant dès le premier chapitre de son livre tous les courriers qui l'encensent en mettant en couveuse, sans trop de mal apparemment, toute sa modestie. On y retrouve pêle-mêle notamment Jacques Lecomte, chantre de la psychologie positive, Mathieu Ricard, moine bouddhiste, Catherine Gueguen, chantre de la pédagogie positive et d'autres dont elle espère faire prendre la sympathie manifestée à son égard pour une caution scientifique. Bref, il est essentiellement question de cultiver l'entre-soi en renforçant un courant par lequel tout le monde prend le parti d'avancer dans une même direction en évitant bien tout ce qui pourrait souffler dans un vent contraire, de façon à se targuer, à bon compte, d'une scientificité de surface indiscutable qui ne peut cependant pas rendre complètement dupe.

En tout cas, si je prends en référence les illustrations qu'elle donne elle-même dans son livre pour cautionner elle-même ce qu'elle pense, j'y retrouve toutes les exagérations, les emphases et les simplifications qui contaminent généralement les livres de pédagogie positive en forme de boîtes à outils.

Premier exemple, censé aider les parents à résoudre les conflits de possession entre enfants, je vous le livre en mettant à chaque fois les paroles exactes de Céline Alvarez en italique pour bien dissocier ce qu'elle dit de ce que j'en pense :

« Prenons l'exemple d'un enfant qui se serait fâché avec un camarade parce que ce dernier lui a pris son vélo. Vous le retrouvez

en pleurs – ou le poing levé prêt à l'attaque. Commençons par lui permettre de se calmer par notre présence bienveillante, en l'écoutant, en le consolant, en le prenant dans nos bras s'il en montre le besoin. »

Et voilà dès les premières lignes... Le grand retour du désormais célèbre « J'accueille ta colère ». On avait vraiment besoin de Céline Alvarez pour en remettre une couche et nous prescrire cette attitude.

Il est vrai qu'en ajoutant le mot « bienveillante » et en affirmant que, dans tous les cas, l'enfant se calmera, elle prend bien le soin de placer son fauteuil dans le sens du courant qui nous invite à prendre la pédagogie positive comme la seule et unique réponse à tout. Et si cela ne marche pas... Eh bien, il n'y a rien d'autre... Mais de toute façon, on s'en sortira assurément. Avec un « Il n'y a qu'à » aussi assertif, cela ne peut que marcher et, nécessairement, du premier coup. Inutile donc de se demander ce que l'on fera si le petit colérique continue, malgré notre présence « bienveillante », à hurler comme un damné ou même si, une fois dans nos bras, il se met à redoubler l'intensité de ses hurlements en nous précisant avec force que ce qu'il veut, ce ne sont pas nos câlins mais son vélo... Inutile également de se poser la question de savoir si notre attitude « bienveillante » devrait prendre la même forme s'il est question d'un adolescent de dix-sept ans et 90 kilos, particulièrement irascible, furieux de s'être vu emprunter son smartphone et qui, au lieu d'avoir juste son petit point levé en direction de son « camarade », menace carrément de le défoncer... Pas besoin de se poser les questions que Céline Alvarez ne nous pose pas, puisque LA solution qu'elle propose fonctionne à tous les coups, en tout cas chaque fois que le petit colérique privé de vélo accepte le « deal » de s'en passer contre cinq minutes de câlineries bienveillantes.

« *Puis, une fois le calme revenu dans son petit organisme* (on vous l'avait dit que cela marcherait, en tout cas pour les petits organismes... pour notre adolescent de près d'un quintal, c'est moins évident), *nous pouvons l'aider à se calmer davantage tout en favorisant l'utilisation de ses circuits préfrontaux...* »

Et c'est parti pour le saupoudrage neuroscientifique... Cela fait tellement mieux de dire « favoriser l'utilisation de ses circuits préfrontaux » plutôt qu'y aller d'un simple « faire réfléchir », qui signifie pourtant strictement la même chose mais sans l'illusion scientifique...

Ceci étant dit, tant qu'à prétendre donner un vernis de scientificité, il était possible d'aller encore plus loin. Avec une phrase comme « Je propose une stimulation du cortex préfrontal latéral et en particulier des aires dorsolatérales de façon à favoriser la connexion avec le cortex orbitofrontal impliqué, lui, dans les processus affectifs et motivationnels et susceptible de générer l'activation du cortex cingulaire antérieur de manière à favoriser le traitement efficace du conflit par l'enfant à travers l'inhibition des fonctions autonomes », qui aurait encore eu plus d'allure et lui aurait valu, en sus, les applaudissements de Stanislas Dehaene... Ou alors plus simplement se contenter d'une phrase naturelle comme « Calme-toi et dis-moi ce qui se passe... », qui dit la même chose mais dans une langue nettement plus accessible pour un être humain normalement constitué...

« *Invitons-le ensuite à identifier et à nommer son émotion : "Est-ce que tu es triste, en colère ? Fatigué ?"* »

La fatigue est donc maintenant une émotion... je n'ai rien évidemment contre l'idée, maintenant admise à peu près partout, qu'il convient de stimuler l'intelligence émotionnelle en proposant d'identifier et de nommer les émotions que l'on ressent... Encore faut-il cependant que celui qui est chargé de stimuler cette évocation soit lui-même au clair par rapport aux différentes émotions qu'il entend faire identifier et auxquelles il souhaite associer un mot. La fatigue est un état physique, pas une émotion... je renvoie sur le coup Céline Alvarez à *Vice-versa* qui explique, plus clairement et plus précisément qu'elle, ce qu'elle cherche à nous faire passer pour sa découverte...

« *Aidons-le, ensuite*, poursuit toujours sur le même ton impératif notre mentor en attitude éducative bienveillante, *à comprendre pourquoi il ressent cela. "Est-ce que tu es triste parce que Théophile t'avait promis de te laisser ton vélo et qu'il ne l'a pas fait ?"* »

Encore un truc typique de la pédagogie positive. Quand on pose une question, on donne évidemment la réponse en même temps et si possible une réponse qui nous arrange. Si le minifurieux privé de vélo avait simplement répondu « C'est mon vélo, pas le sien », le château de cartes des solutions proposées s'écroulerait d'un coup, parce que la posture de l'enfant entrerait en contradiction avec une des affirmations péremptoires qu'elle et sa maîtresse à penser préférée posent comme un *a priori* : les enfants et les religieux (ça, c'est pour Montessori) n'ont pas l'instinct de possession.

Enfin, ne pensons pas si loin. Puisque Céline Alvarez nous dit ce que l'enfant va répondre, contentons-nous de cela et ne pinaillons pas en tentant par exemple d'imaginer la réponse en forme de « Fais chier ce résidu de tepu, y m'a chouravé mon phone. J'vais te le ragaler grave ! » de l'ado privé de smartphone qui risquerait de laisser Céline Alvarez sans voix, cherchant vainement la traduction de ce qu'elle vient d'entendre sur son alphabet mobile.

L'imperturbable Céline Alvarez poursuit donc sur le même ton : « *Invitons-le ensuite à exprimer son émotion à son camarade : tu devrais peut-être lui dire : "Je me sens triste parce que tu avais promis de me donner ton vélo et que tu ne l'as pas fait..."* »

Là aussi, résultat quasiment assuré. Le camarade en question va inévitablement, selon les augures de la pédagogue, réagir en tenant compte de l'émotion qu'il a suscitée et dont il prend conscience. Pour Céline Alvarez, qui confond pour le coup un groupe d'enfants avec un troupeau de moutons, il est impossible de concevoir l'idée que le fait de susciter le désir décuple souvent le plaisir de priver l'autre de ce dont on jouit soi-même. On appelle ce mécanisme l'envie, c'est un invariant humain que l'imagerie cérébrale (tiens là, je reprends à mon compte une de ses stratégies préférées) met parfaitement à jour. Bien entendu, quand on a préféré lire Itard (ou ne pas le lire mais faire semblant de l'avoir fait, ce qui revient au même) que René Girard, le désir mimétique, cela ne signifie pas grand-chose.

Impossible donc pour elle d'imaginer une réponse en forme de « Je l'ai vu le premier le vélo, t'attendras ton tour et si t'es pas content, c'est le même prix » de celui qui jubile de posséder ce que l'autre n'a pas, ni encore moins la réplique que notre ado emprunteur indélicat de smartphone pourrait opposer au propriétaire légitime de l'appareil, une réplique du genre « NTM, t'as le seum ou quoi ?

Fais pas ton Kevin, ton iPhone, j'le kiffe, donc j'le prends » qui, dans le langage fleuri d'un ado, signifiera en gros qu'il a bien compris, lui, à quoi correspond le désir mimétique de Girard.

Céline Alvarez concède effectivement à cet endroit des prescriptions qu'il est possible, quoi que très incertain, qu'il faille effectivement faire, de la part de l'enfant lésé, quelques suggestions pour proposer des débuts de solution. « *Si cela est possible*, continue-t-elle ainsi, de façon plus prudente, *invitons-le à proposer une solution et aidons-le à la formuler s'il n'y parvient pas : "Tu peux peut-être lui demander de faire encore un tour et de te le donner ensuite ?"* »

Là encore, en théorie, cela peut marcher. En pratique, en suggérant une solution, il est, somme toute, naturel que l'on s'expose au refus de celui à qui on vient de faire la proposition. Un « Je roule autant que je le veux. T'attends que je n'ai plus envie et tu fais autre chose en attendant » constitue donc une réponse envisageable, tout comme un « Ozef (on s'en fout), je m'en balec et t'arrête de faire le boloss ou j'te décape grave » paraît de nature à mettre fin plus drastiquement à toute tentative de conciliation.

Par ailleurs, il faut être honnête et concéder que Céline Alvarez n'écarte pas tout à fait l'éventualité d'un échec dans l'essai très théorique de recyclage des principes élémentaires de la CNV[35] dont elle tente, à travers l'exemple qu'elle nous propose, de faire l'exercice. Elle concède évidemment cette éventualité à mots couverts en insistant sur son caractère exceptionnel.

« *Si son camarade s'y opposait à nouveau*, continue-t-elle ainsi, *ce qui est rare lorsque celui-ci perçoit l'émotion de l'autre* (encore une affirmation à deux francs trois centimes), *il m'arrivait alors de prendre la décision juste à sa place : "Oui, il va te le donner lorsqu'il aura fait un dernier tour de la cour, merci Théophile."* »

Là, on sent quand même que la flegmatique enseignante sort un peu de ses gonds. Renonçant à sa neutralité bienveillante, elle prend

---

[35] La communication non violente (CNV) est un processus de communication élaboré par Marshall B. Rosenberg selon lequel le langage et les interactions renforcent notre aptitude à donner avec bienveillance et à inspirer aux autres le désir d'en faire autant. L'empathie est au cœur de la CNV.

soudainement son costume de Salomon des cours de récréation et décide de rendre elle-même la justice en renonçant pour le coup à l'idée de l'autodiscipline spontanée et à ses principes de non-interventionnisme qui maculent toutes ses pages antérieures...

C'était donc bien la peine de faire tout cela pour en revenir là. Un adulte contenant qui prend la décision qui lui semble la plus juste et l'impose de manière autoritaire exactement comme on le propose dans toutes les pédagogies, en ce compris les plus traditionnelles. Bon, cela marchera sans doute moins bien avec l'ado au smartphone qui, le casque branché sur sa tête, n'aura aucun mal à faire comme s'il n'entendait pas les ordres impératifs de Céline la redresseuse de torts. Mais pour le petit à vélo, cela devrait suffire. Les enfants, surtout ceux qui ont des « petits organismes », même en happycratie, continuent en effet généralement, quoi qu'on en pense, à obéir aux adultes quand ceux-ci se donnent la possibilité de se montrer suffisamment fermes.

Ceci étant dit, Céline Alvarez, à ce moment, se rend sans doute compte qu'elle a un peu dévié de sa trajectoire en sabordant elle-même son propre credo. Elle se reprend donc dans la dernière ligne droite pour conclure par un « *Bientôt l'enfant qui n'avait pas souhaité prêter le vélo sera en mesure de le faire lorsque ses circuits préfrontaux* (les revoilà ceux-là) *seront plus matures et qu'il développera empathie et contrôle de soi.* »

Et voilà, tout est dit, si cela ne se passe pas comme vous voulez, il suffit donc d'attendre... Je suggère d'ailleurs, tant que l'on est à dire n'importe quoi, d'inviter le gamin aux lobes immatures à continuer à rouler à vélo tout autour de la cour jusqu'à ce que ses lobes préfrontaux arrivent à maturité. À défaut de muscler son cerveau, cela lui fera de beaux mollets. Quant à notre ado chouraveur d'iPad, il a sans doute dû connaître un « bug » dans la connexion de ses circuits préfrontaux. Pour lui, c'est foutu. Comme l'aurait dit Montessori, « s'il n'a pas atteint la normalité, on ne peut pas l'éduquer »...

Des exemples comme ceux-là, il y en a à longueur de pages, non seulement dans le livre de Céline Alvarez mais aussi dans la plupart des ouvrages de pédagogie positive. Je ne les ai pas repris dans le seul but de les tourner en dérision. Je voulais juste indiquer à quel point cette fâcheuse tendance à prétendre démontrer que l'on a découvert une « méthode » en l'illustrant de réponses simplifiées appelées à résoudre toutes les conduites humaines nécessairement complexes pouvait relever de l'illusionnisme.

Je ne résiste pas à un dernier exemple pour la route, parce que celui-là, tel que le décrit Céline Alvarez, fait non seulement la part belle au miracle – cela, c'est devenu une habitude –, mais cache également un message pour le moins ambigu par rapport à ce qui constitue également, au même titre que l'émergence brutale d'un talent spontané, un argument d'apprentissage, à savoir le goût de l'effort, l'obstination à faire des gammes, la patience pour acquérir une compétence dont la maîtrise n'est pas fulgurante, mais s'acquiert au contraire, au fil du temps, en acceptant de prendre des leçons qui, à défaut de mettre toujours en joie, favoriseront l'acquisition de connaissances solides, durables et fiables.

Ainsi, quand Céline Alvarez nous raconte l'anecdote qu'elle a vécue en dînant un soir avec une amie et sa famille, elle ne fait pas que raconter une histoire, elle entend visiblement nous faire une fois de plus la leçon.

Elle nous explique ainsi qu'à sa table se trouvaient un petit garçon de quatre ans et une jeune fille de quatorze ans qui prenait des cours de piano depuis plusieurs années à raison de plusieurs heures par semaine. Pendant le dessert, Céline Alvarez, s'improvisant pour le coup mélomane avertie et experte en musicologie, entendit jouer une mélodie magnifique au piano. Pendant un instant, elle crut qu'il s'agissait de la jeune fille, mais quand elle vit qu'elle se trouvait encore à sa table, elle en fit immédiatement, sans même l'entendre jouer, une musicienne, insipide et sans talent. Elle se retourne alors et voit le petit garçon de quatre ans faisant courir ses doigts sur le clavier comme une véritable réincarnation de Mozart. Elle lui demande en reprenant ses esprits ce qu'il joue. Le petit génie lui dit alors qu'il ne sait pas, qu'il est en train d'inventer. Deuxième choc pour elle. Elle demande à son amie si son fils prend des leçons de piano. Celle-ci lui répond que non, qu'il passe beaucoup de temps à jouer seul ou parfois à deux, avec quelqu'un de plus avancé que lui. Cet enfant bénéficiait donc de cours informels, non dirigés, lors desquels quelqu'un lui apportait des connaissances de base à partir desquelles il était libre d'explorer. La jeune fille, pourtant assidue et appliquée, et bénéficiant de plusieurs années de leçons dirigées, ne parvenait pas, c'est Céline Alvarez du moins qui nous l'affirme sans nous dire d'où elle tire son information, à jouer avec la fluidité, l'aisance et la liberté manifestes de cet enfant de quatre ans.

Évidemment, cette expérience est aussi vite transformée en confirmation supplémentaire de la qualité irréfutable de ses intuitions et celles-ci prennent alors aussitôt la forme de convictions inébranlables. « J'ai toujours été convaincue, déclare-t-elle ainsi en espérant démontrer la scientificité de la méthodologie rigoureuse qui lui permet de tirer les conclusions qu'elle nous livre comme autant de leçons, que les meilleurs apprentissages sont ceux que l'on réalise seul, avec l'aide indirecte et non intrusive de l'autre : j'en avais la démonstration criante. »

Et voilà donc la vraie démarche scientifique selon Alvarez : une seule situation et la démonstration est non seulement faite mais se fait aussitôt criante ! Pourquoi donc se farcir des protocoles entiers en comparant des groupes homogènes pour vérifier si les différences entre eux sont significatives et dans quelle mesure elles peuvent être attribuées au hasard alors qu'il suffit d'aller au restaurant avec une copine, d'écouter son fils pianoter et de supposer, apparemment sans l'avoir même entendue, que sa sœur plus âgée joue, elle, comme une vulgaire tâcheronne, pour tout comprendre et conclure à l'inutilité du solfège et à la vacuité de l'apprentissage méthodique d'un instrument.

Il est possible que le petit Chopin en culotte courte ait effectivement l'oreille absolue et se montre capable, à l'instar d'Elton John, si l'on en croit son récent biopic, de jouer instinctivement des mélodies mais, même si cela était avéré, cela ne permet en rien de juger de la plus ou moins grande pertinence d'une forme pédagogique ou de l'autre. La généralisation à partir d'un exemple unique est non seulement, en pédagogie comme dans la plupart des sciences humaines, une posture insoutenable, mais elle constitue aussi une manière dangereuse de présenter les choses qui permet, à partir de la seule présentation de quelque chose d'incroyable, de faire avaler tout et n'importe quoi.

Puisqu'on en est à partager des anecdotes, je pourrais d'ailleurs pour ma part livrer celle que j'ai vécue récemment en attendant mon avion dans un aéroport. Dans le couloir, se trouvait un piano sur lequel, comme c'est de plus en plus courant, chacun est libre de venir pianoter à sa guise pour faire profiter tout le monde de son talent musical plus ou moins avéré. Un jeune garçon massacrait littéralement ce qui ressemblait vaguement à « La petite musique de nuit », mais qui, pour le coup, aurait pu tout aussi bien s'appeler « la petite musique me nuit »... Ayant encore en mémoire le dialogue de Céline Alvarez et du petit prodige, je lui demande ce qu'il joue. Il me dit qu'il improvise à propos d'un thème emprunté à Mozart. Tout en me disant qu'il ferait beaucoup mieux de rendre à Mozart ce qu'il a eu tort de lui emprunter, je lui demande, là encore pour faire comme Céline Alvarez, s'il a déjà pris des leçons de piano. Il me dit que non, qu'il passe beaucoup de temps à jouer seul, ou parfois à deux, avec quelqu'un de plus avancé que lui (voir plus haut).

Pour le coup, j'ai seulement dû résister à l'envie de lui broyer les doigts en refermant brutalement sur eux le couvercle du clavier. J'ai préféré m'éloigner et partir prendre mon avion, en évitant évidemment d'en tirer la moindre conclusion quant à l'opportunité ou pas de prendre des leçons formelles quand on a envie de jouer au piano.

Tout cela pour dire qu'en pédagogie, on peut toujours faire dire n'importe quoi à un exemple et que celui-ci n'autorise en tout cas jamais à s'appuyer sur lui pour justifier une « méthode », quelle qu'elle soit, et notamment de faire passer l'idée selon laquelle il vaudrait mieux laisser un enfant se développer spontanément en l'invitant à manifester de manière explosive son génie supposé dans la joie continue plutôt que de l'inviter à apprendre patiemment tous les éléments qui permettent de maîtriser une compétence dont il tirera éventuellement, plus tard, un bonheur ineffable.

En tout cas, tous les candidats du concours Reine Élisabeth n'ont fort heureusement pas suivi les conseils de Céline Alvarez. Il est vrai que la quantité de travail à laquelle ils se sont astreints pour atteindre leur virtuosité en alliant la rigueur à la précision du geste ne sont sans doute pas très en phase avec les critères éducatifs valorisés dans une babycratie. Il n'empêche, leur bonheur de jouer est davantage palpable que celle du petit Mozart d'Alvarez dont l'avenir nous dira ce qu'il fera de sa virtuosité « naturelle ». Personnellement, en lisant l'interview de Sylvia Huang et le bonheur profond qu'elle y exprime, on mesure pleinement ce que la musique, dont elle a acquis patiemment la maîtrise, sans se fier uniquement aux « lois naturelles » qui, si l'on en croit Céline Alvarez, doivent être seules maîtres à bord dans le développement de l'enfant, a apporté à son existence, on se dit qu'il est toujours criminel en pédagogie de fermer une porte... C'est pourtant ce que supposent toutes les méthodes pédagogiques, en ce compris les pédagogies positives, quand elles prétendent, d'une façon ou d'une autre, à la radicalité.

CONCLUSION

L'île aux enfants a véritablement tout d'un pays merveilleux… D'ailleurs, c'est bien connu : « Dans l'île aux enfants, c'est tous les jours le printemps. C'est le pays joyeux des enfants heureux. Et puisque n'y vivent que des monstres gentils, c'est donc un paradis… » C'est en tout cas ce que prétendait avec une bonhomie enjouée un sympathique diplodocus orange répondant au doux nom de Casimir.

Moi, à huit ans, à cet âge où il est encore possible de nous faire gober à peu tout et son contraire, j'étais évidemment tout prêt à le croire. J'aurais voté intégralement pour le programme du diplodocus sympa et ne rêvais qu'à une chose : m'embarquer sur cette île, peuplée d'enfants, déserte d'adultes ou alors uniquement fréquentée par quelques grandes personnes prêtes à servir intégralement la cause des plus petits et dévouées corps et âme pour répondre à leurs envies, être à l'écoute de leurs désirs et satisfaire leurs souhaits.

Et puis, j'ai lu Pergaud, sa *Guerre des boutons*, et j'ai compris que les enfants, eux aussi, savaient se faire la guerre et quand je suis tombé sur Golding, *Sa Majesté des mouches* m'a confirmé à quel point cette guerre pouvait également se montrer cruelle. Après, j'en ai lu d'autres des livres, beaucoup… comme ils parlaient dans tous les sens, ils m'ont évidemment laissé sur un sentiment de confusion. Rien n'était clair. Certains prétendaient l'homme fondamentalement bon – et donc l'enfant aussi – et considéraient que c'est la société qui mettait toute son énergie à le corrompre. D'autres estimaient, au contraire, qu'à la base l'être humain était mauvais comme une teigne et que seule la civilisation parvenait à le policer un peu. Mes études en psychopédagogie m'ont amené à la conclusion que plusieurs tonnes de livres ne permettraient sans doute jamais de clore ce débat et que personne ne pouvait, dans ce domaine, prétendre donner une réponse radicale et définitive sans risquer de manquer de nuance…

Tout ce que m'a donné à connaître ma vie professionnelle, dans les centres d'accueil pour familles en détresse, dans les écoles confrontées au souci du harcèlement ou dans la clinique de la résilience, m'a conforté dans cette opinion mi-figue mi-raisin, constamment à cheval sur deux convictions que « l'homme et l'enfant dont il est issu n'étaient en soi ni bons ni mauvais ». J'avais même tendance à penser qu'ils pouvaient se montrer tout à la fois l'un et l'autre, et également, à l'occasion, l'être alternativement.

Bref, tout cela m'a appris, en pédagogie plus qu'ailleurs, l'obligation de la nuance et la nécessité du tâtonnement empêchaient toujours de donner des leçons. Mes cours à l'université ne sont pas des leçons. Mes étudiants le savent, on essaie de faire plus ou moins le tour d'une question en revisitant l'actualité pédagogique ou en soulevant des questions identitaires, mais j'espère ne jamais leur avoir esquissé l'ombre d'une méthode ou transmis l'embryon d'une théorie totale qui expliquerait tout ou leur dirait, d'une manière ou l'autre, ce qu'ils doivent faire. Je veux bien à la rigueur donner cours, mais ne jamais prétendre « faire école », ni même donner l'impression d'appartenir d'une manière ou d'une autre à une école en me donnant l'illusion que je suis en mesure de donner des leçons.

Tous ceux qui prétendent donner des leçons d'éducation et s'attribuent l'autorité pour le faire devraient toujours, selon moi, conserver suffisamment de modestie pour admettre qu'ils n'en savent pas davantage que les autres à propos de la nature profonde de l'être humain, de l'absurdité de certaines de ses conduites et de ce qui définit les normes de son évolution optimale. Rien, alors, ne leur permet de prendre une posture définitive et, encore moins, d'imposer aux autres de la suivre. C'est pour cela qu'une pédagogie doit toujours demeurer tâtonnante (c'est un mot de Freinet que j'aime bien) et qu'elle n'avance jamais qu'à coups de techniques ouvertes en permanence au renouveau et au doute.

En pédagogie, les méthodes, fermées, encloses sur elles-mêmes et présentées comme définitives, quand elles prétendent en sus à la radicalité et à l'exclusivité, peuvent être dangereuses, fussent-elles prétendues positives. Il faut toujours se méfier des théories, des méthodes et des systèmes qui imposent une vision univoque de l'homme. Elles sont encore davantage effrayantes lorsqu'elles prétendent savoir ce qu'est un enfant et comment on doit s'y prendre pour le faire évoluer. Une théorie qui prétendrait déterminer précisément dans quelle mesure il ne serait qu'ordre et bonté, ou dans quelle autre mesure il pourrait également n'être que cette petite boule d'agressivité instinctive et de désordre naturel que l'on me décrit parfois, est forcément abusive. Une méthode qui, s'appuyant sur l'une ou l'autre de ces convictions prétend réussir à tous les coups à retirer la quintessence du développement de l'enfant, est inévitablement réductrice quand elle n'est pas, parce qu'elle prétendrait en outre pouvoir le démontrer carrément fallacieuse, menteuse ou trompeuse,

Personne ne peut prétendre trancher entre ces doubles postures. Nietzsche parlait à cet égard d'œil d'amour et d'œil de haine nécessaires selon lui pour prendre complètement la mesure d'un phénomène. L'œil d'amour n'est pas, à cet endroit, meilleur ou pire que l'œil de haine. L'angélisme provoqué par le premier peut même s'avérer particulièrement toxique. Il est souvent le signe d'une fausse générosité dans la mesure où, prônant l'optimisme à tout crin, l'extrême facilité à faire émerger le meilleur et à stimuler le potentiel positif « extraordinaire » de chacun, il culpabilise définitivement ceux qui n'y arrivent pas et stigmatisent tout autant ceux qui échouent à être les individus bons et performants qu'il est si facile d'éduquer. Le défaitisme induit par l'exclusivité du second regard est également tout aussi nocif. Il produit du renoncement et conduit à abandonner sur le chemin ceux qui sont considérés comme indécrottables et irrécupérables. Ce faisant, ils autorisent l'abdication, la résignation et le délaissement, ces trois crimes porteurs d'exclusion ou d'élitisme qui ne signifient rien d'autre, en pédagogie, qu'un véritable dépôt de bilan.

Ici aussi, seule la posture mitoyenne me semble tenable. C'est elle qui provoque l'optimisme intelligent, c'est-à-dire celui qui se nourrit dans un premier temps d'un pessimisme à court terme (très utile pour aiguiser l'attention portée aux difficultés qu'il faudra dépasser), galvanisé ensuite d'un optimisme à moyen et à court terme qui affirme la conviction que, même si ce sera difficile, on y arrivera quand même. C'est elle aussi qui comprend les errements, conçoit les fausses pistes et concède à chacun un droit permanent au tâtonnement. C'est elle encore qui ne laisse personne en chemin et ne tolère pas qu'au nom de pousser les prétendues élites à leur développement optimal, on s'autorise à mépriser toute une frange de la population amenée à faire preuve d'un moins grand potentiel parce qu'elle serait mal née ou se serait simplement montrée incapable de mettre à profit cette éducation si positive, présentée comme idéale, qu'on a, au moins au début, prétendu mettre à sa portée...

L'œil qui se prend exclusivement pour un œil d'amour est alors soit un faux œil qui ne voit en définitive rien du tout, soit un œil pervers qui, prétendant tout voir en rose, imposerait de manière autoritaire sa couleur à tous en laissant dans le noir ceux qui n'y croient pas, soit encore un œil fourbe qui, volontairement aveugle aux malheurs d'un monde trop souvent gris, encouragerait à s'en détourner pour ne regarder que les privilégiés vautrés dans leurs décors en carton-pâte aux couleurs résolument vives.

Personne ne peut prétendre à ce regard-là sans prendre le risque du faux œil, de l'œil pervers ou de l'œil fourbe. Personne, sauf Casimir, parce qu'il vit dans l'imaginaire et que dans ce monde-là tout est évidemment possible, et que la pensée simpliste, celle qui peint tout en rose bonbon, gomme le clair-obscur et laisse tout sans ombre, est précisément celle qui doit prévaloir dans cette babycratie utopique que représentait l'île enchantée à nos yeux d'enfants. J'espère avoir pu montrer dans ce livre qu'une babycratie contenait pourtant, au contraire, les germes d'une dystopie.

Allez savoir pourquoi je trouve Montessori et Céline Alvarez non seulement moins drôles, moins sympas, mais aussi moins convaincantes que Casimir... Allez savoir comment je me suis fait à l'idée qu'un enfant mis au pouvoir, investi d'autorité et gonflé de puissance, ce n'était ni pire ni mieux qu'un adulte... juste également potentiellement épouvantable... J'en ai déduit d'une part que mon sens critique avait sans doute, sous l'effet de l'âge, de mes lectures et de mes expériences, évolué au point qu'il ne suffirait même plus maintenant à une pédagogue de se déguiser en diplodocus orange pour me faire avaler n'importe quelles couleuvres. D'autre part, j'en suis arrivé à penser que le problème n'était pas la personne ou la catégorie de personnes qui recevaient le pouvoir, mais bien le pouvoir lui-même qui, lorsqu'il est démesuré, mal contrôlé ou excessif, ne permettait plus aux rapports humains de trouver leur équilibre.

C'est pour cela qu'il faut toujours se méfier des utopies en pédagogie, sauf lorsqu'elles sont présentées comme imaginaires, futuristes et chimériques. Lorsque quelqu'un prétend les avoir réalisées, il faut non seulement s'en méfier, mais même s'en défier. C'est par là que se sont construits les pires régimes totalitaires, en prenant toujours appui sur des intentions éducatives présentées comme idéales...

Les utopies ne sont pas là pour être réalisées. Elles sont là pour suggérer un chemin, indiquer une direction et montrer une route... C'est ce qui permet d'avancer en progressant lentement, progressivement, sans forcer qui que ce soit à avancer dans la même direction... Puisse la babycratie rester une utopie, parce que le pouvoir donné à l'enfant aura été rééquilibré par la part que les adultes en auront repris, que l'autorité donnée aux plus jeunes n'obligera pas les aînés à se taire et ne permettra plus ce ton impérieux et cette exigence impérative qui obligent à se soumettre et, enfin, que la puissance que l'enfant se donne par la manifestation brutale et violente de ses émotions sera limitée par une attitude éducative qui se mette en mesure d'en permettre l'expression, mais en la canalisant et en l'amenant à respecter les émotions des autres.

Alors, et seulement alors, je pourrai à nouveau regarder Casimir sans crainte, en toute sérénité, parce que je n'aurai plus peur qu'en prenant le pouvoir sur son île enchantée, le diplodocus orange se transforme soudainement en Godzilla.

Bibliographie

- Alvarez C., *Les lois naturelles de l'enfant : résumé*, Paris, LectureFacile, 2018.
- Alvarez C., *Les lois naturelles de l'enfant*, Paris, Les Arènes, 2016.
- Barthes S., *Comprendre l'éducation Montessori*, Paris, ESI, 2019.
- Bauman Z., *L'amour liquide : de la fragilité des liens entre les hommes*, Rodez, Le Rouergue-Chambron, 2004.
- Beckett S., *Cap au pire*, Paris, Minuit, 1991.
- Boimare S., *L'enfant et la peur d'apprendre*, Paris, Dunod, 2014.
- Couturier S., Benoît C., *Aidez votre enfant à coopérer sans cris ni punitions*, Paris, Marabout, « Le cabinet des émotions », 2018.
- Culot S., *Ta réussite à l'école : la méthode LOL*, Louvain-la-Neuve, De Boeck Supérieur, 2018.
- De Hemptinne D., *Jouons malin ! Du petit déjeuner au coucher*, Louvain-la-Neuve, De Boeck, « Au fil de soi », 2019.
- De Singly F., *Les adonaissants*, Paris, Nathan, 2006.
- Despret V., *Ces émotions qui nous fabriquent*, Paris, Seuil, 1999.
- Faure J.-P., *Éduquer sans punition ni récompense*, Genève, Jouvence, 2005.
- Feutry J.-P., *Favoriser les interactions entre enfants*, Savigny-sur-Orge, Philippe Duval, 2017.
- Freinet C., *Le maître insurgé : écrits 1020-1939*, Paris, Libertalia, 2016.
- Freinet C., *Pour l'école du peuple*, Paris, Maspero, 1976.
- Freinet É., Freinet C., *Correspondance 21 mars 1940 – 28 octobre 1941*, Paris, PUF, 2004.
- Freire P., *Pédagogie des opprimés*, Paris, Maspero, 1974.
- Gasparini R., *Ordres et désordres scolaires. La discipline à l'école primaire*, Paris, Grasset, 2000.
- Giolitto P., *Histoire de l'école*, Paris, Imago, 2011.
- Guthrie E., Matthews K., *Ces enfants que l'on veut parfaits*, Paris, Les Éditions de l'Homme, 2002.
- Houdé O., *Apprendre à résister*, Paris, Le Pommier-Humensis, 2019.
- Humbeeck B., *Aider son enfant à bien vivre l'école*, Paris, Leduc, 2018.
- Humbeeck B., Berger M., *L'estime de soi pour aider à grandir*, Wavre, Mols, 2009.
- Humbeeck B., Berger M., *Leçons d'humour. Rire pour rebondir, l'humour comme instrument du vivre ensemble*, Wavre, Mols, 2017.
- Humbeeck B., Berger M., *Polo le lapin se bouche les oreilles : l'aliénation parentale, parlons-en !*, Wavre, Mols, 2016.
- Humbeeck B., *Dis, c'est quoi le harcèlement scolaire ?*, Waterloo, Renaissance du Livre, 2018.
- Humbeeck B., *Et si nous laissions nos enfants respirer*, Waterloo, Renaissance du livre, 2017.
- Humbeeck B., Lahaye W., Berger M., *Parents, enseignants… éduquer ensemble*, Louvain-la-Neuve, De Boeck, 2018.
- Humbeeck B., Lahaye W., Berger M., *Prévention du cyber-harcèlement et des violences périscolaires*, Louvain-la-Neuve, De Boeck Éducation, 2017.

- Humbeeck B., Lahaye W., Berger M., *Prévention du harcèlement et des violences scolaires. Prévenir, agir, réagir*, Louvain-la-Neuve, De Boeck, 2016.
- Humbeeck P., *Pour en finir avec le harcèlement*, Paris, Odile Jacob, 2019.
- Illouz E., Cabanas E., *Happycratie*, Paris, Premiers Parallèles, 2018.
- Illouz E., *Les marchandises émotionnelles*, Paris, Premiers Parallèles, 2019.
- Illouz E., *Les sentiments du capitalisme*, Paris, Seuil, 2006.
- Jambon C., *50 activités bienveillantes pour renforcer la confiance en soi*, Paris, Larousse, 2019.
- Lignier W., *La petite noblesse de l'intelligence*, Paris, La Découverte, 2012.
- Lordon F., *La société des affects*, Paris, Seuil, 2013.
- Marquis N., *Du bien-être au marché du malaise : la société du développement personnel*, Paris, PUF, 2015.
- Meirieu P., *La riposte*, Paris, Autrement, 2018.
- Meirieu P., *Pédagogie : des lieux communs aux concepts clés*, Issy-les-Moulineaux, ESF, 2013.
- Meirieu P., *Repères pour un monde sans repère*, Paris, Desclée de Brouwer, 2002.
- Montessori M. [Mario], *Comprendre Montessori*, Paris, Desclée de Brouwer, 2018.
- Montessori M., *Éducation élémentaire. Pédagogie scientifique, tome 2*, Paris, Desclée de Brouwer, 2018.
- Montessori M., *L'enfant dans la famille*, Paris, Deslée de Brouwer, 2016.
- Montessori M., *L'enfant*, Paris, Desclée de Brouwer, 2018 [1935].
- Montessori M., *La découverte de l'enfant. Pédagogie scientifique, tome 1*, Paris, Desclée de Brouwer, 2018.
- Montessori M., *La formation de l'homme*, Paris, Desclée de Brouwer, 1996 [1949].
- Nussbaum M., *Les émotions démocratiques*, Princeton, Princeton Univesrity Press, 2010.
- Pleux D., *De l'enfant roi à l'enfant tyran*, Paris, Odile Jacob, 2002.
- Pleux D., *Le bon sens éducatif*, Paris, Odile Jacob, 2014.
- Roorda H., *Le pédagogue n'aime pas les enfants*, Lausannes, Humus, 2017.
- Sincero S. M., *Théorie du développement social*, sur https://explorable.com/fr/theorie-du-developpement-social [consulté le 11/09/2019].
- Standing E. M., *Maria Montessori. Sa vie son œuvre*, Paris, Desclée de Brouwer, 2010.
- Steiner R., *Le sens de la vie*, Laboissirre-en-Thelle, Triades, 2006.
- Verdiani A., *Ces écoles qui rendent nos enfants heureux*, Arles, Actes Sud, 2012.
- Viaud M-L., *Montessori, Freinet, Steiner… Une école différente pour mon enfant ?*, Paris, Nathan, 2008.

En scannant ce code, vous aurez directement accès aux bonus (interviews, chanson) en lien avec le livre.